ヘンリー塚本
感動と情熱のエロス

三〇年間で二五〇〇本以上のカルトAVを撮った、
アンダーグラウンド映像作家の生涯とその作品。

東良美季 著

Vita SANGAKUSHA

目次

序　章　prologue　人の心に残る作品を——、……5
第一章　一九九四年四月、冷たい春の雨が降る午後に。……19
第二章　一九四三年、千葉県長者町・貧困・トウモロコシ畑の情事。……43
第三章　一九五七年、二本榎・小松川・江東楽天地・映画との出会い。……55
intermission#1　二〇〇九年晩秋・二〇一四年盛夏。……71
第四章　一九五九年、姉の死・池袋・三河島・不思議な夜。……79
第五章　一九七〇年、コペンハーゲン・悲しき天使・大塚・卒業・恋人たちの夜。……93
intermission#2　アダルトビデオの衰退・狂気の光・大蛇の夢・スリルとサスペンス。……117

Contents

第六章　一九八二年、足立区鹿浜橋付近、紀尾井町、〈なんでも撮ります〉の時代。……133
第七章　一九八二年、新宿京王プラザ、富山高岡、自由の値。……151
第八章　一九八四年、ブラックパックビデオ・AV黎明期・ビデ倫加盟。……169
第九章　八〇年代から九〇年代へ・バブル景気の終焉・心に残るAVの始まり。……185
第十章　九〇年代・セックスというものが持つ奥深いドラマ・レイプの深層。……199
第十一章　女優・男優・FAオールスターズ・独自のシナリオ作法と疾走の時代。……217
第十二章　さらにシナリオ作法の深淵へ・迫力・情熱・魂の叫び。……237
第十三章　独創的かつ特異な演出スタイル・夢のあるAV・光り輝く存在であれ!……257

Contents

第十四章　恋しい女という名の永遠の謎・人生は不公平・ゾーンに入る・そして新しい世界へ。……283
第十五章　情熱はファンの元に・最後もファミリービデオとして・AVという文化を作る。……301
intermission#3　二〇二二年七月、沈黙の向こう側。……319
第十六章　引退・そしてYouTubeへ・映画に救われ映像に生かされて――。……327
終　章　二〇二三年夏、姉の死、再び。……347
epilogue　最後の日々、希望の光。……359

カバー＋表紙写真◆東良美季
カバーデザイン＋本文組版◆宮崎貴宏

序章

prologue　人の心に残る作品を——、

本書はヘンリー塚本《つかもと》というひとりの映像作家について、彼の人生、その作品を語る長い物語である。ヘンリー塚本は八〇年代半ばより三〇年以上、アダルトビデオにジャンル分けされる作品を作り続けてきた。ゆえに一般的に考えれば、彼はAV監督ということになるだろう。

しかし僕は少なくともこの場では、ヘンリー塚本をAV監督と呼ぶには抵抗がある。なぜなら書店でこの本を手に取られたあなたが想像するであろうアダルトビデオと、彼の作品の間にはあまりに大きな隔たりがあるからだ。

一般の人が思い浮かべるAVとはなんだろう？　若くてスタイルのいい女性が登場する綺麗なイメージシーンがあり、恥ずかしげに答えるインタビュー、そして日焼けし鍛え上げられた肉体の男優が現れ、煌々《こうこう》とライトが焚かれた生活感のないスタジオでのセックス、そんなところだろうか。

しかしヘンリー塚本のそれはまったく違う。

戦場という無法地帯で繰り広げられる殺戮、銃殺される女性兵士、「民族浄化」という名の下に行われる強姦。その舞台もベトナム戦争に於《お》けるゲリラ戦から極左過激派クメール・ルージュが暗躍したカンボジア戦線、旧日本陸軍が進出した満州大陸から多くの兵士が自決した南方戦線までと多岐にわたり、しかもそれらは常に史実を大きく越え、彼のイメージの中で果てしなく膨らむ破天荒なフィクションとして構築される。

かと思えば昭和初期を思わせる農村で繰り広げられる性犯罪、義父と娘による土着的な近親相姦、戦後間もない頃の貧しい安アパートでの男女の狂おしい性交。さらには女性たちが奴隷のよう飼われる暗黒の近未来を描いたＳＦ、そして七〇年代の連合赤軍事件をモチーフにした粛清とテロリズムを描いた作品もある。

それらは一九六〇年代から七〇年代にかけて、場末の映画館で三本立てで上映されていたＢ級邦画アクションの如きテイストを持ち、かと思うと中年男女の不倫やレズビアン女性たちの性愛を描いた作品には、懐かしきモノクロームのフランス映画テイストすらある。性犯罪物には松本清張や横溝正史の匂いがあり、同時に今村昌平の初期作品を思わせる、犯された女性たちの力強さ、したたかさまでが描かれる。

かつて昭和の高度経済成長期、世の中の流れに乗れないブルーカラーの若者や一部の大学生たちが、何かを求めて深夜の盛り場を彷徨ったものだ。けれど結局ゆくあてなどなく、ヤクザ映画やピンク映画を上映する場末の映画館にたどり着いた。塚本の作品にはあの頃の映画館の暗闇に漂っていた、言い様のない不安と甘美な安息が息づいている。これには作者の生い立ちが深く関係していると、僕は考えている。

ヘンリー塚本は終戦の二年前、一九四三年（昭和十八年）東京の亀戸に生まれた。東京大空襲で父と長男を失った一家は貧困の中で過ごす。しかし塚本少年はハリウッド映画に代表される海外文化に心を奪われ、中学生の頃から小銭を握りしめ、週末には当時入館料七〇円前後だった三本立ての映画館に足しげく通った。時には売店であんパンを買って空腹をしのぎ、複数の劇場をはしごして回ったという。

中学卒業後は、研磨工として働きつつ定時制高校へ通い、十八歳からは洋裁の縫い子になる。その後在日朝鮮人たちが経営する洋裁工場が密集する地域にて住み込み働きで腕を磨くも、まるで数奇な運命の船が激しい風雨に煽られたように、彼はアダルトビデオの世界にたどり着くのだ。それはソニーのベータマックスと松下のＶＨＳが開発のしのぎを削り、家庭用のビデオデッキがいよいよ普及すると言われた一九八〇年代初頭のことであった。

八〇年代の半ばからは自身のメーカー「ＦＡ映像出版プロダクト」、通称・ＦＡプロを創業。日本ビデオ倫理協会（ビデ倫）の審査も通し、二〇一七年に引退を宣言するまで、彼は通算二五〇〇本以上の作品をリリースしてきた。これは控えめに言ったとしても驚異的な数である。例えば前述したような一般的なＡＶ、つまり女優と男優にセックスをさせ、それを単にビデオで写すだけの映像ならある程度の量産は可能だろう。

しかし、塚本が作るのはすべて台本のあるドラマである。しかも現場では演出と同時にカメラマンも兼任し、撮影後は編集まで（初期はパッケージのデザインすら）すべて自分の手で行った。それを三〇年以上続けたのだ。これはひと月に四本から五本のＡＶを撮影し編集する換算となる。さらに言えば塚本作品には三話から五話のオムニバスというものが多い。それら短編をも一本と数えれば、その生涯作品数は一万本を超えるだろう。こんな映像作家は日本はもとより世界中の映画監督、テレビディレクターを見渡してみても、ヘンリー塚本以外いないはずだ。

その信じがたい労力を前にして、「なぜそんなにも多くの作品を作ったのですか？」という僕の問いに、塚本は「作りたかったんです。ただ、撮りたかったのです」と答えた。

この溢れ出る、尽きることのない創作意欲の源泉はいったいなんだろう？

アメリカの音楽評論家ポール・ウイリアムズは、「天才の条件は呆れるほど多作であること」と語り、パブロ・ピカソ、アイザック・アシモフ、ボブ・ディランらの名を挙げている。僕はこれに手塚治虫、そしてヘンリー塚本を加えてもいいと思う。


しかし塚本自身はそれをやんわりと否定する。「私に才能なんてありませんよ。ましてや天才なんかじゃない」と。

「学もありませんしね。貧乏で大学にも行けなかった。定時制高校すら中退です。映像を学んだこともありません。すべて現場で失敗しながら覚えてきた、自己流です」

しかし「――ただ」と続ける。

「やはりAV、ポルノとはいえ、いいものを作りたい。その強い想いじゃないでしょうか。この世に生まれ、そしてセックスを描くという仕事にたどり着いた。私は天職だと思っています。だから毎回現場で自らカメラを担ぎ、ただひたすら無我夢中だった。人の心に残る作品を作りたいと思った」

人の心に残る作品――これはヘンリー塚本が好んで使う言葉だ。

AVの世界には、「俺はAVを撮ってるんだから、エロだけにこだわるんだ」という監督がいる。台本や台詞、演出を伴うドラマなど、必要ないと言いたいのだろう。しかしそんな人の撮る作品ほど、少しもエロくないのが困る。なぜか？

それは人間の抱く性欲や興奮というものを、男側の一方的な下半身のみの、まるで排泄するかのような些末な欲望としか捉えていないからだ。

本物のエロスとは男であれ女であれ、誰もが心を踊らせるような感動や、はたまた胸を掻きむしられるような悲劇や、この世界がいやおうなく抱える残酷さの中にこそある。

そして実際、塚本の作品は人々の心に残り続けた。


八〇年代の前半に妻とたった二人で立ち上げたFA映像出版プロダクトは、AV情報誌などには一切露出せず、まったく何の宣伝もしなかったにも関わらず、口コミだけでじわりじわりと売り上げを伸ばしてゆく。やがて全国のレンタル店にヘンリー塚本作品コーナーが開設され始め、一九九〇年を境にバブルが崩壊し、村西とおる率いるダイヤモンド映像他、大手有名メーカーの幾つかが倒産、もしくは規模を大幅に縮小していく中、確固たる地位を築いていった。

九〇年代半ばになってもFAプロには一人の営業マンも存在せず、ヘンリー塚本は相変わらずマスコミへの露出を嫌い、一部自身が信用できると感じるAV批評誌にのみ作品を提供、それもごく希にしか応じなかったが、それでも彼のAVは売れ続けた。外部にダビング工場を委託せずすべて家内制手工業でAVを生産するFAプロでは、若い社員たちが日々、ダビングとパッケージのシュリンク（フィルム包装）作業に追われたという。

当時のアダルトビデオはまだレンタル中心だったので価格は一本一万円以上と高価だったが（レンタル店はその一本を数十人から一〇〇人程度の客に回転させ利益を得ていた）、正規の価格で買って所有したいというファンは数多く存在した。

二〇〇〇年代になるとAVの流通はレンタルからセルビデオへと移り変わり、メディアもVHSからDVDへ、画質もSD規格（Standard Definition＝スタンダード・ディフニッション）からハイビジョンへと移行する。それでもFAプロの躍進は止まらなかった。

ヘンリー塚本は少しずつ作品にかける予算を増やし、年に一か二度、出演者が数十名にも及ぶ大作の戦場物などを手がけるようになるものの、基本的にはその昭和感漂うアナクロ的とも言える作風は変わらず、しかしそれでも会社は、カリスマ経営者と言われた高橋がなり率いる「ソフト・オン・デマンド」や大手レンタルチェーンTSUTAYA資本の「ケイ・エム・プロデュース」などに――少なくとも売上げ効率的には――引けを取らない存在感を示し続けた。

彼の作品は、なぜそこまで多くの人の心を捉えたのだろう？

ヘンリー塚本は青春時代の忘れられない映画の一本として、二〇歳の頃にリバイバル上映されたフランス映画、ジャン・ギャバンとフランソワーズ・アルヌール主演の『ヘッドライト』（一九五六年監督：アンリ・ヴェルヌイユ）を挙げている。この作品の原題『Des Gens Sans Importance』の直訳は、『重要性のない人々』である。

ジャン・ギャバン演じるしがない初老の長距離トラック運転手と、国道沿いの宿屋で働くウエイトレス、二〇歳の娘フランソワーズ・アルヌール。二人はともに家庭に居場所を失い、その寂しさを分かち合うように道ならぬ恋に落ちてゆく。しかし男は女との逢瀬の時間をやりくりするため、雇い主ともめて仕事を首になる。女は身ごもるものの男の失業を知ったためその事実を告げぬまま、怪しげな堕胎手術を受けたあげく死んでゆくのだ。

映画の冒頭はそんな悲劇から愛人を失ってしまったジャン・ギャバンの回想から始まる。元々フランソワーズ・アルヌールの働く宿屋のウエイトレスは、誰もが「マリー」という名で呼ばれていた。しかし、彼女だけは違った、と。

人はこの世に生まれた限り、誰しも唯一無二のかけがえない存在だ。愛し合う二人にとってはなおさらだろう。しかしアルヌール演じるウエイトレスも、ジャン・ギャバンのトラック運転手も、社会的に見ればその底辺を歩く、しょせんは他人とすげ替えのきく、「重要性のない人々」に過ぎない。

先に昭和の高度経済成長期、世の中の流れに乗れないブルーカラーの若者や、一部の大学生たちが場末の映画館に身を寄せたと書いた。かつて映画評論家の佐藤忠男は、それは六〇年代に於けるテレビジョンの普及によるものだと分析した。テレビで歌謡番組や温かいホームドラマが観られるのなら、家庭のあるサラリーマンや主婦たちはわざわざ映画館に足は運ばない。しかし若者たちは一人暮らしのアパートや下宿にいても寂しいだけだから、何かを求めて盛り場へ出かけていく。

それが八〇年代に入り高度経済成長が極限まで進みやがてバブルを迎えようとしたとき、今度は豊かな人々が華やかな街へと繰り出し、疎外感を感じる若者たちが自宅に引きこもるようになった。彼らは映画館の暗闇の代わりに、レンタルビデオ店へと足しげく通うようになる。

僕には、今でも懐かしく想い出す光景がある。

あれは九〇年代の初め、それまで住んでいた都会の喧噪を離れ、中央線沿線の郊外に暮らし始めた頃だ。駅からアパートまで歩いて三〇分近くかかる一本道のちょうど中程に、小さな個人経営のレンタルビデオ店があった。一般映画やテレビドラマシリーズ等のスペースが約二〇畳ほどといったところだろうか。それでも最新のハリウッド映画はもちろん、黒澤明、小津安二郎といった過去の名作邦画もかなりの品揃えであった。一週間に一度は通い、三本から五本ほどの映画を借りた。ATG時代の大島渚、吉田喜重、新藤兼人らの作品も、そこで何本か再見した。デヴィッド・リンチの『ツイン・ピークス』がいつも貸し出し中で、続きが借りられずやきもきしたのも今はいい想い出だ。

そしてお馴染みのあの「暖簾《のれん》」の向こう側のスペース、それが畳一〇畳ぶんくらいだったろうか？新作の棚があり、大雑把に分けられた人気女優のコーナーがあり、その他はメーカーやジャンル別の棚が作られていた。

二〇代の後半をAV監督兼音楽PVディレクターとして殺人的に忙しい日々を過ごしていた僕は、その地に移り住んで、腰を落ち着けて文章を書こうと考えていた。「暖簾」の向こう側に出入りしたのは、日比野達郎、速水健二、山本竜二といったAV監督時代に一緒に仕事をした男優たちの、元気な姿が観たかったからだ。そして奥の棚に黒っぽい危険な香りがして、尚かつ奇妙な懐かしさを感じさせるパッケージの並ぶ一帯を見たのだ。ヘンリー塚本による、FAプロの作品群だった。

その店は閉店が午前二時半。中央線の最終電車が駅に着いてから、約四〇分という時刻だ。深夜〇時を過ぎると一般映画のコーナーにはすっかり人気がなくなり、その代わり「暖簾」の向こう側には急に賑やかになる。とはいえ、誰ひとり会話は交す者はいない。客は二〇代後半から三〇代、ほとんどがスーツ姿のサラリーマン風だ。ある者は一本一本VHSのパッケージを手に取り、裏表を丁寧に見てはまた棚に戻し、またある者はずっとしゃがみ込んだまま、その夜借りて持ち帰るビデオを求め続けていた。

親近感を感じた。そんな物言わぬ友人たちの姿を見たとき、八〇年代にAV監督のかたわら雑誌に何編か書き散らかしたまま放り出し、そのままになっていたAV男優、女優、監督へのロングインタビューをまとめてみようと思った。やがてそれは僕の初めての著書『アダルトビデオジェネレーション』（メディアワークス刊）になるのだが、それを執筆するうえでどうしても会わねばならないと感じたのが、ヘンリー塚本だった。

長い間AVについて文章を書いてきた。ときに「アダルトビデオは誰のためにあるのか？」と問われることがあった。「そんなものは世の中に必要ないだろう」という意味だ。僕はその度に、「社会のエッジを歩いている人のためだ」と答えた。

決してアウトサイダーや、一般社会から落ちこぼれた人々に限らない。ごく普通に生活をし、立派な会社に勤め、美しい妻や愛する子どもたちがいる男であっても、人生に思いを巡らすことはあるだろう。疎外感に言いようのない寂しさを感じる夜があるかもしれない。決して男だけではない。女性の中にも、アダルトビデオに何かを強く求める人が、少なからず存在する。そう、『ヘッドライト』のジャン・ギャバンとフランソワーズ・アルヌールのように。


ヘンリー塚本の作品はなぜ、そこまで多くの人の心を捉えたのか？

それは彼が常に、「重要性のない人々」の側に立っていたからではないか。高度経済成長に乗り遅れた昭和の農村、小綺麗なフローリングのマンションが乱立する中、誰も住みたがらない老朽化した木造アパート、男の身勝手な欲望でレイプされる女たち、性的マイノリティーとして疎外されるレズビアンカップル、戦場で虫けらのように犯され殺される女、戦況の悪化の中で追い詰められ自決してゆく兵士たち——。

すべては成長と発展の名の下に忘れ去られ、差別され、ある者は自尊心を踏みにじられ、ある者は無残に殺されていく。誰もが本来唯一無二であるはずの人間性を、まるですげ替えの効く機械の部品のように奪われていくのだ。

アダルトビデオはVHSからDVDに代わって久しく、今やネット配信が主流になろうとしている。二〇〇〇年代にはTSUTAYAを初めとする大手チェーン店が全国に展開していくとともに、街のレンタルビデオ店は一軒、また一軒と消えていった。我が家の近く、駅からアパートまで歩いて三〇分近くかかる一本道のちょうど中程にあった、あの小さな個人経営の店舗も、姿を消してもう一〇年が経とうとしている。

深夜、あの「暖簾」の向こう側に佇んでいた物言わぬ友人たちは、いったどこへ行ったのだろう？

二〇一七年、ニューヨーク・タイムズの記者、ジョディ・カンターとミーガン・トゥーイーが映画プロデューサーのハーヴェイ・ワインスタインによる数十年に及ぶセクシャルハラスメントを告発する記事を発表したことから、「#MeToo（ミートゥー）」運動が始まる。ほぼ時を同じくして日本では女優に本人の意に反してアダルトビデオへの出演を強いる、「AV出演強要問題」が起きる。二〇二二年には、被害者女性を救済するための略称「AV出演被害防止・救済法」、いわゆる「AV新法」が国会で成立した。

AV出演強要――長年アダルトビデオに関わってきた者からすれば、これは信じがたい出来事だった。いったいこの世界はいつの間にそこまでならず者たちに支配され、誇りを失ってしまったのかという想いだった。その理由はヘンリー塚本に限らず多くの制作者たちが、AV、ポルノとはいえ、いいものを作りたいという意識を持っていたからだ。セックスをテーマにする、性を描くことで一般映画やテレビでは絶対に表現できない、人間の生々しい本質を映し出すことができると誰もが信じていた。

そんな中で作品の主役たる女優を、彼女たちの意思に反して無理矢理出演させたところで、「いいもの」なんてできるはずがない、人間の本質なんて描きようがない――それは大前提の常識だったはずだ。

また実は「出演強要問題」が沸き起こったとき、最初に反発の声を上げたのが当のAV女優たちだった。特に五年、一〇年とキャリアを重ねているベテラン女優たちにとっては自身が強要など一度もされたことがなく、信じがたい情報だったのだ。だから自分たちが長年誇りと自信をもってやり遂げてきた仕事を、全否定されたと感じたに違いない。それは彼女たちが生きた青春の日々、ひいては自分の人生そのものを否定されたに等しい。

実際問題「AV新法」の施行と前後して、ネットにはツイフェミ（Twitterフェミニスト）、ラディフェミ（ラディカル・フェミニスト）と呼ばれる人たちによって、アダルトビデオそのものを否定する発言が飛び交っている。曰くあんなものは表現ではない、性搾取の構造的温床である、だからAV女優は全員が被害者なのだ、と。

つまり現役のAV女優たちこそが逆の意味で（真の意味で）「出演強要問題」最大の被害者だった。ジェンダーギャップ指数が世界一二五位（二〇二三年）というこの情けない国。アジアではあの強権的な中国や軍事政権のミャンマーより低く、市民の経済的・医療的困窮が伝えられるアフリカ大陸の、セネガルやガーナより下位だ。

こんなにも一方的で逃げ場のない男性優位社会ならば、無理してあらがって生きるより従ったほうがましだと考える女性が多いのも無理はない。だから収入の高い男と結婚している女性、子どもを産んだ女性だけが「勝ち組」と呼ばれ、そうでない女は「負け犬」と蔑まれるのだ。

そんな中でAV女優の多くは、自らの肉体と性意識から発散される魅力と表現力だけを持って戦っていた。彼女たちこそが誰よりAVとはいえポルノとはいえ、自身の意思で出演してきた自由な魂だった。いわれのない差別を負ってまでも、社会のエッジを胸を張って果敢に歩んでいた勇者だったのだ。

しかし現在、彼女たちの生きるアダルトビデオの世界は、一部のならず者たちと、すべてのAV女優を「可哀想な被害者」にしてしまう自称フェミニストたちによって、そこで働いているだけで惨めな堕ちた女と見なされるようになった。

そんな今だからこそ、僕はヘンリー塚本について語りたいと思う。

なぜなら若い女優だけがもてはやされていた八〇年代の昔から、ヘンリー塚本は年齢や容姿だけに囚われず、セックスというものの持つ歓びと悲しみ、悲劇から人間喜劇までを演じられる奥深い人間性を併せ持つ女優だけを起用し、その表現を極めてきたからだ。

僕が彼と初めて出会ったのは一九九四年、アダルトビデオがまだこの世界に受け入れられ必要とされていた頃のことだ。いつやむともしれない四月の雨が降る、寒い春の午後だった。物語は、そこから始まる――。

第一章

一九九四年四月、
冷たい春の雨が降る午後に。

その日は雨が降っていた。

僕と『ビデオ・ザ・ワールド』（白夜書房刊）編集長の吉田くんが案内された部屋に入っていくと、その人物は数十台並ぶビデオデッキを前に、こちらに背を向けて立っていた。どうやら監督自ら製品のダビング作業をしていたらしい。

気配に気づいたのだろう、振り返ると柔らかく微笑み、

「やあ、いらっしゃい」と言った。

軽くウェーブのかかった髪は耳にかかるほどで、口髭をたくわえティアドロップ型の眼鏡をかけている。すらりとした長身。後に実際は一七二センチとさほど高身長ではないと知ったが、そのときもその後も、常にとても背の高い人という印象がある。

右手を差し出された。握手を交わすともそれは大きく力強い手だった。

キクチタケオかイッセイミヤケか、そんなお洒落なセーターをゆったりと着こなしていた。

僕が肩から下げていたニコンFAで、「最初にお写真を撮らせてもらいたいのですが」と言うと、「それでは駒沢公園にでも行きましょうか。すぐ近くですが、雨なので車にしましょう」とやはりセンスのいいジャケットを羽織り、マフラーを巻いた。

彼の愛車、クーペタイプの「ホンダ・レジェンド」に同乗させてもらった。吉田編集長は後部座席に、僕は助手席に座った。そして昔のことを想い出していた。昔といってもわずか五、六年前に過ぎないが、それでも遥か彼方のことのように思えたものだった。

一九八七年から八九年の三年間、僕はとある大手AVメーカーの専属ディレクターだった。現在はどうか知らないが、当時は本当によく売れていた。モデルプロダクションは毎日のように売れセンの女の子を連れて売りこみにやって来たし、他社と比べると制作費も破格によかった。だから僕たちは、自分の会社が業界のトップを切って走っていると信じて疑わなかったし、僕ら監督やスタッフたちは、ときに他社の作品を見るにつけ、こんなふうに言って笑い合い、冗談のネタにしたものだった。「あそこの照明セコいねえ」「音声がひどいよ」「あそこはいまだに二分の一（インチ）で撮ってるらしいぜ」と。

僕らは、自分たちが最高だと信じていた。どこよりもいいAVを作っていると思っていた。だけどその自信を支えていたのはいったいなんだろう？　今考えてみると、それは会社の財力に支えられた豊富な制作費と充実した機材、そしてメジャーな女の子を撮っているのだという意識でしかなかった。しかもそれらはすべてあの、狂乱とも言えるバブル景気に支えられていたものだった。

アダルトビデオとは、そもそも虚飾の入り込みやすい産業であった。何しろ一本の原価一〇〇円足らずのVHSテープに、一万四〇〇〇円前後という価格をつけて販売するのだ。しかも八〇年代に限っていえば、ユーザーはパッケージだけを見て「借りる」かどうかを判断した。だから女優の容姿を含め、内容よりも見てくれだけが重視されたのだ。しかも作品内で繰り広げられるセックスは、モザイクの向こう側に隠され続けた。

そんな中で終始一貫、自身の情熱とこだわりだけで作品を作り続けていた人がいた。監督・ヘンリー塚本である。バブル景気に乗り、大手メーカーが機材のグレードを次々に上げ、モデル・プロダクションが女優のギャランティを法外に高騰させていたあの頃、ヘンリー塚本は無名のAV女優を使い、レイプと殺人が繰り広げられる戦場物を、たった独りで撮り続けていた。彼自身が二分の一インチ（業務用ではない、家庭用VHSテープ）のカメラを担ぎ、スタッフはスチール・カメラマンただ一人だったという。

「あの頃は、まるで何かにとり憑かれていたようでしたよ」と塚本氏は語る。

そんな彼の姿が我々大手メーカーの人間たちにとっては、やはり揶揄と嘲笑の対象でしかなかったのだ。

ヘンリー塚本が郊外の造成地で泥だらけになって戦場物を撮影し、古ぼけた安アパートで汗まみれになりながら男女の狂おしい性交をカメラに収めていた頃、僕ら大手メーカーの監督たちは、清潔なフローリングのハウススタジオや、高原のペンションで美少女たちの可憐なイメージシーンを撮っていた。それがトレンディだと心から信じていたのだ。

しかし実は、そのときから崩壊の足音はひたひたと迫っていた。そもそもアダルトビデオを撮ります、裸の男女の絡み合いを撮りますと言って、避暑地のペンションや洒落たプチホテルなどが撮影場所に貸すわけはなかった。けれど八〇年代の後半に入ると変わる。突如友好的になって「どうぞ使ってください」ということになった。

それを僕らはAVというメディアがメジャーになったからだと思っていた。それだけ高い金額を払って借りられるようになったのだと。しかし後々冷静に考えると違った。この国は金持ちになった。

とめどない円高も相まって誰もが簡単に海外旅行へ行けるようになった。清里や小淵沢など、南アルプス、八ヶ岳周辺のお洒落な宿泊施設はどこも閑古鳥が鳴いていた。ＡＶであろうがポルノであろうが、金を払ってくれるなら文句はなかったのだ。

やがてやって来る、失われた二〇年の前ぶれだった。

だから時代が九〇年代に入りバブルが崩壊してしまうと、幾つかのメーカーが倒産し、大手メーカーの多くも規模の縮小を余儀なくされた。有名監督と呼ばれた何人かは姿を消し、そうでなくともほとんどが失速した。有名ではなかったが、僕もそんなＡＶ監督のひとりだった。一九八九年に会社を辞め、忙しくて使う暇さえなかったギャランティを手に、約半年アメリカを放浪した。そして九〇年、日本に戻りあまり仕事のないフリーライターになった。

ヘンリー塚本が代表を務めるＦＡ映像出版プロダクトは、世田谷の２４６号線沿いのとある真新しいビルの三フロアを使っている。社内は広く、あの情念の渦巻くようなレイプと犯罪のドラマを撮り続けている会社のイメージとはほど遠く明るく清潔だ。そして、塚本氏自身もまた、その作品から受ける印象とは裏腹であった。穏やかで生真面目な性格。丁寧な語り口。品のよい装いと着こなし、五一歳という年齢は、にわかに信じられないほどに若々しい。

「大切なのはね、東良《とうら》さん」この日、監督は僕に何度かこう繰り返された。

「ひたむきに生きていくということだと思うのです。他人に何を言われようが、ときに馬鹿にされようが、自分がひとたび「これだ」と思ったら、それを信じてひたむきに生きていく――、大切なのはそれではないでしょうか」と。

その日は雨が降っていた。今こうしてインタビュー・テープを聴いていると、塚本氏の後ろで246号線を走る車が水飛沫を上げる音がする。そして僕は、「ひたむきに生きる」という言葉を噛み締めるように、この文章を書いている。

ヘンリー塚本　一九四三年二月二〇日、東京都亀戸生まれ。

氏の年齢、そしてその作風からいってピンク映画出身の監督ではないかと想像する方も多いと思う。僕も少し前まではそう思っていた。しかし、塚本氏はまったく別の世界から、不思議な運命の波に乗ってこのアダルトビデオの世界にたどり着いた人であった。

「婦人服のデザインをしておりました。その世界に入ったのは十九歳のときです。もちろん最初はデザインではありません。いわゆる〈縫い子〉〈お針子〉と呼ばれた洋裁工です。双子の姉がおりましてね、その姉が十九で亡くなったのです。突然の死でした。姉がいなくなって、部屋にぽつんと彼女の使っていたミシンが残りました。何気なく踏んでみたんですね、それがきっかけです」

「その頃、私は高校へ行きながら働いてました。都立九段高校の夜間部です。仕事は精密機械の刃をつくる工場でした。いわゆる研磨工ですね。夜間部ですか？　ええ、それはやはり生きるためです。何しろ貧乏でした。父もいませんでしたしね。父は私が二歳のときに亡くなりました。戦争です。亀戸に空襲がありましてね、防空壕に爆弾が落ちて、父といちばん上の兄がやられました。五人兄弟なんです。私は末っ子です。母が下の四人を連れて、千葉の実家に疎開していたんですね。それで私たちは助かったんです。近所の人もみんな死んだそうですよ、家も焼けましたしね」

「真面目な少年だったと思います、やみくもに勉強一筋ではありませんでしたが。そうですね、できれば大学まで行きたかった。兄貴たちも「お前だけは――」と言っていたんですがね、やはり無理でした。修学旅行というものがありますね、あれに行けない子がクラスに七、八人いる、そんな時代ですよ。昭和三〇年代の半ばになりますかね。朝礼のとき、その修学旅行に行けない子は別に並ばされるのです。もちろん私もそちらのほうですよ。ええ、明らかに差別です。ひどいものです。生徒の気持ちなんか何も考えない。当時の中学校なんてそんなものです。恥ずかしかったですよ、好きな女の子の前でね。コンプレックス？　そう、あれをコンプレックスと呼ぶべきでしょうか、私にはよくわかりません。ただ、貧しさのおかげでお金のある人には得られない体験をした、それはやはり得がたいものだと思います」


貧しさから全日制の高校への進学こそできなかったものの、優秀で真面目な塚本少年に担任教師は、最高裁判所の事務員をはじめ、いわゆるホワイト・カラーの職場を受験するように薦めた。日本電気、三菱重工、羽田空港整備――、しかし塚本少年はトップクラスの成績だったにもかかわらず、それらすべてを不採用にされてしまう。

「ふだん自分より怠けてる連中から、先にどんどん就職や進学が決まっていくわけです。片親というのがネックでした。当時はまだ、片親だということで差別される時代だったんです。結局、就職が決まったのはクラスでいちばん最後でした。それも、いわば工員です。鉄の粉を吸って、塵肺になるような、そんな仕事です。でもそういったことから、どんなことがあっても誰にも負けないぞという想いを学びましたね。それはやはり、裏返せばコンプレックスなのでしょうかね（笑）。しかしそれでも、どんなところでもとにかく就職できたんだというのは嬉しかったですよ。毎月決まったお金をもらえるというのはすごいことです。初めての給料が出たとき、おふくろがそれを親父と長兄の仏壇に上げましてね、「ここまで無事で大きくなった」と言って泣きました。私ももらい泣きしましたねえ。ええ、覚えてますよ初任給は六七〇〇円でした」

十六歳になった塚本少年は昼間は工場で働き、夜は高校に通った。現在も「私はほとんど休みません。会社自体は土日、祝日は休みますが、私は何かしら仕事をしています」という塚本監督、十代のバイタリティーは仕事と勉強だけにはとても収まり切らなかった。テニスに熱中し、会社にあったテニスコートで就業二時間前の朝六時から汗を流し、高校では文学部サークルの部長を務め、年一回発行する同人誌に小説を発表した。それは高校生の男女が初体験をする物語であり、セックスの場面を生々しく描いたことで、教師たちの間に物議を醸したりした。

「特に性をテーマにした作品を書こうと思ったわけではありませんでした。ただ、それまでの同人誌が誰も読みたがらないような、小難しい観念的な作品で埋めつくされているのにとても違和感がありました。誰にも理解されないようなものを書いておいて、「俺たちは秀才だ」というような顔をしてる文学青年にはなりたくなかった。やはり、誰かが読んでみたいと思うようなものに挑戦してこそ、本当じゃないかと思ったんです。だから高校生なら誰もが興味があるであろう、恋愛とセックスをテーマにした。私はマイナーであるということは大好きですが、自己満足になってはだめだと思ってます。その区別はとても大事ですね」

映画がお好きになったのもその頃からですか？　と僕は聞いた。監督はにっこりとして、「その質問を待っていました」と嬉しそうな表情を見せた。

「小学校六年のときに千葉の疎開先から戻ってきて、初めて兄貴に連れていってもらったのが『トロイのヘレン』（一九五五年　監督：ロバート・ワイズ）という映画です。子どもでしたから深い部分まで理解できていたかはわかりませんが、とにかく感動しました。特に、ラストで主人公（ジャック・セルナス）が死んでしまうんです。これには本当にびっくりした。それまで私が教科書などで読んでいた物語にはない、リアリズムと迫力がありました。それからというもの、日曜日は朝から晩までそれこそ掛け持ちで映画館巡りですよ。亀戸、錦糸町と、三本立ての映画館を順に回るんです。惹かれたのはやはりハリウッド映画ですね。ジョージ・スティーヴンス、ウイリアム・ワイラーが全盛の頃です。当時は封切られた映画の、ほとんどを観たんじゃないでしょうか。とにかく、大切なことはすべて映画館で学んだような気がします、社会、戦争、人生、そして恋です」

そんな塚本少年であったが、自分で映画をつくりたいとか、あるいは撮影所に入りたいとかは思わなかったという。

「とにかくできあがったものを観るだけでも一二〇％満足できた時代でした。自分も――と思い始めたのは、日活ロマンポルノが始まってからです。まだポルノ映画を観るのが後ろめたかった時代です。当時の成人映画を上映する映画館は、実に淫靡な場所でした。まともな社会人は足を踏み入れるのをためらうような。そんなところへ恥ずかしさに冷や汗をかくような気持ちを持ちつつ、内心どんな刺激的なものなのだろうと期待して観にいった。けれど結果、気の抜けたようなレイプシーンを観せられて、心の底からがっかりしたんです。俺ならもっと違ったふうに撮るのに、もっと迫力を出せるのにって、歯ぎしりするような想いだった」

しかし、それはまだまだ先のことだった。話を戻そう。双子の姉の残したミシンを何気なく踏み、これはなんだか面白そうだと思った塚本少年は母親を説得して高校を中退、池袋にあった洋裁工場へ住み込みで就職する。若い女の子ばかり十五人の職場のなか、男は彼ひとりだった。

「とにかくこうと決めたらすぐに実行に移さずにいられない性分なんです」と塚本氏は言う。しかしそこでは彼が納得できるほどの技術を習得することはできず、二年後、三河島にあった在日朝鮮人の人々が暮らす地域で洋裁を本格的に教えてもらえるという話を聞き、そこの一軒の家庭に住み込んで働くことになる。

「しごかれました。こと洋裁に関しては、徹底的に教え込まれた。私はそこで紳士服の仕立てを学んだのです。それとね、やはり朝鮮人社会というものが実にすさまじかった。当時は不法入国している人も多かったのです。入国管理官との争い、駆け引き。彼らがどんなふうに差別されているのか、差別されるということはいったいどういうことなのか、それを私は目の当たりにしました。修羅場を見たんですね。あれは今考えても貴重な体験でした。あの時期、あの場所にいられたことに私は感謝していますう」

二五歳まで三河島で働き、当時のお金にして八〇万円という大金を貯めた塚本青年は、またしても突飛な行動に出る。

「家出したんです、それも海外へ」と塚本氏は言う。「行ったのはクウェートです」

何でまたクウェートなんです？　と僕。

「石油を掘りあてようと思って。いやいや笑わないでくださいよ（笑）、本気だったんですから」と本人はおっしゃるのだが、そのわりにクウェートに着いてみたら女の人は顔を隠しているし、アルコールは飲めないわで「こんなところにはいられない」とその日の便でギリシャへと行ってしまったという。その後オランダを経てデンマークに落ち着いた。

皿洗いのバイトをみつけ、家族にも居場所を連絡した。ときに六〇年代後半、ヒッピーという言葉が生まれたばかりの頃ではあったが、当時からアルバイトをしながら外国を放浪している日本の若者も少なくはなかったという。塚本青年はそんななかのひとりの女性と恋をした。

「結婚の約束もしたんですが、結局だめでしたね。二人とも若すぎたんでしょう。外国の女性ですか？当時は週刊プレイボーイが「北欧やデンマークはフリーセックスでやり放題だ」って書き立ててましてね、私は真に受けてたんですが、もちろん全然だめですよ（笑）、鼻も引っ掛けてくれない」

やがて半年が経ち、塚本氏はお兄さんから自分も洋裁の仕事を始めるので、帰ってきて手伝ってくれという手紙を受け取る。「嫌で嫌でしかたなかった」反面、「こういう放浪の暮らしも潮時かな」という気持ちもあり帰国。しかしお兄さんの所で働いたそのとき、現在まで「ずっと二人で支え合ってきた」という奥さんと知り合う。二人はやがて結婚して独立。二人だけの洋裁工場を始める。その頃から単に洋裁だけでなく、婦人服のデザインにも手を伸ばすようになった。

また洋服以外にも、文房具のデザインを手がけたという。

「斜めに罫線の入った便箋です。右上がり十二度の角度だと、とても書き易いんですね。ある日手紙を書いていてそれに気づき、作ってみようと考えました。そして洋裁の仕事のかたわら印刷所に発注して、できた商品を売り歩いたんです。全国の問屋を回りましたよ。北海道から九州までね。東京では、伊東屋さんと東急ハンズが置いてくれました。苦労？　しましたね。恥もかきましたよ、何せ文房具のことなんか何もわからない素人ですから」

「ええ、そうです。洋裁はもうだめでした。時代遅れの商売になっていたのです。しかも私たちのような個人経営にできるのは、結局下請け仕事です。これでいいのだろうかとずっと思っていました。俺の人生は、一生こうして人様に使われて生きる、それでいいのだろうかと。また一〇年洋裁の世界にいて、その業界のつまらなさというのでしょうか、狭さをつくづく感じていました。例えば洋裁仲間の集まりに出ても、出る話といったら「工賃が上がらない」そればかりです。映画の話なんて通じる人は誰もいないんです。仕事が終わってから、いつも夜中まで女房と話し合っていました。「何かもっといい、やりがいのある商売はないだろうか」「もっと今の時代に合った、新しい商売はないだろうか――」と」

塚本氏の考案した斜めの罫線が入った便箋、その評判は上々だった。特に北海道ではよく売れた。しかし、モノが文房具であり紙製品であるために、その利益率は極端に低かった。大量生産できればまだしも、個人でやっていくには明らかに不利な商売だったのだ。その教訓が彼を、まったく思ってもみなかったアダルトビデオの世界に導くことになる。

「あるとき、私の税理士をやってくれてた先生がふと言ったんですね。「塚本さん、こんなに利益の上がらないことをしてちゃだめですよ」「もっと単価の高い仕事をするのが商売のコツですよ」ってね。ああそうか、と思いました。そして考えました。単価の高いものってなんだろう？　一週間くらい考えたでしょうか、ちょうどポータブルのビデオカメラが世に出た頃でした。とても一般の人には高価で買えない、そんな頃です。だったらカメラを買って、「何でも撮ってあげますよ」という商売をしたらイケるんじゃないか、そう思いついたんです」

長年かけ続けていた生命保険があった。総額二〇〇万円以上。それを思い切って解約した。

「とにかく私は、思いついたら早いんですね」と塚本氏は笑う。

「一週間後にはカメラとデッキを手に入れて、雑誌に広告を載せて、チラシをつくって各家庭のポストに入れて回りました。駅前で配ったりもしました」

ファミリービデオ・プロダクションと名乗った。ＦＡプロとはその「Ｆａｍｉｌｙ」の最初の二文字、その名残である。

「結婚式を撮ってくれ」「子どもの運動会を撮ってほしい」――、そういった依頼が来るとばかり思っていた。しかし、来たのは「愛人とのセックスを撮ってくれないか」という予想もしないオファーだった。

「つまり、一般の家庭では再生するデッキすらめずらしい、そんな時代だったんです。一九八〇年代に入ったばかりだったと思います。だからお客さんは金持ちばっかりです。金持ちのオヤジが若い愛人を囲ってる、そんなケースばかりでした。夫婦交換（スワッピング）の人たちも多かったですね。なかにはヤクザの親分なんて人もいました。子分を大勢引き連れて、実に穏やかに話をするんですが、さっと脱ぐと身体中入れ墨なんです。評判は口づてで拡がっていきました。スワッピング愛好家とかそういう人たちは、裏のネットワークみたいなもので繋がっていたみたいです。「どうやら塚本という人間に頼めばセックスを撮ってくれるらしいぞ」というようなことで、次々に依頼がきました。儲かりました。驚くほど儲かったんです」

ビデオというものに関してまったくの素人であったばかりではなく、実に真面目にこつこつと生きてきた人が垣間見た、性の世界とはどうだったのだろう？

「ええ、もちろん驚きの連続ですよ。初めての撮影ですか？　もちろんはっきり覚えています。場所は渋谷の『東急イン』です。男は六〇歳くらい、女は二七、八歳といったところでしょうか。綺麗な女性ですよ。それがね、二時間「オマンコいい、オマンコいい」って言いっぱなしなんです。私は真面目でしたから、オマンコなんて言葉を口にしたこともなかった。ところがそういう世界では、女性が「オマンコ、オマンコ」って言うんです。本当にびっくりした。それが彼らの悦びなんですね。それを言うことによってさらに興奮するのです。すごい世界だと思いました。そして私自身も驚いているだけではなく、そういった世界にのめり込んで撮っていくようになったんです」

「こんなこともありました。旦那が糖尿病で勃起しない、奥さんと何年もセックスしてない。だから奥さんが、他の男とやってるところをビデオで撮ってくれと言うんです。当時はもちろんAV男優なんていませんから、新聞に募集を出して、何とか見つけて連れて行きました。三〇歳過ぎのおとなしそうな女性でした。それが狂ったんです。ごく普通の女性が人前で、しかもカメラが回っている中、こんなにも乱れてしまうものなのか。それは私の性に対する考え方を根底からひっくり返しました」

当時の体験は、現在のヘンリー塚本作品の基盤になっていると氏は言う。FA作品における性のリアリティーが他社の作品とひと味もふた味も違うのは、この時代の経験によるものだ。

あっという間に元金は戻り、利益はどんどん上がっていった。しかしその「何でも撮ります」の「出張ビデオ」時代は一年ほどで終わる。

「お金にはなったし刺激的な仕事でした。でも、世間に対して胸を張れるような、まともな商売ではありません。こんなことをしていてはだめだと思いました。さてどうしようと思っていたところに、ビデオ業界誌の問屋さんの広告に『作品募集』と出ていたのを見つけたんです。お客さんが観るために撮るわけですから、基本的にテープはすべて渡していました。ただ、中には何本か、新聞で募集した男優と女優で撮ったものがあったんです。これをなんとか世に出せないかと思っていました。自分なりのリアリティは出せたと感じていたんです。幸い資金はかなりできていました。そこで機材をそろえて、編集して消し——当時はモザイクなんてありません、単純な黒のボカシです——を入れて、アイシンビデオと日本ビデオ出版（共にビデオ黎明期《れいめいき》の流通を担っていた問屋）に持って行ったのです。「これはすごい」と言われました。「全部買うから他には出さないでくれ」と言われた。確か二〇〇〇本出ました。お金にして六〇〇〇万円でしょうか」

それが一九八三年くらいのことと思われる。当時の状況を考えれば、アイシンビデオと日本ビデオ出版の反応は当然だろう。もちろんアダルトビデオという言葉もまだなく、ビデオデッキ自体が家庭にほとんど普及していない時代だ。日活などが制作していたポルノビデオは多少あったものの、それらはラブホテルのテレビにコインを入れて観るため、「2チャンネル」ビデオと呼ばれていた。関東ではテレビのチャンネルの「2」には放送局がなく、ビデオを再生する際にはそこにダイアルを合わせたからだ。

「それからはしばらく、また新聞で女優さんを募集したり、雑誌のヌードモデルをやってる娘に出てもらったり、その娘たちのツテで出演してくれる女の子を紹介してもらったりして、撮っていきました。いいえ、ドラマではありません。ホテルなどでカメラを据え置きにして、女性と私が一対一、今で言う〈ハメ撮り〉というスタイルです。それでもアングルなどを自分なりに工夫したおかげか、評判は悪くなかったようです。思えばのんびりした時代でしたね。問屋のほうもとりあえず消しが入っていれば買ってくれた時代です。私はビデ倫などというものが、あることすら知りませんでした」

しかし時代は変わる。ある日取引先のアイシンビデオから「ビデ倫に加入してくれなければ取引きできない」と言い渡される。一九八五年、新風営法の施行に伴い、警察より各メーカー及び問屋に対して、「ビデ倫の認可を受けていないポルノビデオはすべて『裏ビデオ』と見なす」という通達がなされたのだ。

通称・ビデ倫こと「日本ビデオ倫理協会」は、元々「映倫管理委員会（映倫）」の審査基準を準用して、作品の審査を行う団体として発足した。ゆえに八〇年代前半に流通した非合法な裏ビデオのような「ただセックスしているだけの作品」を排除し、それなりに格調高いアダルト作品を推奨していた。従ってストーリー性のない作品は審査を通り難かった。そこに来て塚本氏は、初めてドラマを手がけることになる。現在のＦＡプロの形態はそこから始まるのだ。

「何本目かに『凌辱戦線』という作品を撮りました。それで一気にのめり込んでしまったんです。ええ、戦場をテーマにした作品です。とにかく私は、その戦場という無法地帯の持つ戦慄するような、ゾッと身震いのする情景にのめり込んでしまったんです。強い男が無理やり、か弱く美しい女を犯す。犯した後は無残にも殺してしまう。恐ろしいことです。しかしそういった行為の中には凄惨な残酷さと、同時に深いドラマがあると感じました。強いものが弱いものを暴力で無理やり意のままにする、これほど凄惨でエロティックなことはない。そこには人間というものの持つ、やるせないほどの哀しみと欲望が存在する、そう思ったんです。その頃ですよ、他のメーカーや一部の男優さんたちの物笑いのタネになっていたのは。でもね、情熱は止まらなかったんです」

どうしてそこまで、「戦場」というものに惹きつけられたのでしょう？　そう訊《き》くとヘンリー塚本は、今度は笑顔を一切見せることなく、こちらを真っ直ぐに見据えて、

「いい質問ですね」と静かに言った。

「野生動物の世界は弱肉強食と言う人がいますが、果たして本当にそうでしょうか？　動物はオスがメスを無理矢理犯すなんてことは絶対にしません。交尾させるかさせないか、その選択権はすべてメスにあります。ところが人間のオスだけは、ときに欲望に駆られメスを襲ってしまう。おそらく二足歩行になったり道具を使うことを覚えたりする過程で、いびつな方向へと進化してしまったのでしょう。子孫を残すという理由なしに、欲望だけでセックスするようになってしまった。しかもやっかいなことに、人間は男のほうが女より大抵の場合力が強い。女はどうあがいてみても、一対一ではかなわない。ましてや暴力で痛めつけられたり、銃や刃物で脅されたらどうでしょう？　下手をしたら殺される、そう思ったとき、女性は眼をつぶって身体を開くしかない。その最たるものが戦場です」

精神分析学者の岸田秀は、人間は進化の過程で本能が壊れた動物だと言ってますね。

「そうかもしれません。だから理性という概念が生まれ、理性を縛りつけるために法律というものを作った。逆に言えば、我々は法律というものがなければ理性を保てないんです。法律があり、女性を無理矢理犯したら重罪が課せられる、人を殺したら自分も死刑に処される。つまり法という名のルールを作ることで、人間はなんとかギリギリ、理性と欲望を上手くコントロールして生きる術を培ってきたわけです。けれど、そういった法と理性がまったく通用しないのが戦場です。一応、国際法では正当な戦闘行為に当たらない殺戮は許されないとか、女性や子どもなど、民間人への暴力は禁ずると

いうことになっているでしょう。でも、歴史上そんなものが守られたことがあるでしょうか。第二次世界大戦の独ソ戦でも、日中戦争の南京戦でも、そして終戦直前の満州でも、膨大な数の女性たちが兵士にレイプされ殺されたと言われています。それは過去だけに限らず、現在でもおそらく世界中の戦地、紛争地で起きているでしょう。私たちは幸いなことにこの平和な日本に暮らしていますが、その事実に眼をつぶってはいけないし、眼をそらしてはいけないと思います。そしてこれは『凌辱戦線』以降今日まで戦場物、レイプ作品を撮り続けていて思うのですが、AVというのはそれを何よりもリアルに描けるんです。何しろ女優さんと男優さんに本当にセックスしてもらえますからね。テレビは当然そんなシーンは描けませんし、映画でも映倫の関係で難しいかもしれません。でもアダルトビデオなら撮れる、残酷なまでに表現できる。私はAV監督ですから、この世界に入って、ましてや戦場物というものにのめり込んだ時点で、決して避けて通ってはいけない、描かなければならない世界だと思って作品を作ってきました」

インタビューの間、僕は塚本氏のことを「監督」と呼んでいた。「塚本さん」あるいは「ヘンリーさん」と呼ぶより、「監督」と呼ぶにふさわしい人だと思ったからだ。先日某所でFAプロのスター上杉《うえすぎ》愛奈《まな》に偶然会ったとき、僕は思わず興奮して「ファンなんです」などと口走ってしまったのだが、それだけFAの作品は僕にとって「映画的」なのだ。しかし、塚本監督は映画文法的なことは何ひとつ知らず、意識的に勉強したことも一度もないという。

「ええ、ただただ映画を観ただけです。そうですね、すべて映画館で教わったようなものです。ですから最初は撮ったカットとカットがつながらないということがしばしばありました。問屋に行った折に同業者に会うと馬鹿にされましたよ。「お前のとこの作品は何の脈絡もなく場面が変わるじゃないか」ってね。だけど、そう言われてもどうしたらいいのかさえわからないんです。現場ではなおさらです。だって私は「ヨーイ、スタート」のことを「オッケー」って言ってたんですから、そうです、あべこべですよ（笑）。実はいまだに専門用語はよくわかりません。パンニング、切り返し、そういったことはウチの若いスタッフのほうが私よりよほど知っています。特に当初は私ひとりで何から何までやっていましたからね。監督といったってどっしり構えているわけにはいきません。バッテリーが切れたら走って車まで取りにいかなきゃならない。そんな私の姿が、男優たちには滑稽に見えたんでしょうね」

その気持ちは、少しだけれど僕にもわかった。僕自身も助監督やスタッフの経験がなく、いきなり監督になったパターンだった。だから助監督には陰で笑われていたし、技術スタッフには現場であからさまに馬鹿にされた。

「だけどね、東良さん」と塚本監督は言った。「ひたむきに、思い入れを込めて撮っていけば、必ずそれは男優さんや女優さんに伝わるんです。私は、せっかちで、物笑いのタネになるような演出方法しか撮れないかもしれませんが、それをわかってくれる人がいるはずだ。そう思ってやってきました」

そう、FAプロには常にいい役者がいて、ヘンリー塚本監督を支えてきた。古くは池島ゆたか、山本竜二。長い間出演し続けている甲斐太郎、小沢とおる。若手では佐川銀二、大島丈、森山龍二。上杉愛奈、秋山礼子、相川瞳、中原裕子、篠原五月――、女優の名を掲げていくとキリがない。

「特に初期、池島ゆたかには感謝してます。何しろ当時、池さんはピンク映画のスターでしたから。けれどマイナーな私の作品を一切馬鹿にすることなく、快く引き受けてくれて、私が迷ったり困ったりしていると、演出までアドバイスして手伝ってくれたんです」

ＦＡプロは月に八本の作品をコンスタントにリリースしている（一九九四年現在）。もちろんそのすべてが監督・撮影・脚本・ヘンリー塚本、である。まさに超人的なスケジュールだ。そして、そのすべてが一日撮りだというのも驚きである。しかし、その年に封切られた映画すべてを観たほどのかつての映画少年は、例えば年に一本くらい、じっくりと時間をかけた大作を撮ってみたいとは思わないのだろうか？

「池島ゆたかに同じことを言われました。「監督、フィルムで映画を撮ってみませんか」と言われた。それもこんなふうに一日撮りではなく、自分がプロデュースして、時間も一週間ほどあげるし、女優も売れているいい女優を用意しますってね。でも、それではたぶんだめなんです。それではきっと、私の持ち味は出ないと思うのです」

「私は情報誌に作品を出すときに〈出演：マイナー女優〉と書くんです。マイナー女優、いい言葉だと思いませんか？　私の作品に出てくれる女優は、みんな無名の娘ばかりです。だけど無名だから、マイナーだからひたむきに、一生懸命演じてくれる。つまらないプライドを持つことなく、汚れ役を喜んでやってくれる。これは素晴らしいです。マイナーメーカー、マイナー監督、いいじゃないですか、マイナーだから、より猥雑でパワーに溢れた作品が撮れるんです。確かに一日撮りというのは大変です。だけどその切羽詰まった状況が、すごくいい緊張感をもたらすんです。「今この瞬間しか、この女優さんのこの表情は撮れないんだ！」、そう思うと私の思い入れがファインダーににじみ出すような、そんな気すらするんです」

マイナーだからこそひたむきになれる――、

塚本監督らしい、いい言葉だなと思った。この業界には、映画やVシネマを撮るついでにAVを撮っているという人も多い。「本当はアダルトはやりたくないんだけど、生活のためには仕方ないよ」と。別に悪いとは思わないが、そういう人のつくるＡＶほど、つまらないのは困った話だ。

とてもありふれた言い方だけれど、僕はときどき、我々はとても弱い存在だと思う。決して一人では生きていくことができなくて、何か大きなものや力強いものに頼って自分の自我を守ろうとする。それがある人にとってはお金であったり地位であったり、あるいは自分の所属する集団や会社だったりする。

それが何であるにせよ、もしも何かを気持ちのよりどころにしなければならないのなら、それが自分の仕事であり、家庭であったほうが好ましいように思えてならない。

塚本監督はこう言っていた。

「こういう仕事ですから、後ろ指をさされることもあるでしょう。そのくらいならまだしも、手が後ろに回ることだってあります。我々はポルノを撮っているわけですからね。摘発の基準など、あってないようなものです。それは当局の胸先三寸で変わってしまいます。だけどそんなときでも、胸だけは張っていたいですね。たとえそうなっても女房と娘だけは、信頼してくれると、私は信じているんですがね」

その日は雨が降っていた。

僕は今、その雨が駒沢公園をまるで細かい霧のように淡く包んでいたことと、監督がその日何度も繰り返された「ひたむきに――」という言葉を、たぶんこの先長い間忘れないだろうなと思っている。

第二章

一九四三年、
千葉県長者町・貧困・
トウモロコシ畑の情事。

ヘンリー塚本こと本名・塚越久友《つかごしひさとも》は、太平洋戦争終結二年前の一九四三年（昭和十八年）に、東京都亀戸七丁目一四一番に生まれる。久友の父・信治《のぶはる》は、同地にて「オリエンタルトーイ」という玩具工場を経営していた。

塚越信治は群馬県館林の出身で、尋常小学校を卒業後、関東大震災の復興需要で単身上京。丁稚奉公をしながら商売を学んだ。当時の亀戸にはサイコロや花札を制作していた任天堂など、玩具や小物などを作る会社が多く、信治もセルロイド製の櫛を作っていた工場で手に職をつけたという。やがて友人数名と「オリエンタルトーイ」を起業。セルロイド製のキューピー人形を制作し、海外にも販売して一世を風靡することになる。

キューピー人形は一九〇九年に米国のイラストレーター、ローズ・オニールによる、ローマ神話の愛の神「キューピット」をモチーフとしたイラストから生まれたキャラクターだが、ドイツの工場で量産されたことにより世界的に普及した。当初はおがくず、接着剤、樹脂、木粉などで構成される合成材料で成形されていたが、一九二〇年代からは成形の容易いセルロイドが主流となる。やがてドイツが第一次世界大戦で経済的に疲弊したことによって、代わりに日本がセルロイド製品を多く手がけるようになった。これはセルロイドの主成分「樟脳」の原料となる、クスノキが当時日本統治下にあった台湾に豊富だったからだと言われている。

アメリカ生まれのセルロイド――、野口雨情・作詞の童謡「青い眼の人形」はキューピー人形を唄ったものだが、それを制作し同盟国ドイツに輸出するという信治たちのアイデアは、そもそも「オリエンタルトーイ」という社名からして海外を視野に入れていたように、実に商才に満ちていたという他ない。

よって塚越家は亀戸界隈では知らぬ者のいない成功者となり、ヘンリー塚本こと久友は記憶にはないが、六歳年上の兄・克郎《かつろう》と四つ年上の兄・康陽《こうよう》が、戦時下にも関わらず坊ちゃん刈りに洒落た半ズボンのブレザー姿で写っている、古い白黒写真が今も残されているそうだ。

信治の妻、つまり久友たちの母親・塚越ふじは芝居の好きな人で、週末になると塚越家が所有していた、当時として極めてめずらしいガソリン自動車に乗り、運転手付きで銀座へ歌舞伎見物に出かけたという。

しかし繁栄はとても短かった。工場が火事を起こし、父・信治は出火罪で逮捕され警察に取り調べを受けることになる。セルロイドは安価だが燃えやすいという欠点があり、後にキューピー人形はソフトビニール製となり、アメリカではセルロイド製玩具の全般が輸入禁止になった。

そして、戦争である。


「親父は私と同じように元々痩せ型でしてね」と、ヘンリー塚本は家族の歴史について語り始める。

「加えて当時の食糧事情からさらに痩せてひ弱だということで、兵役検査に受からなかったそうです」

一九〇三年（明治三六年）生まれの父・信治は太平洋戦争勃発時には三八歳。もう少し戦争が長引いていれば、若くなく丙種合格であっても戦地へ招集されたかもしれない。しかし彼は昭和二〇年三月一〇日の夜間空襲、亀戸を含む当時の城東区を襲った通称・下町大空襲で死ぬ。旧制中学に通いながら父の仕事をよく手伝っていたという、当時十五歳の長兄、喜一《きいち》も同様に死去した。

「戦争には行けなかったけれど、それでも親父はお国のために役に立とうとしていたんでしょう、警防団の団長を務めていたそうです。空襲警報が鳴ると第一に近辺の隣組を防空壕へと導く責任者だった。だから最後に防空壕に入る。ところがそのときは自分たちが入った防空壕に焼夷弾が直撃した。そこに入っていた十数人、全員が死んだそうです。いちばん上の兄貴も一緒でした。これはお袋の話ですけど、後日知り合いが遺体を見つけたときに、首がなかったと。それくらい悲惨な状況だったそうです」

空襲が激しくなったことを受け久友と長男の克郎、次男の康陽、そして久友の双子の姉・初恵《はつえ》は、母とともに彼女の里である千葉県夷隅郡の長者町という土地に縁故疎開していた。九十九里浜近くの小さな集落である。現在はいすみ市岬町と名称が変わっているが、JR外房線に「長者町」という駅が残っている。

「だから子どもたちと疎開していたお袋は、死体はおろか現場すら見てないわけです。そういうときってね、思うんですね。お父さんはいつか帰ってくると、喜一と一緒に元気に帰ってくるんだと。それで遠くからシュッシュッポッポッと汽笛が鳴るでしょう、すると「迎えにいっておいで」って私たち子どもに言うんですよ。それで私らはまだ小さいからそれを信じて、汽笛が鳴るたんびに駅まで走って、けっこうな距離がありましたけど、七、八分あったかなあ、一生懸命息を切らして走ってねえ、駅で親父の姿を探して。お袋は行かずに家で仕事をしたりしていたけれど、それが何年も続きました」

「お袋だけがなぜ行かなかったというと、足が悪かったんです。すべては、死んだ親父の責任でもあるんだね。親父さんはキューピー人形で儲けて金持ちになって、女遊びをした。遊郭に入り浸って淋病にかかったらしい。それがお袋に感染ってしまって、関節症になって膝が曲がらなくなってしまった。だから歩くのすら困難だったんです。親父はお袋にそんなことをして、尚かつ戦争で死んでしまった。お袋は恨みと悲しみと、二つ持ってたんじゃないかなあ。今でもお袋の日記が残ってるんですよ。「この世で自分のことをいちばん自分のことを信じて、愛してくれたあの人はいなくなってしまった」と書いてある。お袋が死んだ後、その日記は私がもらって、今も手元にあるんですが、町でいちばんお金持ちのおかみさんにしてくれたという感謝の気持ちもあったろうし、でも夫のひどい女遊びの結果、一生の障害を持ってしまった。親父のほうも自分の放蕩で妻をそんな目に遭わせ、いかに心を痛めたか。しかも焼夷弾で死んでしまうんですから、子どもたちのその後を考え、いったいどんな想いで死んでいったのでしょう」

兄の克郎と康陽は、久友少年がいつも九十九里の浜辺へ行き、潮干狩りでシジミを採っていたことをよく覚えていた。肝臓の機能をよくしたほうが、足の毒素が抜けるというようにことを誰か大人から聞いたようだ。肝臓にはシジミが効く、だからしょっちゅう採ってきて味噌汁になどにして母親に飲ませていた。

兄たちは晩年まで、「久は本当に母親思いだった、お袋のことが好きだったんだなあ」とよく語り合っていたという。そして「お袋もまた、久がいちばん可愛かったんだよ」と。

そんな母・ふじは一九八三年に亡くなる。久友が洋裁や文房具のデザインを辞め、生命保険を解約し、思い切ってまったく新しい商売を始めた頃だ。ゆえに彼女は末っ子の久友が、後にヘンリー塚本として成功を収めたことを知らない。

千葉の長者町で暮らした日々を、「貧乏というものを骨の髄まで味わった時代でした」とヘンリー塚本は表現する。

「今で言う貧困なんだろうけど、貧乏の度合いが違いました。何せ食うものがないんですよ。親父はいない、お袋ひとりでしょう。しかも足が悪い。働くったって働けない。お袋は町のお医者さんの家とか、お金持ちの家に賄い仕事で行ってましたよ。他にも近所の家の洗濯を手伝ったりね。日銭ですよ。そんなことで一日幾らもらえたか知らないけれど、毎日毎日、あちこち違うところで働いてましたね。あの頃、元気なおかみさんは闇米だね。背中にしょって、電車に乗って東京まで行って闇市に売る。それでおまわりに見つかって追い回されて、没収されたりもしたようだけど、それでも闇市やってた人はけっこう稼いでいた。たとえ親父が戦争で死んで片親でも、子どもたちは飢えずに済んだ。でもお袋は足が悪いから、やれるのは他人の家の食事の仕度くらいで、あれで幾らもらってたんだろう？　せいぜい一〇〇円とか、そんなものじゃないですかね。それで子ども四人ですから、食うものはない」

塚越家が貧しかったのには、もうひとつ理由がある。母・ふじの実家は長者町で古くから畳屋を営んでいた。ふじの父・藤田力三はいわゆる大店の旦那であり、長者町では一、二を争う裕福な家であったらしい。当然屋敷は広く、ゆえに塚越一家はそこに身を寄せる形で疎開していたのだ。

ふじの兄、長男の梅吉も、ふじの夫、つまり久友たちの父・信治がやって来ると「塚越、塚越」と親しみを込めて呼び、酒を酌み交わし可愛がっていたそうだ。花の東京で会社を成功させ教養もある妹の夫に、羨望と尊敬の念を抱いていたのだ。しかし力三の没後、梅吉が当主となり、信治が空襲で死ぬと状況は一変する。梅吉の妻、長男の嫁である節子が藤田家の全権を握るようになるのだ。

「節子さん、つまり私から見れば伯母さんだね。これがおそらくお袋に対して嫉妬の気持ちがあったんだろうね」とヘンリー塚本は説明する。

「お袋は数え十四で東京に女中奉公に出された。当時は藤田の家もまだ貧乏だったから、体のいい口減らしだったかもしれませんね。それがたまたま親父と見合い結婚して、親父も当初はしがないセルロイド工場の工員でしかなかったわけだけど、それがキューピー人形で大成功してしまった。お袋がたまに帰省すると、着物なんかも長者町では信じられないくらい裕福な感じだったそうで、それが疎ましかったんじゃないかなあ」

節子は手のひらを返すようにふじに辛く当たるようになり、塚越一家は藤田家を追い出され、町の外れでひっそり暮らすようになる。夫の梅吉は父の力三ほど甲斐性がなかったせいか、節子の尻に敷かれっぱなしになり助けてくれなかった。

「お袋が言うにはずいぶんいじめられたみたいですね、食べるものもくれなくなったって。だから、そこそこ金を持ってる親戚を頼って疎開したわけですが、我が家はみすぼらしくひもじい、そんな家庭でしたよ」

親戚の中で唯一味方だったのは、ふじの母親、久友たちの祖母・はるであった。しかし老いては子に従えの時代、はるは節子に知られないよう隠れてこっそり、子どもたちに飴を与えていたという。

またこれは後の話になるが、長男・克郎も次男・康陽も中学を出ると東京へ行って働きながら夜学に通うようになり、母・ふじもより給料のいい仕事も求めて東京へ働きに出る。久友と初恵だけが残されたが、「子ども二人じゃ夜は恐いだろうから」と泊まりにきてくれて、食事の世話などをすべてしてくれたのが祖母のはるであった。特に姉の初恵はお祖母ちゃん子で、はるに甘え慕っていたという。

「住んでいた家ですか、いわゆる掘っ立て小屋ですよ。今の常識なら人が住めるようなとこじゃない。廃材を組んで建てたんでしょう。あれはどうしたんだろう、お袋が作れるわけはないし、上の兄貴もまだ一〇歳くらいですから。近所の人にでも頼んだのかなあ。入ったところは土間で、奥に畳を二畳くらい敷いて、そこに親子五人で寝ていた。ふすまを開けると決して大げさじゃなく何万匹という蚊が飛んでね、もう夏なんかすごい音なんです。あの音は今でも耳に残ってますね。今、都会では「プーン」でしょ、それが何千匹、何万匹といるから、「びゃ〜ん！」というような、恐怖を感じるような音でしたよ。恐怖といえば家の脇にその村でいちばん大きい松の木がありましてね、雷が鳴ると怖くて怖くて。必ず高いところに落ちますから。今でも記憶が甦りますね、雷の音を聞くとね」

「着る物も、まあみすぼらしいものを着てましたよ。お風呂もないですから。近所の家にはお風呂も電気もあるんですけどね、ウチだけはない。どこで身体を洗ってたんだろう？　当時の田舎は銭湯なんてものもないですから。井戸水はあったから、それで洗っていたのかなあ。そのうちにお袋がどこでどう用立ててきたのか、ドラム缶のお風呂を作ってくれて、それがどんなに嬉しかったか。兄妹で順番に入ってね。だから貧しさの中にもそれなりの楽しさはあったのかもしれませんね。ただドラム缶には水を入れないといけないでしょう？　井戸があるのは隣の中山さんという家で、隣といっても田舎ですから、けっこう離れてる。だから私ら子どもたちがバケツで運んで、何回も何回も往復して、薪で炊いて、入った記憶がありますねえ。それが小学校、三年くらいでしたか」

「そんな中でただひとつ誇りに思っていたのは、長男も次男も私も、学校では成績がよかったんです。特に長男はその町始まって以来の秀才と言われて、私もクラスでは一番。当時は成績のいい者が級長になるんですね。兄貴たちも私も、六年生までずっと級長でしたね。たとえ貧乏でも、周りは一目は置きましたよ。大人からも「塚越さんとこの子ね」と言われて。だから貧乏でも、誇りがありました。勉強はやりましたね。特に貧乏に負けたくないとか、そういう気持ちがあったわけじゃない。お袋なんて小学校すらまともに行ってないけれど、自分で字を覚えたという努力家で、だから親の血を引いたんでしょうね。もうひとつ学校で思い出すのは、兄妹の中でも末っ子の私は特に身体が弱かった。頭にひどいおできができてね。今考えるとあれは栄養不足、特にビタミンが足りなかったんじゃないかなあ。それで小学校一、二年の頃は『できもん患者』とあだ名をつけられいじめられました。子どもって残酷ですよ。膿が出るんで臭いんですよ。だから包帯巻いて、いつも帽子被ってたんだけど、それを奪い取られてからかわれたりね。もうひとつ、学校では写真を撮りますよね、一年に一度。すると三年生まで、私だけ帽子を被ってるんです。近所の写真屋が「そこの君、帽子取って」と言う。それが嫌でね。担任の先生が「いや、この子はこういう事情があるから」って、そういう記憶もあるなあ」

久友少年が小学校三年になった頃、塚越家はやっと生活保護を受けられるようになった。ひと一倍虚弱だった末っ子も、栄養を摂れるようになったのか頭のおできも治り、普通の子どものように野山を元気に駆け回れるようになった頃のことである。彼は性的原風景とも言える光景を目撃することになる。

「その、井戸水をもらってた中山さんて家のお爺ちゃんがね、メジロが大好きで、メジロを捕っては籠の中で飼ってたんですね。一〇羽くらいいたかなあ。竹の先に鳥黐《とりもち》をつけてね、ガムみたいなやつですよ、それでメジロを捕って、私が井戸の水を汲みにいくと「おお、久ちゃん、来たか」って可愛がってくれてね、メジロを見せてくれるんですよ。そこに里子さんと言ったかなあ、若いお嫁さんがいてね、夏になるといつも上は裸なんですよ、暑くてしょうがないから、おっぱいを平気で見せてる。顔は決して美人ではなかったと思うんだけど、おっぱいというのは子どもにとっては生々しいものだよね。歳は、二〇代半ばくらいだろうね。まあ、田舎ですからね、若い女性が赤ちゃんにおっぱいをあげるのも普通だし、婆さんたちに至っては、畑の隅っこで着物めくって立ったままオシッコするしね」

そんなある日のことである。

「畑の中には肥だめってのがあるんですよ。肥料にするため人の排泄物を溜めておくわけだね。私はトンボを追いかけてて、夢中になってるうちに肥だめに落っこっちゃったことがあった。下半身は糞尿だらけですよ。トウモロコシ畑でね、ちょうど水がめがあったから、そこで半ズボン脱いで洗ってた。するとね、その中山さんちのお爺ちゃん、私ら子どもはメジロ爺さんと呼んでだけど、それが里子さんと一緒にどこからともなく現れたんだね」

イネ科の一年草であるトウモロコシは、成長すると二メートルの高さにも達する。二人はそんな中を歩いてきた。少年は奇妙な違和感を感じた。雰囲気がいつもとは違うのだ。メジロ爺さんと里子さんは普段より親密そうにも見え、同時に得も言われぬ緊張感に包まれているようでもあった。だから咄嗟にトウモロコシの葉に隠れた。しかし覗かずにはいられなかった。そこには何か、未知の秘密があるような気がした。

やがてメジロ爺さんと里子さんは抱き合い、唇を吸い合い、爺さんは女の乳房を剥き出しにして揉み、背後から立ったまま性交した。少年はまだ、それがセックスというものだとは知らなかった。

メジロ爺さんと里子さんとの関係はなんだったのだろう。年齢からすると祖父と孫くらいか。しかし少年から見れば「爺さん」だが、実年齢はもっと若かったかもしれない。あまり見かけることはなかったが中山家には里子の夫がいたので、二人は舅と嫁、つまり義父と息子の妻ということだろうか。久友はまた色んなことが理解できない年齢ではあったが、ただ、ひとつ直感としてわかったことがあった。それは、この二人は、いつもこういうことをやっているのだ――ということだった。それは人間というものは、義理の父娘とかそういう関係であっても、また愛情のあるなしに関わらず、欲望があればそれをするのだ、ということだ。

その後も井戸水を汲みに、メジロを見せてもらいに何度も訪れた。けれどメジロ爺さんと里子さんとの間に、あの親密さはなかった。かと言って何かを隠しているという雰囲気もなかった。トウモロコシ畑の情事は、少年の心の中だけにまるで白日夢のように残った。

第三章

一九五七年、二本榎・小松川・江東楽天地・映画との出会い。

一九五七年、十四歳になった塚越久友は、電車の窓から毎日、日々出来上がっていく東京タワーの姿を見ていた。当時の東京には高層建築などない。あってもせいぜい五階か六階のビルといったところだろう。だからその姿は通学する山手線からよく見えた。最初は巨大な祭りのやぐらのようだった鉄骨が次第にすぼまってゆき、やがて天にさえ届こうとしていた。その高さは少年の心を否応なく圧倒した。それは何かが変わる、いやこの国がまったく違ったものに姿を変えていく、その象徴のように思えたものだ。

そしてもうひとつが外国、特にアメリカからやってきた文化だった。都電に乗って錦糸堀駅に差し掛かると、国電錦糸町駅前、当時「東京新名所」と呼ばれた「江東楽天地《こうとうらくてんち》」の巨大な映画の看板が見えた。特に久友の心を捕らえたのは、前年に公開されたジョージ・スティーヴンス監督の『ジャイアンツ』だ。『エデンの東』『理由なき反抗』に於いて、その痛々しいほどの孤独と鬱屈で若者たちのアイコンとなったジェームズ・ディーンが、名優ロック・ハドソンと美貌の女優エリザベス・テイラーが豪華共演を果たす大作。看板にはスター三人が描かれるとともに、「総天然色」「堂々3時間半の大巨編！」「今はなきディーンをしのぶ最后のおもかげ！」という謳い文句が踊っていた。

観たいなあ、ああ、観たいなあ――、少年は心を躍らせて呟いたものだ。

「もはや戦後ではない」と言われてから一年が経とうとしていた。日本は朝鮮特需で戦前の水準に向かい順調に回復していった。その年の『経済白書』の序文には「回復を通しての成長は終わった。今後の成長は近代化によって支えられる」と誇らしげに書かれていた。

しかし塚越家だけは、未だ貧困が続いていた。

「千葉から戻ったのは中学一年です。二人の兄が中学を卒業して、東京で住み込みで働くようになった。お袋も東京で女中さんとして働くようになって、私と姉さんは長者の家で二人っきりで生活してたんですよ。でもそのうちに兄貴たちとお袋が一生懸命働いて、東京に住む家を見つけてくれて、それで私と姉も移ることになった。港区二本榎《にほんえのき》というところで、現在の地名でいうと高輪三丁目あたりでしょうか。今は高級住宅街でしょうけど、あの頃はまだ道なんかも舗装されてなくてね。住んでいたところは、家といっても間借りです。大家さんの二階を貸してもらっていた。長男は都立小山台高校というところに行っていて、いい学校ですよ、定時制ですけど、新聞配達の店で働きながらね。それを見込んだ大家さんが小学生の娘に勉強を教えてくれと、そんなことから安く住まわせてもらってたんだと思いますよ。私と姉さんは喧嘩ばかりしていてね、勉強を教えてる兄貴に怒られた記憶がある」

「それでも兄貴たちは昼間働いて夜は高校に行っているし、お袋も住み込みでしたから、やはり私と姉の二人きりでね。私たちは中学に通っていて、学校から帰ってくると、私はすぐ夕飯の買い出しに出る。スーパーというか、近所の小さなマーケットですね、戦後の闇市が発展したような店です。すると帰ってくる同級生にしょっちゅう会うことになった。友人たちには楽しい放課後があって、部活とかをやって帰ってくる。でも私は生活のため、その日のおかずを買いに行く。当時は鯨の肉だね、これが安くてね。だからよく買って、姉さんが作ってくれて、二人で生活してましたね」

そして、映画と出会う。

「ロバート・ワイズ監督の『トロイのヘレン』を観たのがその頃ですよ。日本公開が一九五六年ですか？　では年数も合いますね。私が十三歳のとき、中学一年です。普通は十二歳で中学入学でしょう、でも私は一年遅れてるんです。当時双子というのは獣腹、畜生腹なんて言われましてね、犬や猫は一度にたくさんの仔を産むでしょう、それでいわれのない差別やいじめを受けるような時代だった。だから千葉で小学生に上がるとき、お袋が気を遣って姉さんを先にいかせたんです。ええ、お産のとき私より姉のほうが先にこの世に生まれたそうです」

「間もなく二本榎の間借りから、江戸川区の小松川に引っ越すんです。荒川のすぐそばです。二番目の兄貴が苦心してお金を出してくれて、借家を借りるんです。とはいえ当時よくあったバラックですよ。乞食小屋とまではいかないけれど、粗末な造りです。ええ、本当に、小屋よりもちょっとましな程度でしたけどね。姉も私も中学は転校せずに、小松川から元の高輪にある高松中学というところまで通ってました。これもまたお袋の考えでしてね。高輪というのはやはり環境がいいし、高松中学というのも頭のいい子が通う学校だった。貧乏だけど、教育だけは少しでもいいところをと思ったんでしょう」

「ところがこれが私にとって、実に幸運だった。小松川から都電に乗ってまずは神田に出る。そこから山手線に乗り換えて、品川駅で降りて、歩いて二〇分くらいで高松中学。だから毎日、電車の窓から東京タワーができていくのが見られた。山手線は新橋、浜松町、田町と、芝公園の脇を通りますからね。そして何より映画でした。小松川からは都電で浅間前、亀戸九丁目、七丁目、六丁目、亀戸駅前から錦糸堀の駅。すると国電の錦糸町駅はもう目と鼻の先です。そこに『江東楽天地』があった。私にとってはまさに楽天の地、天国だった」

「江東楽天地」は一九三七年（昭和十二年）に東宝創始者の小林一三によって創設された、言わば総合レジャー空間であった。同地・東京市本所区錦糸堀（現在の錦糸町）には元々汽車製造合資会社東京支店（現・川崎重工業）があったが、一九三一年（昭和六年）に総武本線小名木川駅近辺（現在の江東区北砂）へと移転したため、その跡地が約八〇〇〇坪の広大な空き地となっていた。

そこに定員一五〇〇人の巨大映画館、江東劇場と本所映画館が開設されたのを皮切りに、遊園地、吉本興業の江東花月劇場、聚楽大食堂、仲見世、屋台店、喫茶店、ローラースケート場などが次々と作られていった。

一九四五年（昭和二〇年）三月一〇日の東京大空襲で本所映画館以外は全焼全倒壊したものの、終戦後一九四六年（昭和二一年）の元日には早くも江東劇場が復活。周辺の盛り場である両国や浅草は戦後復興が立ち遅れたため、江東楽天地にはいち早く人々が殺到したという。

久友少年が中学生になった頃には、洋画封切の「本所映画館」、東宝封切の「江東劇場」加え、松竹封切の「錦糸町映画劇場」、いわゆる二番館・三番館の名画座「江東名画座」「江東地下劇場」「江東文化劇場」等々、大小一〇の映画館が開設されていた。映画好きの少年にとってはまさに天国であったに違いない。

しかも江東楽天地は「大衆の盛り場」「地方の浅草」と呼ばれ、ロードショー館以外の映画館は入場料が安かった。

ジャーナリストでノンフィクション作家の大宅壮一は、『僕の日本拝見』（中央公論社　一九五七年）の中でこう記している。

〈ほとんどすき間なしに家が建っていて、どの家にも庭がない。樹木と名のつくものは街路樹ぐらいのものだ。こういう土地に住む人たちにとって、最大の憩いの場所、木のないオアシスともいうべきものが、江東楽天地である。小さな問屋や小売店、中小企業、いや、零細企業ともいうべき町工場が密集していて、そこではたらく沢山な低賃金労務者たちが、ほんのちょっぴりの自由な時間となけなしの金をもって、ここにあつまってくるのだ。〉

『僕の日本拝見』「江東楽天地について」より。

「とにかく中学生の頃は、日曜日は映画でした。それが本当に楽しみでね。当時は、金曜日だったかな、新聞に必ず映画館の上映タイトルと時間が載っていた。それを見て、次の日曜日にはこれを見ようと決めるんです。ほとんどが名画座の三本立てです。ロードショーは高くて手が出なかったということもあるけれど、とにかくたくさん映画が観たかった。上映時間によっては、三本立てを二館回れることもあったんですよ。そうなるとまさに朝から晩までですね。貧乏でしたけど、映画だけは夢中で観た。お金はどう工面していたのか？　今思うと料金が安かったんです。三本立てで四〇円か五〇円だった気がしますね」

調べてみると一九五七年時点の映画観覧料は全国平均で五二円。封切館の大人料金でも、その約三倍の一六〇円である。一九五八年（昭和三三年）に竣工した東京タワーこと日本電波塔は、主にテレビの放送電波を送出するためにに建設されたものだ。そして一般家庭にテレビが普及し始めるきっかけでが翌一九五九年（昭和三四年）四月一〇日、皇太子と正田美智子さん（現・上皇ご夫妻）のご成婚だから、映画は久友のような貧しい家庭の少年にも楽しめる、まさに庶民の娯楽だったわけだ。

そんな映画だけに夢中だった少年もやがて中学卒業を迎える。全日制の高校に進みたかったが、家庭の事情を考えるとやはり無理だった。二人の兄に倣《なら》い働きながら定時制に通うことを決める。千葉の田舎にいたとき常に成績は一番だった久友も、秀才揃いの高松中学ではトップとはいかなかったが、それでも常にクラスで二、三番はキープしていた。そんな彼に担任教師は考えうる限りのいい就職先を勧めたという。日本電気、三菱重工、羽田空港整備、最高裁判所事務——しかしすべて落ちた。片親というだけで足切りされてしまう時代だった。

「十数社受けましたけれどすべて落ちて、何とか受かったのが園池《そのいけ》製作所というところでした。大崎の駅前にあった、従業員八〇〇人はいたでしょうか、大きな工場ですよ。あの頃の大崎というのは工場地帯でしね、そのうちのひとつです。私はやはり事務職ではなく現場に回されました。金属加工機械の製作です。トヨタなどの自動車部品、それを削るカッターを作る作業なんですね。刃の部分を一日中手作業で研磨するんです。後に洋裁を始めたときにも思い知らされたんですが、私は手先が実に不器用なんです。だからしょっちゅう指先を怪我していた。だからずっと、俺には向いてないかもしれないなあと思いつつ、仕事をしていましたね」

そんな中でも歓びはあった。月々決まった給料をもらえることだ。初任給は六七〇〇〇円。六〇〇〇円は母親に生活費として渡し、残りの七〇〇〇円でやはり映画を観まくった。そして、初めてのボーナス。

「当時は労使交渉というのがありましてね、ストライキまでしてボーナスの金額を決めていた。私もストに参加して、もらった初めてのボーナスが三カ月分。お袋には申し訳ないけれど、これだけは自分のために使わせてもらおうと、思い切ってステレオを買ったんです」

「私は音楽というものを、映画音楽から好きになりました」とヘンリー塚本は回想する。

「ジェームズ・ディーンの『エデンの東』、ピエトロ・ジェルミが監督・主演した『鉄道員』（一九五六年）、あの頃はしみじみとしたテーマ曲が多かった。以前お話しした、ジャン・ギャバンとフランソワーズ・アルヌールの『ヘッドライト』（一九五六年　監督：アンリ・ヴェルヌイユ）もそうですね。音楽を担当したのはジョゼフ・コズマ。シャンソンの名曲『枯葉』を作った人です。「オンド・マルトノ」という、とてもめずらしい楽器（ロシアの「テルミン」に似た電子楽器）で演奏されているそうですが、聴いているだけで胸が締めつけられるような、あの悲しい物語が甦る切ない旋律です」

「そういう意味で映画音楽が私を、音楽を聴く歓びに導いてくれた。ボーナスが出た日に、当時はもちろん振込なんかじゃありませんでしたから、給料袋のまま秋葉原へ行ってステレオを買いました。もう、嬉しくてねえ、配達してもらうのも待ちきれなくて、けっこう大きなステレオでしたけど、自分で抱えて秋葉原から小松川の家まで持って帰ったものです。ボロいバラックの家で、近所迷惑も顧みずヴォリュームを上げて『エデンの東』のテーマ曲を聴いて、しみじみとしたのを思い出します」
「当時はいわゆるドーナツ盤でね。四五回転のEPレコードですよ。同じくピエトロ・ジェルミ監督・主演の映画に『刑事』（一九五九年）という映画があった。主題歌が『アモーレ・ミオ〜死ぬほど愛して』という曲で、アモーレ、アモーレ、アモーレ、アモーレ・ミオ、イン・ブラッチョ・メ・スコルド・ニ・ドローレ、ヴァイオ・レスタ・コ・テ、シノ・メ・モーロ（とイタリア語の歌詞を口ずさむ）、こうして自然に覚えてしまったほど好きでね。犯罪を犯した恋人の罪を隠そうとする女性の話です。これを演じるのがクラウディア・カルディナーレ。いかにもイタリア映画らしい白黒の画面で、特にラストシーンが忘れられない。捕まって護送車に入れられ連行される彼を、カルディナーレが彼の名を呼び泣き叫びながら追いかける。カメラは車の中に乗って、走ってくる彼女を正面から捉える。そこに『アモーレ、アモーレ、アモーレ、アモーレ・ミオ』と主題歌が流れる。それが胸に沁《し》みてねえ、いつまでも忘れられない」

　クラウディア・カルディナーレ演じるアッスンティーナは、金持ちたちの住むローマの高級アパートで、複数の家に通い女中をしている貧しい娘だ。電気工をしている婚約者ディオメデ（ニーノ・カステルヌオーヴォ）がいる。ある日そのアパートのある家で殺人事件が起き、ピエトロ・ジェルミ分するイングラバッロ警部が捜査に乗り出す。すると電気工のディオメデが容疑者として浮上。一度は釈放されるものの、映画ファンにはよく知られた合鍵のトリックから犯人を割り出す。追及されたディオメデはアッスンティーナと結婚する金が欲しかったのだと告白。ディオメデの子を宿してした彼女は、身重の身体で彼の乗せられた護送車を追うのがラストの名シーンだ。

若き日のヘンリー塚本は通い女中のクラウディア・カルディナーレに母親の姿を、そして貧しい電気工のニーノ・カステルヌオーヴォに、自分や兄たちを重ねていたのではないか？　いや、あの頃は日本中のブルーカラーの若者と少女たちが貧しかった。だから誰もがこの悲哀の犯罪サスペンス映画に胸を焦がしたのかもしれない。

園池製作所に就職が決まった久友は、都立九段高校（現・千代田区立九段中等教育学校）の定時制に入学する。次男の康陽も通った学校だった。

「四つ違いなのでちょうど入れ替わりでした。この下の兄貴というのが演劇部にいて、九段高校の人気者でしてね、先生たちにも「そうか、塚越の弟か」と可愛がってもらいました。私は文学部サークルに入部したんですが、そこの部長がやはり兄貴をよく知っていて、「次の部長はお前がやれ」と指名された」

この年の秋、第一章でも書いたように彼は文学部の同人雑誌に小説を発表、女子高生の処女喪失をテーマにしているということで物議を醸しだすことになる。そこには入学間もない春に起こった、実に思春期らしいささやかな冒険の体験が反映されている。

「不良少年に憧れたんです」と塚本は言う。

「同じクラスにひとり不良の子がいたんです。その少年が魅力的なんですよ。ジェームズ・ディーンみたいにリーゼントが似合ってねえ、学外にウエイトレスをやってる恋人がいて。喧嘩はするけれど弱い者いじめはしない。私みたいな気弱な子をかばってくれる。かと思うと間違ってると感じたら、相手が教師であっても平然とたてをつく。かっこいいなあと思ってねえ。私にはもちろん彼女なんていないし、女の子と手を繋いだことすらない。親や兄姉の目を盗んでマスターベーションばっかりしてる少年ですよ」

そんな自分を変えたくて、久友は夜の街に出る。新宿をほっつき歩いたら、何か悪いことに出会えると思った。しかし特に何かが起きることもなく、気がつくと小松川に帰る終電を逃していた。歩いて帰る体力も気力も既に使い果たしていた。とにかくどこかに腰を下ろして休みたい。深夜喫茶が目に付いた。しかし学校の校則では喫茶店に入ることを禁じられている。真面目な彼は交番へ行き、警官に「僕は高校生なんですが、帰る電車がなくなってしまったので、喫茶店に入ってもいいでしょうか」と尋ねたという。

「おまわりさんは苦笑して「それなら仕方ないね」と言ってくれましたよ。我ながら世間知らずというか、クソが付くほど真面目だったんですねえ」

ところがそうやって許可をもらって入った喫茶店で事件が起きる。

向かいの席に座っていた、年の頃なら四五、六歳といったところだろうか、中年の女性が久友をじっと見つめてきた。高校生らしい真面目そうな少年が深夜喫茶にひとり、叱られるのではとまた不安になっていると、彼女は優しく声をかけてきた。

「あなた、こんな時間に何をしているの？」

電車がなくて帰れないと伝えると、彼女はそれなら「近くの旅館で私と一緒に休みましょう」と誘った。こうして彼は初体験を迎えるのだ。

当時「逆さクラゲ」と称された温泉マークの連れ込み宿。セックスそのものも衝撃だったが、それより彼が驚愕したのは女性の接吻《せっぷん》だった。少年が憧れをもって想像するキスとは甘くロマンチックなものだが、彼女のそれは一八〇度違った。唇を大きくあけ舌を踊らせ、唾液を滴らせ相手の唇から口内までをねぶり尽くす。口臭もきつく、それは強烈なものだった。

朝になって女性は長野で旅館の女将をしていると告げ、「ぜひ一度訪ねていらっしゃい」と言いつつ「帰りの電車賃にでも」と一七〇〇円を渡した。別れてからも少年の口には彼女の唾の臭いが残り、彼は目についた公園の水道で何度も口をゆすいだ。

AV監督ヘンリー塚本は、自身の作品の中で「キス」と呼ばず「接吻」と表現する。それにはこの、中年女性との初体験が色濃く反映されていると思われる。

「早朝に小松川の家にたどり着くとお袋が寝ずに待ってましてね。「どこへ行っていたの」と泣いて。兄貴二人もまだ一緒に暮らしていた頃で、「お袋、夜通しずっと泣いてたぞ」と怒られましたね」

その日は九段高校定時制の体育祭だった。高校のグラウンドは全日制の生徒が使うので、豊島園近くの運動場を借りて行われた。少年はなぜか「自分はもう結婚できない身体になってしまった」と思い込んで出かけたという。

「これもまた純情というか、うぶ過ぎますよねえ」と塚越は笑う。「体育祭の会場で仲のよかった友だち三人の顔を見たとき、開口一番「俺、結婚できない身体になってしまったよ」と思わず告げた。しかし友人たちもまた同様に、女性の身体やセックスには無知だったのだろう、「そうなのか！」と驚き心配したという。十七歳、高校一年の春の出来事である。

そして秋、小説の執筆。

「特に性をテーマにしたものを書きたいという動機があったわけではなかったんです。一年に一度文学部の部員が書いた作品を冊子にして、文化祭で配るんです。部員たちは皆、芥川龍之介とか夏目漱石とか、そういうものに影響されたのか、非常に固い、難解な文学作品を書く。誰もが確かに上手いんです。でも私はそれらを読んで、これでは他の生徒たちが読みたがらないと思った。読んで、ああ、上手いなとか、文学的だなとか、それだけではダメだと思った。もっと同じ高校生が興味を持ち、読んで面白いと思うものにしなければと」

高校生の男女が初体験をする物語を書いた。中年女性との強烈な接吻の記憶がまだ生々しく残っていたことあり、セックスのシーンをリアリティを込めて生々しく描写し、性交とはどういう感覚なのかを書いてみた。

そこで久友は十七歳ながらも、人を感動させる文章の流れを意識したという。涙は流れないとしても、読んだ人の心に感動を呼び起こすにはどうしたらいいか。そこでラブレターに込めたらどうかと考えた。初体験が終わった数日後に、ヒロインが彼氏に手紙を送る。初めて口づけをしたとき、彼の前で裸になったとき、肌を合わせたとき、彼女が何をどう感じたのか、その想いが切々と綴られる文面がラストシーンになった。

文化祭で全校生徒に向けて配るものだ。加えて父兄や他校からの生徒も来る。誰もが読むものだから、学校の許可をもらわねばならない。願い出ると一蹴された。「これは文学部の刊行物として出すわけにはいかない」と。しかし職員会議にかけられると、ひとり異議を唱える教師がいた。

「国語の岸田先生という人です。洋画家・岸田劉生の孫だったか甥だったか、親戚筋の人です。その先生だけが強く賛同してくれた。「いや、これは許可すべきだ」「載せて発表するべきだ」と」

岸田教諭はさらにこう続けたという。他の先生方はよくないとおっしゃるが、私が読んだところ興味本位や公序良俗に反するところはひとつも見当たらない。人の心を打つ文章ばかりじゃないか。初めての体験を、十七歳の男子生徒がここまで女性の気持ちになって書いているのも見事だ。この小説は必ず読む人の心を動かすと。

「岸田先生が職員会議でひとりそう主張してくれたおかげで許可をもらえた。それで文化祭でやっと、生徒たち皆に読んでもらうことができたんですね」

さらにもうひとつ、予想もしていなかったことが起きる。

久友にはクラスに憧れの女生徒がいた。誰もが振り返るほどの美少女で、凛として成績もよかった。ただし彼女には恋人がいた。だから高嶺の花と恋心さえ抱くことすらためらわれた。しかしそんな彼女が文化祭が終わった次の日、配られた同人雑誌を手に近づいてきたのだ。

「塚越くん」と彼女は言った。そして冊子のページをめくり、「とても感動したわ。あなたの文章はとても素敵」と握手を求めてきたのだ。

想像するに恋人がいたという彼女もまた、セックスに対して思い悩むところがあったのではないか。彼氏から求められていたのかもしれない。一〇代とは言え肉体はもう大人だ。少女にだって性欲はある。しかし、そんなことは決して許されない保守的な時代であった。だから彼女は久友の小説に自らの葛藤を重ね、欲望に素直に従い恋人と身体を交わすヒロインに共感を抱いたのではないだろうか。

「握手を求められたときですか、それは嬉しいなんてもんじゃなかったですよ。好きで好きでたまらない人から誉められたんだから。あの夜は眠れなかったなあ」

ヘンリー塚本は六〇年以上前の出来事を、まるで昨日のことのように回想し照れくさそうに笑った。

intermission#1

二〇〇九年晩秋・二〇一四年盛夏。

一九九四年四月、冷たい春の雨が降る午後の初対面から、何度ヘンリー塚本に会っただろう。想い出深いのは二〇〇九年十一月のことだ。このときの印象を、僕は二〇一〇年に出版した『AV黄金列伝』（イースト・プレス）という本のあとがきでこう書いた。

♠

とある出版社で「人妻AV」をテーマにした連載をした。本物の、結婚しているAV女優、「人妻物」と呼ばれる作品に出演する女優、男優、そして監督が、『笑っていいとも！』のテレフォンショッキングよろしく業界の知り合いを紹介し、次々と続いていくインタビュー・シリーズである。『アダルトビデオジェネレーション』（メディアワークス）という本を出版してちょうど一〇年。AV業界は大きく変わっていた。八〇年代から九〇年代は、アダルトビデオは何といっても「美少女物」が主流だった。

若くて清純そうに見える女の子だけがもてはやされ、「二五歳を過ぎたらババア」などとひどいことが言われ、年齢を重ね成熟した女性がAVに出るなど考えられなかった。

それがセルビデオが台頭するに従いユーザーの好みが細密化されることによって、AVに「熟女物」というジャンルが生まれた。熟女・人妻系と呼ばれる女優が圧倒的に増えたのが、この一〇年に起きた大きな変化だった。

もちろん、何ひとつ変わらず揺るぎない人も、いる。

その連載が最終回を迎えた時、編集部が「有終の美を飾るにふさわしい」、とある大物の監督をゲストに呼びたいと言った。

僕は「無理だろう」と答えた。その人は昔も今も、宣伝パブリシティとしての雑誌媒体への露出に、一切興味を示さないからだ。

けれど、まるで肩透かしを食うようにあっさりＯＫが出てしまった。後から聞くと、かつてはワンマンメーカーだったその会社も規模が大きくなり、宣伝広報部門が新たに作られたことから、若い担当さんに「こういう時代ですから、少しは宣伝にも協力してください」と懇願された——そんな事情もあったようだ。

というわけで、二〇〇九年十一月。僕はその会社、ＦＡ映像出版プロダクトに赴いた。その日も十五年前のあの午後のように、雨が降っていた。

そしてヘンリー塚本もまた、あの日とまったく変わらない、若々しくダンディな面持ちで現れた。

本書にも収録した原稿に、当時僕はこう書いている。

「塚本氏自身もまた、その作品から受ける印象とは裏腹であった。穏やかで生真面目な性格。丁寧な語り口。品の良いジャケットをさっぱりと着こなし、五一歳という年齢は、にわかに信じられない程に若々しい——」と。

つまり氏は、現在の僕と同じ年だったのだ。

「あれから何年?」

監督は僕に握手を求め、にこやかにそう訊《たず》ねられた。

「初めてお会いして十五年、本が出てから丸一〇年になります」

僕は答えた。

『アダルトビデオジェネレーション』が本になることが決まったとき、僕は監督に手紙を書き、再録をお願いするために、駒沢から移ったばかりの、この池尻大橋の社屋を訪ねたのだった。

そのとき監督はこう言って承諾をくださった。「私としては、こういう本に載るのはあまり気が進まないのです。自分はあくまでもアダルトという、陽の当たらない世界にいるという意識があるからです。でも今回は、あなたの文章がとてもよかったから、載せてもらおうと思いました」と。

文章を書いていて本当によかった——そう思えた瞬間だった。十五年前の雨の日、塚本氏が言った「ひたむきに」という言葉の通り。


「元気そうで何より。長い時間が経ったけれど、お互いこうして元気で、また会えるのは嬉しいね」

監督はそう言って僕に椅子に座るよう勧め、「でもあなたは若い。あの頃と少しも変わらない」とつけ加えた。

そうおっしゃるが、僕からしたら監督の若さのほうが信じられない。するとにっこりと笑い、こう言われた。

「東良さん、私は現在六六才です。しかし今がいちばん充実しているし、創作意欲にも溢れていますよ」と。

十五年後、僕はこの日のヘンリー塚本氏のように語れるだろうか？　また、人生に目標が出来た。

♠

次に会ったのはそこから五年が経過した、二〇一四年の夏だった。このときは週刊誌の依頼で、幸運にもヘンリー塚本の撮影現場を取材する機会を得た。

場所は埼玉県戸田市美女木《びじょぎ》にある廃工場跡。その殺伐とした雰囲気を利用してＦＡプロ年に一度の大作戦争物、『性的拷問　美しき女体』という作品の撮影が四日間続いていた。廃工場の広さは小学校の体育館ほどはあったろうか。折しも八月の記録的な猛暑日、エアコンはない。室内は軽く摂氏四〇度を超えていると思われた。

ヘンリー塚本は大型のデジタルカメラを床に這いつくばるようにローアングルで構えていた。変わらず長身でスマート。撮影現場であっても粋なＴシャツにお気に入りのサスペンダー姿と洒落たスタイルもまた変わらなかった。しかし泥と埃にまみれた床を駆け回るため、履いていたジーンズはスライディングをした野球選手のように茶色に汚れていた。

昼食の後わずかな休憩時間があり、同行していた編集者がどうしても監督のコメントをもらいたいという。過酷な撮影だ。早朝より重いカメラを担ぎながら演出をしつつスタッフに指示を飛ばしていた。さぞ疲労困憊しているだろうから無理だろうと僕は言ったが、広報担当のスタッフはこともなげに「大丈夫ですよ、どうぞ」と答えた。

案内されたのはかつて工員たちの休憩室か何かだったのだろう、ヘンリー塚本は床に布団を敷いて横になっていた。しかし我々が入っていくと「ああ、インタビューですね？　どうぞ」と起き上がり、「東良さんたち、暑いでしょう」と気遣い、低く設定していたであろうエアコンの温度を「少し上げなさい」とスタッフに指示していた。

そして話が始まり取材カメラマンがその横顔を押さえようとすると、狭い部屋を見回し「ここは背景が悪いね、外に出ましょうか」と、窓の外にあったテラスへと誘った。そしてカメラマンに求められるままテラスの柵を背に両手を拡げた姿勢でポーズを取り、実に晴れやかな表情でこう言ったのだ。

「東良さん、私は今年で七一歳になりました。それでも今が最も充実しているし、尚かつ創作意欲は溢れてやみませんよ」と。

僕は思わず吹き出しそうになるのをこらえながら、

「監督、五年前にお目にかかったときも、監督は同じことをおっしゃってましたよ」と告げた。すると塚本は、

「そうでしたか、同じことを言ってましたか、ハッハッハッ」と軽やかに笑ったのだ。

この人の肉体と精神の中だけ時間が止まっている、そんなことを思わずにいられなかった。

その四年前、新藤兼人が九八歳で人生最後の作品と自ら宣言し『一枚のハガキ』を撮ったけれど、

ヘンリー塚本も九〇歳を超えてAVを撮り続けるのではないか？　そんな空想にも囚われた。

しかしそれからわずか三年後の二〇一七年暮れ、ヘンリー塚本は突然引退を表明した。会社とすべての作品の著作権を若い社員たちに譲り現役を退いたと。そして一九九四年のインタビューで洋裁職人時代から二人三脚、お互いを「ずっと支え合ってきた」と語り、FA映像出版プロダクトの専務でもあった彼の妻が、亡くなったという知らせを聞いた。

第四章

一九五九年、
姉の死・池袋・三河島・不思議な夜。

中学一年生から十九歳の頃まで、三本立ての映画を毎週のように観続けたというヘンリー塚本に、中でも想い出に残る作品は何ですか？　と訊いてみた。すると間髪を入れず『アンネの日記』と答えた。一九五九年、彼が十六歳のときの作品である。

「主演はミリー・パーキンス。彼女のデビュー作ですね。個性的な、綺麗な女優さんでした。だけど残念ながら、その後はあまり作品に恵まれなかった。監督はジョージ・スティーヴンス。双子の姉と初めて観た映画なんです。しかも私にしてはめずらしく、ロードショーで観たんです。私たちは、決して仲のよい姉弟ではありませんでした。喧嘩ばかりしていた。けれどもお互い映画は大好きでしてね、姉さんのほうから「これ、観に行こうよ」と言い出したんです。映画館は有楽町の『丸の内ピカデリー』だったと思います。小松川のバラックの、みすぼらしい家に住んでいた頃です。あの頃は今のように全席指定ではなかった。ロードショー館では指定席というのはあったけれど、客席の中央、いちばんいい場所に、ちょっと高級な白いカバーがかかっているシートがあった。でも一般の客は前の上映が終わりに差し掛かり、エンドロールが流れる頃に館内に入るんです。だから席はそれこそ奪い合いですよ。私が頑張って二席取って、姉さんと並んで座って観た。映画と姉、白黒の画面、そしてミリー・パーキンスのあの、何とも言えない表情。賢くて気が強そうで、けれど、どこか後に訪れる悲劇を予感させるような。忘れようにも忘れられない――」

久友が定時制高校に通いながら園池製作所で働き、姉も中学卒業後働き始めても尚、塚越家は貧乏なままだった。

長男の克郎は家を出て、母親も女中の仕事が忙しく留守がちだった。しかし時々長男が帰ってくるときがあり、そんな夜の食事は決まってすき焼きだった。母も仕事を早めに終えて帰ってきた。

「上の兄貴がふんぱつして牛肉を買ってきてくれて、家族全員で鍋を囲んだ。それが楽しくて楽しくて、夢のようでね。本当に幸せなひとときでしたね」

しかしそんな中、姉の初恵が十九歳の若さで突然死ぬ。


「双子で生まれたけれど、姉さんが先に人生を歩んでいた。以前申し上げたように双子というのは差別を受けるような時代だったので、母親が気を遣って一年ずらして修学させたからです。姉が中学を出たときには女子は就職難で、彼女は私以上に苦労していた。最終的には『大塚製靴《おおつかせいか》』という老舗靴メーカーの工場に入るんだけれども、その試験を受けに行くときにはなぜか私も一緒にいきましてね、試験が終わるまで待ってた。芝浦の港のところでしたよ。冬で、付き添いの者が待つ場所なんてない。だから吹きっさらしの外でずっと立って待っていた。どうしてこんなに寒い中、自分はこうして姉さんを待っているんだろうと考えたのをよく覚えていますよ。そして、姉弟ってこういうもんだなあと思いましたね。いつも二人で生活していましたからね」

姉の死について、ヘンリー塚本は多くを語ろうとはしなかった。僕も聞かなかった。聞くことができなかったというのが正直なところだった。六〇年経っても、その傷は未だ癒えてないように感じたからだ。ただ何度目かのインタビューの終わりに彼は、不意に「あれは、貧乏に負けたということだったのかな」とまるで独り言のように呟いた。

気丈で、美しい少女だったという。私たちは決して仲のよい姉弟ではなかったと、塚本はこの会話の中で何度か繰り返した。それは本来双子という対等な立場でありながら、常に人生を一年先に歩む姉に対する反発があったのかもしれない。男のほうが強くて優位でなければならない、そう思い込まされていた時代でもあった。そして彼女のほうには、逆に本来は同い年でありながらも、姉として振る舞わねばならない立場があったはずだ。性格的に気が強かったならはなおさらだ。しかし誰しも強く生きようとすればするほどしなやかさを失い、ポキンと折れてしまうものだ。

もちろんこれらはすべて推測に過ぎない。ただ、ひとつだけ確かなことがある。それは一九六二年の出来事だった。日本はまさに高度経済成長の豊かさに猛進しようとしていた。二年後のオリンピックに向かって東京中の地面が掘り起こされ、ビルや高速道路が次々と建設されていた。けれど塚越家だけが、ずっと貧しいままだった。中でも年頃の女性だった姉はどんな想いでいただろう。お洒落やお化粧もしたかっただろうし、恋愛も謳歌したかったに違いない。十九歳、肉体が最も美しいときに、彼女だけがひたすら靴工場で働き、バラック建てのみすぼらしい家に住まなければならなかった。

次男の康陽は二〇一九年に亡くなったが、その息子、つまりヘンリー塚本の甥によると、彼の父親は晩年、一年に一度くらい泥酔して大泣きしたという。そして妹の名前を呼び、「初恵、悪かった、すまなかった」と絶叫したそうだ。康陽もまた、その理由を妻や息子に明かさないまま死んだ。男三人の兄弟には、年頃だった初恵の気持ちをわかってやろうとしなかった、そんなやるせない想いがあるのかもしれない。

姉が死んで葬儀も終わり、その存在がぽっかりと消えてしまったような小松川の部屋には、一台の足踏みミシンが残された。

初恵に限らず、多くの女性が既製服を好きなだけ買える時代ではなかった。戦後間もなく、後に生活雑誌『暮しの手帖』を創刊する花森安治が、古くなった和服を簡単に再利用する「直線裁ち」という手法で洋服を自作することを提案し、一大ブームとなる。以降は多くの家庭にジャノメやブラザー工業などの、国産足踏みミシンがあったものだ。塚越家にも初恵が少ない給料を貯めて無理して購入した、中古のミシンがあった。彼女はそれで自分の着る洋服を縫い、また工場が終わってから夜に洋裁学校へも通っていた。いずれそれを職業にしたいという希望があったのかもしれない。そして、夢を果たせないまま死んだ。

久友は何気なくミシンの前に座り、鋳物製の踏板（ペダル）を踏んでみた。右側にあるプーリー（はずみ車）と呼ばれる輪が回り、針棒が上下した。ペダルの上下運動がベルトを伝わり回転運動に変わり、それがまた針棒の上下運動へと変化する。

「――面白いな」と思った。楽しい、とも感じた。姉はどんな気持ちでこうしてミシンを踏んでいたのだろうと考えた。最後まで聞くことはなかったが、やはりいつか仕事にしたいと考えていたのではないか？　そう想像してみたとき、ならば生き残った自分がやってみるのもいいかもしれないと思った。園池製作所での研磨工の仕事も三年が経とうとしていた。けれど相変わらず、自分に向いている仕事とは到底思えなかった。久友は新しい自分を探していたのかもしれない。

ふじに「高校を中退して洋裁の職人になりたい」と告げた。教育熱心な母は当然反対した。高校だけは出てほしい。定時制高校は四年制、あと一年じゃないの、と。けれど久友の決心は変わらなかったし、母親のほうにも強固に反対できない理由があった。次男の康陽が仕事の関係で家を出ることになった。姉も死に、母も女中の仕事で雇われ先の家に泊まることが多くなっていた。小松川のバラックは久友だけになってしまう。一人で家賃を払っていくのは、貧乏な塚越家にとってあまりに不効率だった。

久友は住み込みで働ける洋裁工場を見つけた。婦人服を作る職場だった。場所は池袋の西。小さな工場が密集する地域だった。従業員は二五名、彼以外は全員が女性だった。一階が作業場でミシンがずらりと並び、二階には経営者である親爺さんが手作りしたという、女性たちが寝る二段ベッドが戦争映画で観る兵舎のように設えられていた。唯一の男子である久友には二階の隅に、特別に二畳ほどの小さな部屋が与えられた。階段を上ると、ツーンと鼻腔を刺激する未経験の匂いがした。一〇代の少女たちが発する体臭だった。これが女の匂いというものなのかと思った。彼女たちは全員が、それぞれ集団就職で上京していた。経営者の妻、おかみさんが八丈島出身だったので、そこから来た娘が多かった。

もちろん懸命に仕事を覚えたが、若い女性ばかりの職場だ。十九歳の久友は当然のように恋をする。同い年で、やはり八丈島出身の娘だった。徹夜してラブレターを書いた。高校一年のとき小説を書き岸田先生に誉められたこともあり、文章には自信があった。何より彼は自分を変えたかった。あの頃のようにクラス一の美少女に憧れながらも、高嶺の花と何も行動せずあきらめるのは嫌だった。

翌朝、誰にも悟られないように、「これ、読んで」とそっと彼女に手渡した。するとしばらくして思いも寄らぬ出来事が起きる。

三々五々、二階から少女たちが降りて来て全員が揃った。全員がミシンの前に座り、さあ仕事が始まるというそのときだった。

彼女が突然立ち上がり、久友の渡した手紙を大声で読み上げたのだ。そして、

「なによ、これ！」

と吐き捨てるように叫び、ビリビリと床に破り捨てた。

後にも先にも、こんなにも恥ずかしい想いをしたことはなかった。

久友としては真剣な気持ちで徹夜までして手紙を書いたのだ。しかし彼女には「ふざけている」と捉えられてしまったのだろうか。

他の娘たちは「えっ、何が起きたの？」という驚愕と戸惑いの表情で二人を見ていた。仕事場には普段は決してない、異様な緊張感が張り詰めていた。

一瞬その場から逃げ出してしまいたいと思った。けれどそうしてしまったら負けだと、自分でもよくわからなかったが強く感じた。そこで久友はなにごともなかったような表情を作り、ミシンに向かい仕事を始めた。やがて社長とおかみさんが二階の住居から降りてきて、娘たちも仕事を始め、いつもの日常が始まった。

ラブレターを渡してその挙げ句ひどいフラれ方をした。それは決して恥ではないのだ、卑屈になる必要なんて何もないのだと自分に言い聞かせた。ただ、どうしても納得できないことが残った。彼女

のほうも積極的に彼に話しかけてきたりして、それらしいサインを送っていたはずだった。だからこそ意を決してラブレターを渡したのだ。
女心はわからない——男なら一度は思うありふれた感情かもしれない。しかしこれが後にヘンリー塚本ドラマの、ひとつの重要なモチーフとなる。

約一年働いて、久友は婦人服の仕事を辞めた。工場の親爺さんから荒川区の三河島に在日朝鮮人の人々が暮らす地域があり、通称「朝鮮職場《ちょうせんしょくば》」と呼ばれる洋裁工房が数軒あると聞かされた。そこで働く在日朝鮮人・韓国人職人たちの技術は非常に優れていて、特に紳士服に関しては群を抜いているということだった。

自分も紳士服を学んでみたいと思った。それには「朝鮮職場」に飛び込み、やはり住み込みで彼らと寝食を共にして仕事をするのがいちばんだと思えた。

東京都荒川区西日暮里、国電（現：ＪＲ）三河島駅には常磐線の他、田端貨物線と隅田川貨物線という貨物支線が二本走っている。この三本の線路を挟んで、在日韓国・朝鮮人のコミュニティが形成されていた。ちなみに現在も六〇〇〇人以上の二世、三世、四世の人々が暮らし、チマチョゴリを扱う民族衣装店やキムチの専門店、焼き肉店などがある。資料によると戦前の一九二〇年（大正九年）頃より韓国最南端の島・済州島より移住する人が現れ、戦後一九四八年に起きた「済州島四・三事件（島民蜂起に対する時の政権・李承晩支持派による虐殺事件）」や、一九五〇年から始まった「朝鮮動乱」を経て、さらに多くの人々が移り住むようになったそうだ。

一九五〇年以降はミシン加工業とゴム加工業を営む工場が増えたという記録が、ネット上に残っていた。塚越久友は池袋の洋裁工場からのつてをたどり、そんなミシン加工業のひとつに文字通り飛び込みで訪ねて頼み込み、住み込みの職を得る。一九六四年頃のことである。

その界隈は古い木造モルタルの一軒家が並ぶ地域で、その工場もまた木造二階建ての建物だった。経営者は五〇がらみの人のいい親爺さんで、突然「働きたい」とやってきた久友を受け入れてくれただけでなく、朝鮮人日本人の分け隔てなく、「久ちゃん、久ちゃん」と呼んで可愛がってくれた。従業員は八人。一階が作業場で、洋裁は大抵、ミシンをかける者と、下張りとアイロンがけをする者がコンビを組んでやる。ほとんどが若い夫婦かカップルで、近くにアパートを借りて住んでいた。朝鮮人差別がひどい時代だった。けれどそこに働く人々は持ち前のハングリー精神で差別やいじめなどものともせず、日々仕事に精を出していた。

池袋の洋裁工場も朝は八時から夜一〇時まで働いたが、「朝鮮職場」はそれ以上だった。誰もが夜中の二時、三時まで平然とミシンを踏んでいた。日本もまだ貧しかったが、それでも韓国・朝鮮よりは圧倒的に豊かだった時代。彼らは働きに働いて自国にお金を送っていた。ゆえに密入国者も多かった。久友が務めた工房でも、半数以上が密入国者だった。入国管理局にいつ見つかるかもしれないと脅えていたはずだが、彼らにはそんな境遇をものともしないパワーとバイタリティ、そして明るさがあった。

従業員たちは久友をすぐに仲間として快く受け入れてくれたし、久友もそんな彼らをすぐに大好きになった。特に女性たちは誰もが輝くような色白の肌に濡れたような黒髪、切れ長の眼が魅力的な美人ばかり。久友はパートナーの旦那や彼氏たちが羨ましくて仕方なかったという。序章でヘンリー塚本作品は常に社会から疎外された人々の側に立っていると書いたが、原点はこの時代の「朝鮮職場」にあると思われる。

親爺さんの家族は四〇代後半と思われる奥さん、久友より二つ年下の息子、そして十七歳の娘がいた。息子は朝鮮高校の三年生。住み込みの久友は同じ部屋で暮らすことになり、彼を「あんちゃん」と呼び親友になった。吉永小百合：主演、浦山桐郎：監督の映画『キューポラのある街』一九六三年（昭和三八年）でも描かれた、北朝鮮への帰還事業が行われていた頃だ。仲のいい親子だったが、その話になると親爺さんと息子が大喧嘩になった。「北朝鮮は地上の楽園」とまことしやかに言われていた。あんちゃんはそんな北に憧れていたが、親爺さんは日韓併合の後、自らの意思で日本に渡ってきた人だ。だから韓国の自由主義を支持していた。異国の地で自分の手で金を稼ぐことに誇りを持っていた。しかし一方で日本でも資本家と労働者の対立があり、若者たちの間には東大生・樺美智子が亡くなった安保闘争デモ一九六〇年（昭和三五年）六月の記憶も生々しくあった。若者の中には、共産主義や社会主義に真理を求める者が多かったのも事実だ。

もちろん、親友になったあんちゃんと久友は青春も謳歌した。休みの日に、二人で奥多摩までサイクリングに出かけたのもいい想い出だ。サイクリング専用のスポーツ車ではなく、いわゆる実用車、それも何とか調達したオンボロ自転車だったから、二人は往きで既に足の裏にひどいマメを作り、帰り道は痛みで泣き笑いしながら自転車を漕いだ。あんちゃんは実は、四〇〇ccの大型オートバイを所有していたから、敢えて若者らしく、そういうバカバカしい挑戦をしてみたかったのだ。

しかし腹立たしく残る記憶もある。ある日、あんちゃんがテレビを買いたいというので二人で秋葉原へと出かけた。すると電気屋のあるじが「朝鮮人には売らない」と言ったのだ。久友は呆れ果てた。こんなことを平然と言う人間がいるのか。

「売らないとはどういうことです。差別じゃないですか」と抗議した。すると相手は「なんだお前は、お前も朝鮮人か」と逆に食ってかかる。

「僕は日本人ですよ。でも、日本人だからこそ恥ずかしいじゃないですか。理不尽ですよ。ねえ、ご主人、差別はいけないことだと、あなたにだってわかるでしょう」

そう言うと店主は「いや、売らねえと言ったら売らねえんだ」と逆ギレしたかと思うと、「不法滞在の朝鮮人が因縁をつけてきた」と警察に通報したのだ。

警官は五分もしないうちにやってきて、二人は有無も言わせず近くの万世橋警察署に連行される。結果、あんちゃんは留置場に入れられ、久友も四時間にわたる執拗な取り調べをうけた。


しばらくしてその親子四人の関係が、久友が思っていたのとは実は違っていた、それに気づく事件が起きる。奥さんが突然密入国の罪で連れ去られるのだ。大井町に収容所があり、久友も面会にいった。すると親爺さんと奥さんは正式に結婚しているわけではなく、あんちゃんは父親の、娘は奥さんのそれぞれ連れ子だったということがわかった。幸い強制送還にされることはなかったが、彼女はしばらく収容されることになった。

そんなある日のことである。夜、あんちゃんは出かけていて、親爺さんと娘さん、久友の三人で夕食をとった。彼は内心胸が高鳴っていた。美人揃いの女性たちの中でも、娘さんが特に美しかったからだ。色白の韓国朝鮮の女性の中でも彼女の肌は誰よりも輝くようで、特に冬には黒のVネックのセーターを好んで着ていたこともあり、長い黒髪を後ろに束ねた表情にとても映え、胸の膨らみも眩しかった。これほど魅力的な女性を見たことがなかった。

そして不思議なことが起きたのだ。夕食を終えると親爺さんは「俺はちょっとやり残した仕事があるから」と階下の作業場に降りようとした。そしてなぜか、「久ちゃん、今夜はここで寝な」と言ったのだ。普段は親爺さんとそのときは収容所に入れられていた奥さん、そして娘さんが寝ている部屋だ。

「女房もいないし、俺は少し仕事がある。玲子が寂しいだろうから、一緒に寝てやってくれよ」と。

玲子とは娘さんの名だ。あんちゃんもそうだが、当時の三河島界隈では、在日の人々は仲間や家族間であっても日本名を使うのが常だった。

ドキドキした。親爺さんが暗に許しを出した。つまりこれは、「玲子を抱いてやってくれ」という意味ではないか。

久友はあんちゃんに、「実は俺、玲子ちゃんが好きなんだ」と打ち明けていた。同世代の男の子同士、二人は当然恋愛の話をたくさんした。件の事件がありながらもその後やっと買えたテレビを観ながら、あんちゃんの持っていた小さなレコード・プレイヤーで音楽を聴きながら。久友より年下でまだ高校生だったにも関わらず、あんちゃんには恋人がいた。静枝ちゃんといって、一緒に下張りとアイロンかけをやってる娘だった。まだ一〇代だったが色っぽく、「愛した人はあなただけ」と始まる園まりのヒット曲、『逢いたくて逢いたくて』をとても上手に唄った。あんちゃんはその夜、自慢の大型オートバイで静枝さんとデートに出かけていたのだ。当時は在日の若者のほうが、恋愛には久友たち日本人よりも数段進んでいた。

六畳ほどの部屋、戸口のほうに玲子さん、離れた窓側に久友は布団を敷いて横になった。いつものことだが静枝さんとオートバイで遊びにいくと、あんちゃんは朝まで帰ってこない。興奮はどんどん高まった。親爺さんはおそらくあんちゃんから俺の気持ちを聞いたのだろう。だからゆくゆくは俺を婿に迎えてくれるつもりなのかもしれない。そう考えるとあんちゃんが出かけたのも、「久ちゃんのために」と気を遣ってくれたのかもしれない。

どうしよう、ならば俺は、玲子さんの布団に入っていくべきなのだろうか。彼女も内心俺の気持ちを知って、待っているのかもしれない、妄想はどんどん膨らんだ。しかし、勇気が出なかった。久友は高校一年の春、新宿の連れ込み宿で旅館女将の中年女性に童貞を奪われた、あれ以来セックスの経験がなかった。正直どうしていいかわからなかったのだ。ひどく動揺し混乱しながらも、昼間の仕事の疲れから少し微睡《まどろ》んだようだ。そのときだった。

静かに扉が開いて黒い影が入ってきた。階下で仕事をしているはずの親爺さんだった。そして、玲子さんの布団にそっと入っていった。やがて吐息にも似た女の声が聞こえた。玲子さんは、親爺さんに抱かれていたのだ。暗闇に白い乳房が浮かんだ。男はその形のよい丘を揉み、子どものように乳首を吸っていた。やがて彼女は脚を開き、相手を受け入れたようだった。透き通った、男を刺激してやまない甘く切ない声が続いた。

翌朝目が覚めてみると親爺さんの姿はなく、玲子さんも久友がまだ布団の中にいる間に階下へと降りていった。いつものように朝食の仕度をしているようだった。やがて彼も自分の布団を押入に片づけ一階へ行く。すると親爺さんは笑って、「久ちゃん、よく寝てたみたいだな。さあ、飯食って仕事だぞ」と言った。そして三人で仕事場へ行き、いつもと変わらぬミシンを践む日常が始まった。

前夜、久友は驚き嫉妬もしたが、それ以上に興奮していた。十七歳の天使のように美しい娘が、親子ほど歳の離れた中年男に抱かれている。これは後にヘンリー塚本が描く連れ子と義父との近親相姦の設定として、繰り返し登場することになる。

第五章

一九七〇年、
コペンハーゲン・悲しき天使・大塚・
卒業・恋人たちの夜。

「人生のいったい何歳までを、青春と呼んでいいのでしょうか」とヘンリー塚本は言った。

僕が「監督にとって、言わば青春の一本と呼べる映画を挙げるとすれば何でしょう?」と聞いたときのことだ。

「二〇代半ばは青春でしょうか」

青春だと思いますよ、と僕は答えた。

「二八歳は?」と少し照れくさそうに尋ねる。

やはり、青春じゃないですか。

「そうですか。私は何となく、青春とは十九歳くらいまでをいうのではないかと感じていたのです。世間的にはね。それ以降を青春と呼ぶのはおこがましい、二〇歳を超えたらもう大人なのだからと」

そう苦笑してみせてから、彼はこう続けた。

「私には、人より人生を遅れて生きてきたという想いがあるのです。中学を出てからは無我夢中で働いてきましたし、洋裁を始めてからは仕事を覚えることで精一杯でしたからね。けれどそんな中でも休みの日に映画を観た。映画を観ることで人生を学んでいったという気がします。親父は物心ついたときにはいなかった。お袋は子どもを食わせるために働いていたし、兄貴たちも姉さんも一生懸命だった。だから父親から教えられるものは何もなかったんだけど、映画という世界で父親というもの、家族、青春、人生、運命、宿命、それらがなんたるものかということを様々教えられたと思うのです」

そんなヘンリー塚本がまず「青春の映画」として挙げたのが、ロベール・アンリコ監督の『冒険者たち』だ。一九六七年の作品である。

「私が二四歳のときに観た作品です」

青春映画の名作ですね。朝鮮職場で働いていた頃ですか？

「そうです。主演はアラン・ドロンとリノ・ヴァンチュラ。そしてジョアンナ・シムカス。美しい女優さんです。世の中にはこんなに綺麗な人がいるんだと驚いたものです。その後シドニー・ポワチエの奥さんになりますけれど」

当時のアメリカは人種差別がひどかった。だから黒人のシドニー・ポワチエが、白人のあんな美人女優と結婚したといわれのない嫉妬を買ったと聞いたことがあります。

「ええ、彼女の美しさも含めて、まさに心に残る青春映画でした。パイロットのアラン・ドロンと自動車技師のリノ・ヴァンチュラ。ジョアンナ・シムカスは前衛彫刻家です。三人はそれぞれ夢を追っているんだけれど挫折して、一攫千金を狙いアフリカはコンゴの海へ行く。そこにはコンゴ動乱で墜落した飛行機が、莫大な財宝を積んだまま沈んでいる。彼らは首尾よく財宝を探し当てますが、同じく財宝を狙っていた強盗団が現れ撃ち合いになり、ジョアンナ・シムカスは流れ弾に当たって死ぬ。残された男二人は彼女の弟に財宝を届けるため、故郷である地中海のとある島を訪れる」

あの海に浮かぶ要塞の島も印象的でしたね。

「確か『フォール・ボワヤール（Fort Boyard）』と言いましたかね。ラストシーンも素晴らしかった。ジョアンナ・シムカス演じるレティシアという娘は、若くてハンサムなアラン・ドロンよりも中年男のリノ・ヴァンチュラを愛していた。そしてドロン演じるマヌーは要塞の島で、追ってきた強盗団に撃たれて死んでしまう。瀕死の彼を抱きしめ、ヴァンチュラ演じるローランはこう言うんですね。「レティシアは言ってたぞ、お前を愛してる、お前と暮らしたいってな」と。するとレティシアの気持ちを知っていたマヌーは、「嘘つけ」と笑って死んでいく」

何とも粋で、切ないラストでした。

「同じ頃に非常に感銘を受けた映画がありました。これも違った意味で私の青春の一本です。『逃亡地帯』、知ってますか?」

アーサー・ペンですね。

「ああ、知っていてくれましたか。嬉しいなあ」

一九六六年の作品ですが、僕は七〇年くらい、中学生になった頃にテレビの洋画劇場で観ました。子どもでしたし何の予備知識もなかったので、こんな映画があっていいのかと強い衝撃を受けました。

「まさに衝撃的な作品ですね。アメリカン・ニューシネマの始まりは同じくアーサー・ペンの『俺たちに明日はない』とマイク・ニコルズの『卒業』(共に一九六七年)からとよく言われてますが、私には前年の『逃亡地帯』が原点という気がします。我々の世代が夢中になって観ていたフランス映画やイタリア映画に代わって、アメリカからは若い監督たちによる新しい感性の映画が続々と生まれていく」

映画評論家の佐藤忠男さんは、アメリカン・ニューシネマとは「アメリカとはこんなだめな国なのだ、アメリカ人とはこんなにもだめなのだと、正面切って描いた作品」と書いています。その意味では、『逃亡地帯』がアメリカン・ニューシネマの始まりと言っていいかもしれませんね。

「役者がいいと思いませんか? 物語の核となる脱走犯を演じるのが二枚目のロバート・レッドフォ

ード。彼には妻がいるんだけれど、夫が刑務所に入っている間に街の権力者の息子と不倫している。これがジェーン・フォンダ」

権力者というのは石油成金なので町は豊かなんだけれど、額に汗して働く必要がないから大人たちは誰もが退廃して、不倫と夫婦交換パーティにしか興味がない。

「けれどそんな中でただひとり正義を貫く男がいる。これが保安官のマーロン・ブランド。甘いマスクのレッドフォードに脱獄犯をやらせて、強面なブランドに主人公をやらせるという配役もニクいじゃないですか。そして退廃しきった街にレッドフォード演じる若者が脱獄したという噂が流れると、退屈してる大人たちは突然いきりたって、「ヤツを捕まえろ」「殺してしまえ」とエスカレートする。保安官はレッドフォードを自首させようと妻のジェーン・フォンダを通じて町外れの自動車スクラップ置き場へ隠れさせるんだけれど、その動きを察した町民たちに殴り倒されて居場所を知られてしまう」

スクラップ場のシーンが恐ろしかったですね。退廃は大人たちだけじゃなく若者にも伝染しているから、火炎瓶を投げる、銃を撃ち込む、まさに集団ヒステリー状態になる。しかも彼らは脱獄犯を捕まえてリンチして殺すというのが正義だと思い込んでいるから、異様にハイな精神状態になってる。

「そんな状況の中、マーロン・ブランドだけが命がけでレッドフォードを助けようとするんだけれど、最後は悲劇的な結末を迎える。スクラップ置き場というロケーションも素晴らしかったですね。あれはアメリカのゴールデン・シックスティーズ、黄金の六〇年代への皮肉を込めた暗喩でしょう。当時のアメリカでは充分走れる車でもどんどんスクラップにして、新車を次々と作ることが美徳とされた。

私にとって青春の想い出の映画、もう一本挙げていいですか」

　もちろんです。

「ところがやがてベトナム戦争が激化して、アメリカにも反戦、厭戦の気分が高まる。そんな頃に生まれた名作が『おもいでの夏』です」

　ロック・ハドソン主演の『九月になれば』（一九六一年）、グレゴリー・ペックの『アラバマ物語』（一九六二年）で知られるロバート・マリガン監督の作品ですね。

「ええ、脚本を担当したハーマン・ローチャーの自伝的作品と言われてますね。冒頭、ロバート・マリガン自身のナレーションで若き日の記憶が回想される。ヒロインの人妻を演じるジェニファー・オニールも魅力的だった。私にとっても想い出の映画です」

『おもいでの夏』は僕もリアルタイムで観ました。一九七一年の作品ですから、先の二作からは少し時間が空きますね。そう尋ねると、ヘンリー塚本は、

「そうです。私が二八歳のときでした」と答えた。


　一九七一年八月、それは二八歳の塚越久友にとっても「おもいでの夏」であった。

　耳の奥ではずっと、メリー・ホプキンの唄う『悲しき天使』が流れていた。ポール・マッカートニーがプロデュースして世界的ヒットになった。ザ・ビートルズが設立したアップル・レコードから発売された最初のレコードでもある。一九六八年のことだ。それから三年が経ったとある夏の夜、彼は国電大塚駅周辺の街を、ある想いにせき立てられるように走っていたのだ。

メリー・ホプキンはこんなふうに唄っていた。

「それは昔のこと、一軒の酒場があって／私たちはグラスを掲げ一杯か二杯飲み干していた／いつだって時の経つことなんて笑い飛ばしてた／自分たちがこれから成すだろう素晴らしいことだけ考えて」

久友が初めてこの曲を知ったのはコペンハーゲンだった。仕事が終わると仲間と共にクラブへ繰り出しビールを飲んだ。店内の真ん中にはちょっとしたスペースがあって、『悲しき天使』がかかると地元の若者たちが立ち上がって踊った。男の子は女の子の細っそりしたウエストに手を回し、笑いながらキスを交わしていた。まるで自分が映画の中にいるような気分だった。しかし今想い出すのはいつも、ある一夜のことだ。彼は一人ボックス席にうずくまるように深く沈み込み、印象的なマンドリンの調べと、メリー・ホプキンの透き通った歌声を聴いていたのだ。


二〇歳から二六歳まで朝鮮職場で働いた。文字通り朝から晩まで、時には夜中まで、ずっと無我夢中だった。給料は月六〇〇〇円から始まり最終的には一万円まであがったが、住み込みの賄い付きなので金を使うことはほとんどない。銭湯代と石鹸を買うくらいだ。それ以外はすべて貯金した。

貯金が八〇万円に達したとき、久友は一大決心をする。それは中東のクウェートへ行き、石油を掘り当てようということだ。誇大妄想狂のような話だが、彼は大真面目だった。洋裁の仕事は楽しく、朝鮮職場の人たちは本当によくしてくれた。けれど俺はこれで終わるのだろうかという気持ちもあった。たった一度の人生だ。『冒険者たち』のアラン・ドロン、リノ・ヴァンチュラ、ジョアンナ・シムカスのように、青春を一攫千金に賭けてもいいじゃないか。

俺はクウェートへ行く、そして石油王になるのだ。しかし一九六八年、日本で観光目的の海外旅行が自由化されたのは六四年。わずか四年後のことだ。まだ一ドル三六〇円の固定相場制であり、五〇〇ドルの外貨持ち出し制限もあり、誰もが簡単に海外旅行のできる時代ではなかった。単身中東へ旅立つのは、まるで特攻隊のような気分だった。久友は帰りの飛行機代だけを腹巻きの下に忍ばせ機上の人となった。

しかし無鉄砲な彼は、うかつにもクウェートが敬虔なイスラム教の国だと知らなかったのだ。アルコールは厳禁、街をゆく女性は皆、「ヒジャーブ」と呼ばれるスカーフで顔を隠し貞節を守っている。ここは俺の思っていた外国とは違う、もっと自由な国へ行きたいと、彼はたった一日でクウェートを離れオランダに向かう。

なぜオランダだったのか？　首都アムステルダムに「飾り窓」と呼ばれる有名な売春地帯があったからだ。そこにはグラマーで美しい金髪女性がセクシーな下着姿で、まさに飾り窓に陳列されているように男たちを待ち受けている。久友はその情報を当時好奇心旺盛な青少年たちの愛読書だった男性週刊誌、『平凡パンチ』と『週刊プレイボーイ』で仕入れていたのである。

ところがオランダに着いた途端に彼はスリに遭ってしまう。空港から市内へ向かう電車の窓口で切符を買っていたとき、財布にカメラ、ポータブルラジオなど貴重品が一式入ったバッグを盗まれたのだ。持ち金はもう、腹巻きに忍ばせた帰りの旅費しかない。途方に暮れた久友は日本航空（ＪＡＬ）

アムステルダム支店のオフィスに飛び込み相談した。

するとと親切な日本人の支店長が、「それなら君、デンマークへ行きなさい」と勧めてくれた。デンマークなら外国人でも雇ってくれる飲食店があるはずだという。

デンマーク、それはスウェーデンと並んで北欧。イコール「フリーセックスの国」だ。「北欧では誰もが自由にセックスしまっくている!」「北欧なら女とヤリ放題だ!」。これも『平凡パンチ』と『週刊プレイボーイ』でまことしやかに吹聴されている情報だった。行くしかない、久友の脳裏に『冒険者たち』のジョアンナ・シムカスや、『おもいでの夏』のジェニファー・オニールのような外国人美女の姿が浮かんでいたのは言うまでもない。

もちろんそんなものは無責任なガセネタに過ぎずフリーセックスなどどこにもなかったが、首都コペンハーゲンに着くとJAL支店長の言った通り仕事はすぐに見つかった。まずは安ホテルに落ち着き街を歩いてみると、向こうから日本人らしき若者が歩いてくる。「実はアルバイトを探しているんだけど」と声をかけると、彼はパチンッと指を鳴らし、外国人風に「Good timing!」と笑った。「この先にある『キネスク』っていう中華レストランへ行ってごらんよ。実は僕、もう日本に帰るから、たった今辞めてきたばかりなんだ。急いでいけば雇ってもらえるぜ」と。

彼の言う通りにしてみると、あっけないほど簡単に採用してくれた。仕事は厨房の皿洗い。給料は驚くほどよく、週払いで日本のアルバイト相場の三倍ほどもらえた。これは運命だと思った。俺はやはり何かに惹きつけられるようにこの地にたどり着いたのだと。ただし、中国系の経営者は極端に時間に厳しく、一秒でも遅刻したら即刻首だと言い渡された。実際、数分遅刻しただけでその場で解雇され帰らされた同僚もいた。久友も一度寝坊してしまい、デンマークの街を死に物狂いで全力疾走したこともあった。

世界中でヒッピーと呼ばれる放浪する若者たちが出現した頃だった。皿洗い仲間には各国から集まった同世代の旅人がいた。店は頼めば休みがもらえたので、久友も給料が少し貯まると別のヨーロッパの国々を旅行をした。恋もした、友情も生まれた。自由で夢のように楽しい、当時の言葉で言えばビューティフルな時代だったが、約一年が経った頃、久友は下の兄・康陽《こうよう》から手紙をもらう。「実は新しい商売を始めることにした。ついてはお前の洋裁の腕が必要だ。そろそろ日本に帰ってこないか」という内容だった。どうしたものかと考えた。考えて考え続けたまま、仕事終わりに仲間たちとクラブに出かけたのだ。

その夜もメリー・ホプキンが唄っていた。

「友よ、あれはそんな時代だったわね。そうでしょう?／あの時代がいつか終わるなんて想像したこともなかった／私たちは永遠に唄って踊って過ごせると思っていた」

そう、こんな生活をいつまでも続けられるとは思えなかった。久友は二七歳になっていた。あと三年で三〇歳だ。池袋の工場でも朝鮮職場では彼は必死に働いた。我ながら純粋だったと思う。洋裁は自分にとって誇れる仕事だった。だから兄の商売を上手く助けることはできるだろう。少なくとも皿洗いをやりながらこの放浪生活を続けるよりは未来はあるはずだ。だけど——、彼にはどうしても拭い去れない想いがあった。

それはこのまま日本に帰れば、俺の青春は終わってしまうのだ、ということだった。

それから一年後、夜の大塚駅周辺を走っていた久友の耳では、やはりメリー・ホプキンの『悲しき天使』が流れ続けていた。

「私たちは私たちが選んだ人生を生きるだろうと思っていた／私たちは戦い決して負けることなんてないのだと／だって私たちは若かったし、私たちのやり方を確かに持っていたんだもの」

そう、あのとき俺は自分の青春はもう終わりだと思っていた。だからすべてをあきらめて日本に帰ろうと決心したのだ。結局俺はクウェートで石油王にはなれなかった。フリーセックスも体験できなかった。ジョアンナ・シムカスやジェニファー・オニールみたいな美女とは知り合うことすらできなかった。恋はあった。相手は同じ中華レストランのアルバイト仲間で、やはりヨーロッパを放浪している日本人の女の子だった。彼女とは結婚の約束すら交わした。久友が帰国する際には、ローマ空港まで列車で向かう彼を、コペンハーゲンの駅まで送ってくれた。そして彼女が日本に戻ったら一緒になろうと誓い合った。しかし彼女はデンマークに定住し、帰国することはなかった。

兄・康陽の仕事とは、スキーウェアや登山靴、登山用の防寒着、テントなどの縫製だった。七〇年代を目前にして、いよいよ日本もレジャーの時代に突入しようとしていた。上野や新宿から若者たちがスキー板を担ぎ夜行列車にギュウギュウ詰めになって、上越や野沢温泉、遠くは蔵王などのスキー場へと繰り出していた。山登りをして山小屋に泊まりフォークソングを合唱する、そうやって青春を謳歌するのが最先端のトレンドになろうとしていた。康陽は神田にある登山用品・スキーウエアなどを製造・販売するメーカーに勤めていた。商才のある彼は「今後この分野は伸びる」と踏んだのだ。同僚に洋裁の得意な若い女性がいた。後に康陽の妻になる人だ。元は婦人服のメーカーでお針子をやっていて、経験は豊富だった。「彼女がいれば」と思い切って独立し、商売が軌道に乗り始めたとき、「長年洋裁職人として働いていた弟が加われればもっと成功できるはずだ」と、久友はコペンハーゲンから呼び戻されたのだ。

再びミシンに向かう生活が始まった。久友は仕事だけに没頭した。青春はもう終わったのだと思っていたからだ。根無し草のような暮らしではなく、朝鮮職場にいた頃のように必死で働き真面目に生きよう。長男の克郎《かつろう》に続いて康陽も結婚した。自分も家庭を持つ時期だ。そのためには貯金も必要だろうと。そんなとき、彼の前にひとりの女性が現れたのだ。彼女は最初から特別な存在だった。

康陽の妻の友人で、かつて同じ婦人服のメーカーの同僚だった。年齢は二二歳。久友は彼女に一目で夢中になった。色白のおとなしそうな娘だったが、芯の強い眼差しをしていた。高卒で就職し洋裁を始めてからまだ四年足らず。キャリアは久友より遙かに短かったが実に上手だった。いや、よく見ていると彼女は技術が優れているというわけではなく、ひとつひとつの仕事が実に注意深く几帳面なのだ。そんな丁寧な性格にも惹かれた。自分にないところだった。彼には経験も技術もあったが、仕事に於いては気ばかりが焦って大雑把なところがあったのだ。

それに、相手も憎からず想ってくれているのではないか、そう思う瞬間もあった。ミシンを踏んでいてふと彼女のことを見つめてしまうと、向こうも仕事の手を休めずにいながら顔を上げ、眼が合うことが何度もあった。そんなとき彼女はいつも小さく、けれどとても柔らかく微笑んでいた。

しかしある日、久友は思いも寄らぬことを知る。彼女が前職の婦人服メーカーを辞めたのは、実は独立し、個人で小さな洋裁工房を始めるためだった。妹が手伝うことになっていて、近々故郷から上京する予定だという。本当はすぐにでも始めるつもりだったらしいが手頃な物件も見つからず、そこを康陽の妻が「だったらその間、ウチでアルバイト的に働かない？　独立資金の足しにもなるでしょう」と持ちかけられ、手伝っていただけだったのだ。ずっと一緒に働ける、そう思い込んでいた彼は愕然とした。

二人きりで話したことはほとんどなかった。場所は兄夫婦が新橋に借りた小さな工場だった。康陽の妻と久友と彼女、そしてもう一人女性の従業員がいて、昼食も大抵は近所の蕎麦屋や定食屋などに行くか、出前をとって四人で食べるなどしていた。でもいつかは二人で食事にいくなり、映画に誘うこともできるだろうと漠然と想像していたのだが。

そしていよいよ決定的なことが起きる。彼女が住居兼仕事場にできるアパートを見つけたと言ったのだ。その日はもう一人の女性従業員はお使いに出ていて不在で、三人だけだった。康陽の妻が「まあ、よかったわね。場所はどこ？」と訊き、彼女は「駅で言うと国電の大塚です」と答えていた。「小さなアパートの二階なんですけど、大家さんがミシンを置いて仕事場にしてもいいと言ってくれたので」と嬉しそうだった。「今度遊びに行くわ、場所はどのあたり？」「駅からは少し歩くんです、二〇分くらいかな——」、そんな女二人の少し華やいだような会話を、久友は複雑な気持ちで聞いていた。もう一緒に働けないのか、いや下手するともう、二度と会えなくなるかもしれない。

その夜、コペンハーゲンから戻って借りた初台のアパートで、久友はベッドに仰向けに寝転び思いを巡らせていた。このままだと本当に会えなくなってしまう。意を決して気持ちを伝えるべきだろうか、そんなことをしたら変に思われてしまうだろうか。まずは食事にでも誘ったほうがいいのだろうか、でも、職場では二人になれるチャンスは少ない。どうしよう、その日は土曜日だった。月曜日がとても遠く感じられた。そんなことを考えていたら、矢も楯もたまらなくなった。電話してみようか、康陽の妻に聞けば電話番号はわかるはずだ。でも、大家さんの呼び出しだと言っていた。時計を見る。時刻は午後六時。とにかく行ってみようと思った。行けばなんとかなるはずだ。まだ、行っても迷惑な時間ではないはずだ。国電大塚駅の近くだ。彼女が場所を説明していたのは、何となく頭に入っていた。

大塚駅に降り立つ。確か南口のはずだ。都電の線路を右に見ながら進むと商店街が見えた。そうだ、商店街を抜けると言ってたっけ。定食屋があり居酒屋があり、かと思うと歯医者があって印章店があった。雑多な町並みだ。左手に細い路地があり、その向こう側に小さなアパートが密集する住宅街が見えた。きっとこっちだ。勘は当たった。もう閉まっていたが、角にパン屋があった。パン屋の角を曲がると言っていた。

しかし、そのまま進むと同じ住宅街でも一軒家の並ぶ一角になり、やがて長いフェンスに行き当たった。中学か高校か、学校のグラウンドのようだった。違う。引き返す。するとその先の路地は長く続く坂道だ。気がつくと走り出していた。どうしても彼女に逢いたいと思った。

身体の奥底に燃えあがるような感情があった。

けれどそれらしいアパートはどこにもない。どうしてもっとちゃんと聞いておかなかったんだろう、あのときは「部屋が決まった」と聞いて動揺していたのだ。コペンハーゲンでの記憶が甦った。一分、一秒でも遅刻したら首だとオーナーに言われていた。しかしある朝寝坊した。部屋を飛び出し無我夢中で走り始めたあの朝のことだ。

頭の中で『悲しき天使』が流れ始めた。当時の東京の夏は今ほど暑くはなかった。走り続ける久友のシャツは汗に濡れたが、夜風がそれを冷やしてくれて心地よかった。いつまでも、どこまでも走っていけそうな気がした。

「いつだって時の経つことなんて笑い飛ばしてた／自分たちがこれから成すだろう素晴らしいことだけ考えて」

メリー・ホプキンはそう唄っていた。その通りだ。俺の青春はまだ終わってなんかいない。恋もできるし仕事も頑張れるはずだ。そう確信したそのときだった。

「質」という字を丸く囲んだ看板が見えた。思い出した。彼女は康陽の妻に「質屋さんの看板が目印なの。そこを曲がった奥にあるアパートの二階」と言っていたのだ。

角を曲がると行き止まりだった。確かに、そこには木造のモルタルアパートがあった。しかし二軒並んで立っていたのだ。部屋は二つずつで四つ。三つの部屋には灯りが点いていて、一つは暗かった。いったいどこだ？　迷いながらふと再び、コペンハーゲンの想い出が蘇った。あれは日本に帰ると決めた、アルバイト最後の日だ。王さんという中国人のオーナーは最後の給料を手渡してから久友を力強く抱きしめ、「君はよくやった。いい仕事をしてくれた」と言ってくれた。握手をしてバイト仲間に手を振り、晴れやかな気持ちで店を後にした。借りていたアパートへ向かい、目抜き通りに出たときだった。

「日本人ですか」と声をかけられた。見ると大きなリュックを背負った、年格好の同じくらいの若者が立っていた。

「実はアルバイトを探してるんです。コペンハーゲンなら日本人でも雇ってもらえるって聞いたんですけど」

久友は思わず笑い出していた。なんだこの街に着いた、あのときの俺とまったく同じじゃないか。

「どうかしましたか」若者は怪訝そうだ。

「ごめん、ごめん。実は思い出したことがあって」と謝ってから、今ちょうど自分が仕事を辞めてきたこと、行けばきっと雇ってくれるだろうと伝え、彼を見送ったのだ。


やはりあれは、不思議な運命だった——そう思いながら何気なく、もう一度アパートを見上げた。すると一つだけ暗かった、二階のいちばん端の部屋に灯りが点いた。そして次の瞬間、開け放った窓のカーテンが夜風に揺れ、人影が見えたのだ。彼女だ、間違いない。

建物の入口に入り靴を脱ぎ捨て、木製の階段を駆け上がった。外から見たところではこの部屋だろうと、当たりをつけた扉をノックした。

すると「どうしたの、忘れ物？」と内側から声がした。忘れ物、どういうことだ。やはり部屋を間違えたのかと思ったとき、扉が開いた。

相手は眼を丸くしてこちらを見た。大きく開けた口が恥ずかしいと思ったのだろう、両手でふさいでみせた。

「――久友さん、どうしたの？」

彼女だった。

「ごめんね、突然来てしまって」そう何とか口に出すと、

「こちらこそごめんなさい」相手もなぜか謝った。

どうしてだろうと思っていると、「――実はね」と言いにくそうに切り出す。

「さっきまでカレが来てたの。駅まで送って今帰って来たところ。だから何か忘れ物でもしたのかと思って――」

彼？　付き合ってる人がいたのか。眼の前が真っ暗になった。だけど魅力的な娘だ。考えてみたら恋人がいないと思い込むほうが間違っている。

「ごめん、そういうことなら帰るよ。突然訪ねてしまって本当にごめんね。また来週、職場で」

動揺しつつそう告げてきびすを返すと、

「待って」と呼び止められた。

「上がって」

「――いいの？」

「うん。だって、せっかく来てくれたんだもの」

そう言って招き入れられた。

「お茶を入れるわ。座って」と促され腰を下ろす。

質素だが女の子らしい、趣味のいい部屋だった。先ほど外から見えたカーテンは白のレースだが、近くから見ると裾の部分に赤い縫い取りがほどこされていた。小さな鏡台があり、やはり彼女の手作りらしいカバーがかけられている。

後から聞かされたのだが、彼女の恋人というのはエレキギターを弾くバンドマンだった。それは一九七一年（昭和四六年）、沢田研二のいたザ・タイガースが解散した年だった。人気を分け合っていた萩原健一率いるザ・テンプターズや、堺正章のいたザ・スパイダースは、前年既に解散していた。グループサウンズはもう下火で、彼女の恋人も表舞台の仕事はなく、しかしその頃から出来始めたディスコティックで生演奏をしていたので、取り巻きの女の子が何人もいた。何度も浮気をされて喧嘩が絶えなかった。実はさっきも別れ話をしていたらしい。

しかしそんなことはひと言も言わなかった。彼女はお茶を入れてくれて小さなちゃぶ台を挟んで向かい合い、

「それにしても、どうしてここがわかったの？　住所なんて言ってなかったのに」と訊いた。

「――うん、どうしてかな」

「自分でもわからないの？」

彼女はそう言って柔らかく微笑んだ。久友の心にはもう一度「運命」という言葉が浮かんだけれど、変に思われるかもしれないと黙っていた。話題を変えたいと思ったのだろう、

「ねえ、久友さん、外国にいたんでしょう」と言った。

「そうだね、一年くらいかな」

「すごいわ」

「――そうかな」

「すごい勇気だと思う。私だったら絶対無理」

「うん、でも、勇気じゃないと思う。僕はとても無鉄砲で向こう見ずで、後先考えずに行動してしまうんだ」

「ひょっとして――」と彼女は少し上目遣いに見た。「今夜もそうだった？」

まさにその通りだった。アパートの場所なんてはっきりわからなかったけど、でも今、こうして彼女と会えた、向かい合って話をしている。今度は「情熱」という言葉が浮かんだ。

「あのね」久友は切り出した。「コペンハーゲンにいた頃、中華レストランで皿洗いをやってたんだ」

「――うん」

「オーナーの王さんて人はとても優しいんだけれど、なぜか時間にだけは猛烈に厳しいんだ。一分一秒でも遅刻したら首だと言うんだ。五分くらい遅れたって、仕事に支障があるわけじゃないよ。でも絶対にだめというんだ。実際、ほんの数分遅刻しただけで首になった仲間が何人もいた。僕もね、ある朝寝坊した。普通に行けば三〇分かかるのに、目が覚めたら十五分前だったんだ」

「まあ、それでどうしたの？」

「走ったよ。走っても絶対間に合わないと思ったけれど、死に物狂いで全力疾走した。コペンハーゲンの街をね。『卒業』は、観た？」

「映画の？　ううん、観てない。友だちに、とても感動するから観たほうがいいって言われたんだけど」

「うん、僕も、とても感動したんだ。ラスト近く、ダスティン・ホフマンが教会へ走るシーンがあるんだ。必死になって走る。好きだった女の子、キャサリン・ロス演じる「エレーン」が結婚してしまうからなんだ。走りながらそのシーンが頭に浮かんだんだ。いつの間にか自分がダスティン・ホフマンになったような気持ちになっていた。そうしたら、間に合ってしまった。三〇秒か十五秒か、ほんの数秒前だったかもしれない。だけど遅刻しなかったんだ。そうしたら、自分がどうしてあの映画が好きなのか、わかったような気がしたんだ」

「どんなふうにわかったの？」

「上手く言えないけど、大切なのは情熱なんじゃないかって」

「――情熱」

「あのね、『卒業』のダスティン・ホフマンは、普通に考えたら絶対にエレーンを取り戻せるはずがないんだ。だって何しろ、彼女は将来を約束されてるエリートの医大生と結婚が決まっていて、そのときにはもう、教会で結婚式が始まってたんだ。でも彼はあきらめない。教会の二階からガラスを叩いて「エレーン！」って叫ぶ。あの情熱が、運命を変えたんだと思うんだ」

　彼女はそう言った久友をしばらく見つめていたかと思うと眼を伏せ、「素敵ね」と小さく言った。

「えっ、何が？」

「だって、それって久友さんが旅に出たときと一緒じゃない」

「向こう見ずで無鉄砲ってこと?」

「そう。だってダスティン・ホフマンは、彼女を取り戻せるかどうかなんてわからないけど、でも一生懸命走ったんでしょう」

ああ、そうか、そういうことか、と思った。できるかどうか、願いが叶うかどうかわからなくても、とにかくやってみる、走り出してみるってことが大切なのかもしれない。

「ねえ、もっと旅の話を聞かせて」彼女は言った。

「面白いかい、こんな話」

「面白いわ。もっと聞きたい」

彼女は眼を輝かせてそう言った。

久友は少し嬉しくなって、海外での出来事を語り始めた。クウェートで石油を掘り当ててやろうと決心して、特攻隊のような気分で日本を脱出したこと。オランダに着いた途端スリに遭って帰りの旅費以外の全財産を失ってしまったこと。しかし親切なＪＡＬアムステルダム支店の支店長からアドバイスを受けてデンマークへ渡ると、幸運にもすぐに皿洗いの仕事を見つけられたこと。中華レストランでは同僚の若い日本人女性に恋をして、同じ同僚の日本人男子と奪い合いになったこと。

「恋敵は鳥居さんといってね、ヒマラヤやエベレスト、世界中を股に掛けて山登りをしている登山家なんだ。到底僕に勝ち目はないと思ったんだけれどね」

「で、どうなったの?」

「二人ともフラれちゃった!」

「アハハ」

彼女は楽しそうに笑った。だからその後に知り合った日本人女性と結婚の約束までしたことやオランダには実は「飾り窓」の売春宿目的で向かったこと、デンマークに行ったのも「フリーセックスの国」と思い込んでいたことなどは黙っておいた。

「でも久友さん、女の子にはモテそうだわ」彼女は言った。

「本当かい？　でもまあ実はね、僕は『キネスクの貴公子』と呼ばれてたんだ」

「なあに、それ？」

「『キネスク』ってのは、働いていた中華レストランの名前だよ。オーナーの王さんや他のデンマーク人の従業員が僕をそう呼んだんだ。どうしてだと思う？」

「どうして」

「僕がいつだってお洒落だったからさ。ＪＡＬの支店長に親切にしてもらったのも、僕が飛行機に乗るときは必ず一張羅の背広を着ていたからなんだ。「今まで何人もの日本人が困って訪ねてきたけれど、皆、ヒッピーみたいな汚い格好をしていた。でもあなたは違う。信用できる若者だと思う」といってもらえたよ。だからね、人間見た目じゃないという人もいるけれど、でも清潔で身ぎれいな衣服に常に身を包んでいること、これはとても大切なことだと思うんだ。洋服って男女問わず、人間にはとても大切なものなんだよ、きっと」

この夜、二人は恋人同士になった。けれど抱き合うことも、手を握り合うことすらしなかった。ただ、一晩中語り明かした。いや、正確に言えばほとんど久友が話し、彼女はずっと瞳を輝かせて聞いてくれた。

「洋服はとても大切」、それは思わず口をついて出た言葉だったが、自分の中にある真実のよう気がした。この人とずっと一緒にいたいと願った。一緒に洋服を作っていけたら。そして今度、二人で『卒業』を観にいこう。人気の映画だから、高田馬場の早稲田松竹や池袋の文芸座では一年に一度くらい必ず上映される。彼女と二人で、自分の中にある「情熱」をもう一度確かめてみたい——、そう思った。

intermission#2

アダルトビデオの衰退・狂気の光・大蛇の夢・スリルとサスペンス。

二〇一七年暮れ、ヘンリー塚本は突然引退し、AV業界から忽然と姿を消した。

同年の十一月に「日本コンテンツ審査センター（JCRC）」「日本映像制作・販売倫理機構（JVPS）」などAVの倫理審査団体を擁する「知的財産振興協会（略称：IPPA）」が主催するコンペティション、『AV OPEN～あなたが決める！セルアダルトビデオ日本一決定戦～』があった。言わばAVのアカデミー賞だが、そこで塚本が「ドラマ部門」第一位を獲得した直後のことだった。

その数年前から僕は、ヘンリー塚本の一番弟子と言っていいだろう、AV監督のながえ監督（旧監督名：長江隆美《ながえたかみ》）と頻繁に仕事をするようなっていた。ながえ氏は二〇〇六年に塚本率いる「FA映像出版プロダクト」を退社。自らのメーカー「ながえSTYLE」を設立。現在まで同社より作品をリリースし続けている。

元々自主映画青年だった彼は震災の年二〇一一年に一般映画『WORTHLESS WOMEN 抜けない女』を制作。翌年にはひと組のカップルが撮り合うスマホの自撮り動画だけで映画を作ってしまうという意欲作『スマートフォン』を発表した。それらの批評を書くことから交流が始まり、その後は「ながえSTYLE」のメールマガジン執筆、ファン向けの動画配信の手伝いなどを通し、「打合せ」と称して食事や酒を共にする仲にもなっていた。

FAプロの専務でもあるヘンリー塚本の妻の体調が、どうやらおもわしくないらしいという噂がどこからともなく聞こえてきたのはいつ頃だっただろうか。

「監督の奥さん、病気だって話があるけれど、どうなんだろう？」ある日僕はながえさんにそう尋ねてみた。

「うん、そうなんだけどね」と彼もよくわからないようだった。

「確かに専務はかつて癌を患ったことがあったんだ。でもそれは僕がFAに入った頃なんだよ。手術をして寛解した」

ながえさんがFAプロに入社したのは一九九五年のことだ。

「もうずいぶん前のことでしょう?」

「そうだね。一〇年経てば再発の可能性はかなり低くなると言われているよね」

僕らはそんな会話を交わした。これがおそらく二〇一五年くらいのことだったと思う。

そして二〇一七年にヘンリー塚本は引退するわけだが、そもそも彼はAV業界では孤高の人であり、「FA映像出版プロダクト」というメーカーも陸の孤島のような存在だった。先に『AV OPEN』のことを書いたが、彼がそういう華やかな場に姿を現したのも、おそらく最初で最後だったはずだ。

ヘンリー塚本とながえは、本人同士がどう感じていたか知らないが、FAプロとながえSTYLEは、メーカーとしては明らかに競合していた。もっとあからさまに「ファンを奪い合う」関係であったと言っていい。両社とも一般的なAVのように女優の若さとルックスで売るのではなく、ドラマとして官能的な性を濃厚に追求する作風だったからだ。それは別としても、ながえとしては師匠とはいえいつかは超えねばならぬ存在であり、ライバルでもあっただろう。お互い多忙なこともあり親しく連絡を取ることもなく、特に長年のパートナーであり最愛の妻の体調に関しては、軽々しく電話などできないようだった。

だから僕がヘンリー塚本の引退を聞いたのは三〇年来の友人でありAV男優の草分け、日比野達郎からだった。

「ヘンリーさんが引退したら、俺みたいなロートル男優も出番がなくなるな」彼は電話口で自嘲気味にそう語ったものだ。

日比野は八〇年代のごく初期から塚本組の常連男優であり、二〇一四年の夏、戸田市美女木にある廃工場跡で行われた撮影、『性的拷問 美しき女体』の現場にもいた。出演していたのは他に小沢とおる、染島貢、幸野賀一。全員が五〇歳オーバーのベテランであり、そんな中年男たちが若い女性と濃厚なセックスを繰り広げるのが、塚本作品の真骨頂でもあったのだ。

そんな淋しいこと言うなよ——僕は日比野に、声にこそださなかったがそう思わずにいられなかった。けれど確かに、その頃からアダルトビデオの世界は急激に淋しくなっていた。

まず第一に、その頃になって作品が急に売れなくなった（FAプロとながえSTYLEが客を奪い合うことになったのも、それが決して無関係ではない）。売上げ効率のいいDVDがいよいよ廃れ始め、配信に移り変わった時代の流れも大きかったはずだ。アイドル系のAV女優たちは握手会を催しショップでのDVD販売を何とか促進していたようだが、監督の個性で勝負する作品に関しては極端な予算の削減が求められるようになった。結果AVはいわゆる「抜き目的」と呼ばれる直接的なエロだけが主流となり、かつてAVの重要な要素だった、サブカルチャー的な作品が激減した。

よってながえのように一般作や劇場公開に意欲を見せる制作者も見られるようになる。しかし二〇一四年に社会現象にすらなったカンパニー松尾監督作品『劇場版 テレクラキャノンボール２０１３』

のような成功例もあったものの、「AV出演強要問題」が持ち上がって以降、AV・イコール・悪という図式が形成されるようになった。

というのもAV監督が一般作を撮ろうと企画すると、その途端にスポンサーが降りてしまうという話を各所から聞くようになったからだ。さらに資金調達の目途《めど》がたちキャスティングが決定した後でも、女優のプロダクションが「そんな映画にウチのタレントは出せない」と降板されてしまう事態も起きる。現役のAV監督ならまだしも、もう何年もAVを撮ってない者でもだ。もちろんAV監督の中には映画監督以上に才能のある人はたくさんいる、けれどプロデューサーなどがいくらそう説明しても問答無用。とにかく過去に一度でもAVを撮っていたら「NG」なのだ。

ところがそんな中で、ヘンリー塚本は何の前ぶれもなく復活する。

まずは二〇二〇年四月、Facebookに突然「ヘンリー塚本」のページが出来、僕の元にも招待のメッセージがきた。驚きつつ承認ボタンを押し「ご無沙汰しております、お元気そうでなによりです」と書き込んだものの特に返信はなかった。塚本本人ではなく、スタッフが運営しているものと思われた。

続いてYouTubeに「ヘンリー塚本　純愛激情」というチャンネルが誕生したと報じられ、『人性相談　家賃の代わりに汚れた愛を』という新作が突如発表されたのだ。主演はベテランAV女優で塚本組の常連でもあった川上ゆう。加えて相手役はAV男優ではなく、唐十郎主宰「状況劇場」の出身で、北野武映画でも知られる名優・六平直政だった。いったい何が起こったのだ？　そう思わずにいられなかった。

実はその前に第一弾として『百姓娘の幸福（よろこび）あっち向いてホイ！』（出演：横山なつき、染島貢、吉村文孝）という作品があったのだが、不覚にも見逃していた。ともあれ『人性相談 家賃の代わりに汚れた愛を』を突然の復帰作だと思いあわてて視聴した僕は、それまでにない強い衝撃を受けることになる。内容はこうだ。


まずは「ヘンリー塚本事務所制作」というテロップが出て、昭和の映画館、特にロードショー館のスクリーン前にあったような重厚なカーテンがサッと閉じ、再び開くと、古い木造家屋の縁側の前で、タンゴ風の不気味かつ意味深な音楽に乗せて、ヘンリー塚本本人がカメラ目線で「ＦＡダンス」を披露している。

「ＦＡダンス」、別名「ヘンリーダンス」とは、「ＦＡ映像出版プロダクト」時代からヘンリー塚本作品のエンディングで、女優や男優が見せる不思議なダンスである。しかしあくまでも出演者が行うダンスであり、監督のヘンリー塚本自身が、しかも冒頭で見せたことに驚かされた。

久しぶりに見たヘンリー塚本の風貌は口髭と顎髭がすっかり白くなり、髪にも白いものが混じってはいた。撮影時の年齢は七六歳。それでも相変わらず若々しくダンディーなのが強い印象を残した。そして何よりカメラを見つめる眼力が強く、その瞳には狂気にも似た光が宿っていた。

狂気にも似た光――これに関しては後に詳しく語っていくつもりだが、ヘンリー塚本という人は、これまで述べてきたようにインタビューなどでは非常に穏やかで礼儀正しい人物だが、ひとたび創作となると、どこか常軌を逸した存在になる。周囲が何を思おうが感じようが、何かに取り憑かれたように自身の作りたい世界に突進してしまうのだ。その姿を見るたび僕は、言い方は悪いが、天才と何やらは紙一重という言葉を思い浮かべていた。そしてこのどこか狂気を感じさせる台詞、演出、世界観こそが、彼にしか作り得ない唯一無二の映像なのだ。

ともあれそんなカメラ目線で腰を動かすヘンリー塚本の映像に「ヘンリー塚本純愛激情」というタイトルが大きく出て、続いて「作・演出　ヘンリー塚本」のクレジットがせり上がる。すると再びカーテンがサッと閉じられ、再び開くとそこは黒一色の画面。そこに「これは事実を基にしたドラマ」とテロップが出た。

続いて川上ゆう、アップの静止画。正面を見据えたカメラ目線。「間借り人　吉田富子　28歳」「川上ゆう」とクレジット。

続いてワイプで画面左から、老眼鏡を鼻にずらし、少し俯瞰気味のカメラを見上げる六平直政が現れる。これも静止画で、「間貸し人　所平造　78歳」「六平直政」と出る。

再び画面は黒一色となり、「人性相談」とサブタイトル。そして「家賃の代わりに汚れた愛を」と大きくメインタイトル。続いていよいよ本編が始まるわけだが、そこにはやはり、ヘンリー塚本の紙一重な狂気が密かに渦巻いていた。

まずはカメラ目線の川上ゆう、頬杖をつき、気だるい表情でカメラを見つめている。一見静止画のように見えるが、頬に当てられた左手がかすかに動くことで動画だとわかる。そこに彼女のナレーシヨン。

富子の声「私は二八歳です。いつも年の離れた、年配男性にばかり心惹かれます。六〇代から八〇代の高齢者です。自覚したのは中学生の頃です。恋愛感情というより性欲を覚えるのです。逆に、若い男性との行為に興味が湧きません。仲間の、同年代の女性のほとんどが、高齢男性を気持ち悪がります。私は逆です。どこがおかしいのでしょうか？　愛を感じるのではなく、性欲を覚えてしまうのです。それを我慢できなくて、悩むときがあります。普通でありたいのですが、できません。どのような精神構造でこうなるのか、自分が何者なのか、知りたいのです。教えてください」

そこに「時代は昭和末期」とテロップ。

続いて畳敷きの木造家屋、その二階で暮らす吉田富子のちょっとした日常が描かれ、再び彼女のカメラ目線の構図となり、ナレーションが続く。

富子の声「吉田富子、二八歳。印刷会社事務員。彼氏なし、いない歴四年。四年以上この身体を男に触られたことがない。鎌首もたげた蛇の夢や、空を飛ぶ夢をしょっちゅう見る」

富子、古びたちゃぶ台兼文机の引き出しから、鉛筆で描かれた細密画を出す。それは男性器の亀頭のようなグロテスクな頭部を持つ蛇の絵である。

富子の声「(続いて) フロイトの精神分析によれば、性的欲求不満の典型的症状。これは私が描いた絵。こういう蛇が夢に出てくる。とぐろを巻いて、私のあそこを狙っている」

場面変わって同家屋の一階。台所のような部屋。デコラテーブルの上に林檎を一個置き、こちらもスケッチブックに細密画をデッサンしている高齢の男、白い綿のシャツにサスペンダー。老眼鏡を鼻にかけ、絵から顔を上げカメラを凝視。こちらはナレーションではなく観客に向かって語り始める。

平造「所平造、七八歳。かみさんは認知症で介護老人ホーム」

テーブルに置かれた林檎のアップ。

それを鉛筆で写生する平造。その姿に平造のナレーション。

平造の声「年金暮らし。間貸し家賃は小遣い。七八歳のじいさまにも、色気と性欲はある。有り余る時間もある」

と、意味ありげに二階を見上げる。その顔に、
平造の声「一年前から若い娘が間借り人で住んでいる。否応なく気になる。若い娘の匂いが天井から降りてきてたまらない気分になり、いやしい妄想をせざるをえない。楽しいというより、悶々としちまうねえ」

平造、絵筆を止めて腕を組み、何かを思う。

平造の声「その間借り人が先月から家賃を滞納している。いきなりどういうわけだ？　催促するべきか……ちょいとスリリングな胸騒ぎがしてきた」

そんな平造のナレーションの、言葉尻にぶつけるように富子のアップ、横顔。そして再び富子のナレーション。

富子の声「一人暮らしの大家が気になって仕方がない。たぶん七〇代であろう年齢が、私を興奮させるのだ。一〇代の頃から、なぜか年配男に性的興奮を覚えてしまう。差があるほど燃える。昨夜も、とぐろを巻いた大蛇の夢を見た。その蛇に、ぐるぐる巻きにされて、快感に打ち震え、悶え狂う夢の

中の私」

窓の外に干された富子の洗濯物（下着）のインサートショット。

そして富子の妄想だろう、カメラ目線で不敵に微笑む平造のインサートショットが入る。

富子の声「（続いて）よほど飢えているのか、高齢の大家の顔が、大蛇の鎌っ首に見えてくる」

二階の部屋で、ジッとカメラを見据えている富子。

富子の声「そこで、姑息な企みをしてみた。家賃の滞納」

文机の上、グロテスクな蛇の絵と共に女性物の下着が無造作が置かれている。下着はショーツというより、パンティという古めかしい言い方が似合う。少々野暮だがそのぶん艶めかしい。富子の手がそんなパンティを掴んで去る。

富子の声「（続いて）たぶん、きっと、エロドラマは動き出すかも」

というナレーションにぶつけるように場面、一階に移る。

平造、階段を降りてきた富子の足音に気づいて一瞬眼をやるものの、気にしないそぶりでデッサンを続ける。

富子、手ぬぐいのようなものを手に彼の前を通り過ぎ、台所の脇にある風呂場へ。

富子、風呂場の戸は開けたまま、ズボンの裾をまくり、その小さな手ぬぐいを洗い始める。

平造、素知らぬふりで新聞を拡げる。

平造、老眼鏡を鼻に、新聞を読むふりで富子をチラリと見つめる。

富子、その視線に気づき風呂場の戸を閉める。

平造、新聞に眼を戻すも、風呂場の小さな物音にそちらを見る。

磨りガラス越しに、富子がズボンを脱いでいるのがわかる。続いてパンティも脱ぐ。

平造、見つめて、なぜか満足そうに頷く。

磨りガラス越しの富子、股の間、つまり性器を洗い、先ほど手にしていた新しい下着に着替えたようだ。ズボンを穿く。その様子をジッと見ている平造。

平造のアップ。かすかに微笑んでいるような、微妙な表情。

富子、洗った手ぬぐいと古い下着を手に出て来る。こちらも何とも微妙な表情で、平造を見つめながら二階へと去る。

平造は新聞を読むふりをしている。

富子が階段を登る、その木の軋む音。

平造、富子が去った後をジッと見つめる。


ここまでが六分三八秒。全編二二分。オープニングとエンディングを除けば約二一分の短編だが、おわかりだろうが、作者はこの前半四分の一ほどですべてのネタばらしをしてしまうのだ。若い女・富子も、高齢男の平造も、共に相手に欲情している。それを観客にすべて見せてしまう。にも関わらず、画面には異様な緊張感が張り詰めている。見る者は、果たしてこの先二人がどうなってしまうのか、物語の行く末に、否応なく引き込まれることになる。

現役AV監督を退いて三年、ヘンリー塚本は少しも衰えていなかった。いや、その緊張感溢れる台本と演出はまるでよく切れるナイフのように益々研ぎ澄まされていた。あの紙一重の狂気も、いちだんと増幅されていた。それでいて、所々にそれまでのヘンリー作品にはなかった奇妙なユーモアが忍び込み、それが物語をより掴み所のない深いものにしていた。

そして何より印象的だったのは、先に述べたように登場人物二人の思惑を、それぞれの独白によって冒頭から明かしてしまうという、実にあっけらかんとした手法だった。それはあたかも手品師がすべてのトランプのカードを開いてタネ明かしをしたうえで、「さあ、これから何が起きると思いますか」と観客に謎をかけて挑んでいるようだった。

「映画とはスリルとサスペンスである」とは映画評論にも造詣《ぞうけい》の深い作家、小林信彦の言葉だが、僕は長い間ヘンリー塚本作品の神髄とは、そんなスリルとサスペンス溢れる緊張感にあると捉えてきた。ところでなぜ映画とはスリルとサスペンスなのだろう？　その答えは名著『ヒッチコック・トリュフォー／映画術』（晶文社）の序文「ヒッチコック式サスペンス学」の中で、フランソワ・トリュフォーが明確に述べている。

例えばひとりの男が家を出て、汽車に乗るべくタクシーで駅へと向かうとする。それだけならありきたりの映像に過ぎない。ところが男にひと言、「こりゃいかん、大変だ。汽車に乗り遅れちまうぞ」と呟かせるだけで、映画には狂おしいほどの生命力が吹き込まれる。途中信号が赤になるたび、交通整理の警官が現れるたびに、画面にはエモーショナルな躍動感が生まれるからだ。観客はもう、画面の男の行動を他人事だとは思えない。共に手に汗握り、歯ぎしりしながら、駅への道を一心同体となって、フルスピードで暴走していくのである。

ヘンリー塚本はこの『人性相談 家賃の代わりに汚れた愛を』というたった二人しか登場人物のいない簡素な室内劇の中で、その定石を見事に打っている。それはひとつ屋根の下で互いに欲情し淫らな期待に胸躍らせている若い女と年寄りの男という実に不釣り合いな構図であり、決め手としてはそれぞれが放つ文字通りの決め台詞である。

平造の呟く「ちょいとスリリングな胸騒ぎがしてきた」、そして富子の「たぶん、きっと、エロドラマは動き出すかも」、だ。

トリュフォーはさらにこうも述べている。このようにひたすらスリルとサスペンスだけを追い求めていけば、当然辻褄の合わないデタラメな部分が出て来る。しかしそのデタラメさを至上のイメージへと高めていくことこそが、優れた映画の神髄なのだ、と。

ヘンリー塚本がトリュフォーの言う「優れた映画の神髄」をどれだけ意識しているかは不明だが、この『人性相談 家賃の代わりに汚れた愛を』の冒頭には、観る者の気持ちを止めてしまう、小さな棘のような演出が施されている。それは「辻褄の合わないデタラメな部分」とは思わないが、しかしどうにも気になってしまう演出としか言い様がない。

それは例えば冒頭の「私は二八歳です。いつも年の離れた、年配男性にばかり心惹かれます――」と始まる富子の語りに被る彼女の日常風景らしき行動である。

「六〇代から八〇代の高齢者に、恋愛感情としいうより性欲を覚えるのです」という独白と共に富子いるのは古びた木造家屋の部屋だ。若い女としては何ともだらしない感じの万年床で起き上がり、ゆったりとしたモヘアのセーターにパンティのみという姿で、傍らにある古びたちゃぶ台兼文机に向かう。そこには一膳の白米があり、彼女はそれにポン酢を乱暴に振りかけ、石油ストーブに乗せたヤカンからお湯を注ぎ茶漬けにする。そしてさらさらとかっ込み、茶碗と箸を乱暴に、放り投げるが如く置く。すると茶碗には何とも雑に、若い女性らしからぬ感じで飯粒が残されているのだ。

本書冒頭の「序章」にて、一般の人が思い浮かべるアダルトビデオとヘンリー塚本のそれとは大きな隔たりがあると書いたが、この描写がまさにそれだ。

もちろん『人性相談 家賃の代わりに汚れた愛を』はＹｏｕＴｕｂｅ作品でありＡＶではない。ご存じのようにＹｏｕＴｕｂｅは性的な描写に厳しいので、本作に女性の裸やセックスを直接的に現す演出は一切ない。ならば一般的な感性であれば、ヒロインの富子（川上ゆう）に視聴者を刺激する性的な雰囲気を醸し出させるなり、もっと男好きしそうな女を演じさせるのではないか。しかしヘンリー塚本は一切しない。ところがどうだろう、白飯にポン酢と白湯をぶっかけて食う富子だからこそ、そこには実に生々しい女の欲望が満ち満ちていないか？　さらに彼女のそんな一見、トリュフォーの言うところのデタラメ行動が、観る者の心に小さな棘のように刺さり、次に来る展開を観たくてたまらなくさせるのだ。

突然の引退から二年間の沈黙、そしてＹｏｕＴｕｂｅをプラットフォームにした、スリルとサスペンスが増幅された物語の復活。いったいヘンリー塚本に何が起こったのだろう？　そう思わずにはいられなかった。

しかし、繰り返すがこれが二〇二〇年四月のこと。この頃から世界は誰も体験したことのない、コロナ禍へと巻き込まれていく。

第六章

一九八二年、
足立区鹿浜橋付近、紀尾井町、
〈なんでも撮ります〉の時代。

その客は最初から不思議な雰囲気を持っていた。端的に言えば「陰気」ということになるのだが、それだけでは説明のつきそうもない空気が彼らを包んでいた。そもそも三人組であったのもめずらしかった。客のほとんどが男女のカップルだったからだ。

指定された場所はJR東十条駅から徒歩なら二〇分ほどだろうか。環状七号線を鹿浜橋《しかはまばし》手前で降りる、荒川と隅田川の中州のような区域。ゴミゴミと密集した古い住宅街一角にある建物だった。いわゆる「コーポタイプ」と呼ばれる二階建ての軽量鉄骨造アパート。上下三室ずつの計六室。一階のいちばん奥まった部屋だった。

チャイムを押すと横分けを耳が被るまで伸ばしっ放しにした男が出てきた。太い毛糸で編んだとっくりのセーターを着ている。入ってすぐ三畳ほどの台所があり、その先に四畳半の和室、奥にやはり六畳の畳張りの部屋があった。十二月とは思えぬ暖かい冬の日だった。もう一人の男は六畳間の窓を開け放ちその窓枠に腰掛けていた。こちらはスポーツ刈りの前髪だけを伸ばし、ワックスで立てて固めていた。服装は薄手の革ジャンパーにジーンズ。どちらの男も年の頃なら三〇代半ばといったところだろうか。けれどサラリーマンという雰囲気はなく、ニュースで逃亡した犯人の風体を伝えられる場面なら、「学生風」と称されるところだろう。

それよりも異様だったのが、言わば間取り2Kのその部屋には一切の家具がなくがらんとしていたことだ。そんなこちらの気持ちを察したのか、

長髪のほうが「友人が先日引っ越したばかりなんですよ。一応家賃は今月いっぱい払ってあるということなので、使わせてもらえたんです」と言った。

そう言われてみれば壁際の床が何カ所か白っぽかった。そこには箪笥などが置かれていたのか、畳が陽に焼けてはいなかったことが、部屋を余計に殺風景に見せていた。そして実は、家具はひとつだけあった。六畳間の真ん中に唐突に置かれた炬燵《こたつ》である。

そこに女が一人、こちらから見ると横向きに座っていた。白いトレンチコートを着たまま炬燵布団に脚は入れず、座布団もなく畳の上に正座している。肩まである黒髪が横顔を隠していたが、こちらに軽く会釈したときに頬から伏し目がちの目元までが一瞬見えた。色白で顔立ちは整っているものの、美人というには地味過ぎる印象があった。田舎の信用金庫の窓口に、濃紺の制服を着て座っているようなタイプだなと思った。

一九八二年暮れ、塚越久友が「なんでも撮ります」という商売を始めて丸二年が経っていた。

一九七一年にコペンハーゲンから戻り再び洋裁の世界に戻った久友は、次兄・康陽の元で働き、同じ職場で出会った女性と翌年には結婚した。やがて独立し夫婦二人の工房を立ち上げ希望に燃えて働いたものの、時代の変化はあまりに早かった。七〇年代も半ばに入ると衣料品・服飾品の販売は大手メーカーが独占するようになり、手作業の縫製は労働力の安い東南アジアへと流れていった。よって久友たちのような国内の小さな工房は一気に零細化する。戦後『暮しの手帖』編集長の花森安治が着る物のない時代に古い和服を再利用する「直線裁ち」手法を考え出し、日本の女性たちは自宅でミシンを踏み洋服を作った。六〇年代になるとファッションブームが到来し、中小の洋裁工場や個人の仕立屋が全国に拡がるも、そこからわずか一〇年余、あまりに速い時代の変化だった。

それでも久友や彼の妻は腕のいい職人であり、生活に困るようなことはなく収入も悪くなかった。ただ、もう洋裁という業界自体が頭打ちだということは明らかだった。発注の多くが大手からの下請けになったこともあり、仕事に於けるクリエイティビティは著しく落ちた。このままでいいのだろうか、と久友は考えるようになった。

ずっとこの先も、他人に使われる人生でいいのだろうか？　その頃、兄の康陽は早々にスキーウエアや登山用品の販売に見切りをつけ、今度は化粧品卸の会社を立ち上げ成功し始めていた。長兄・克郎はとある玩具メーカーで精力的に働いていた。それは空襲で死んだ父・塚越信治が創業者のひとりであったあの「オリエンタルトーイ」、それが戦後再建された会社である。克郎は縁あって数年前に就職し、同社のヒット商品、ぬいぐるみ「うめ吉」の発案と販売にも関わっていた。

自分にも何かできるのではないかと考えていた。もっといい、やりがいのある新しい商売はないものだろうかと。それは妻も同じ思いだった。夫婦は仕事が終わり夕食をとった後、毎晩夜中まで語り合った。実際、久友は洋裁のかたわら文房具のデザインを手がけ、そのひとつ、斜めに罫線の入った便箋はそれなりの成功を収めた。しかし常に何か、物足りないものが残った。久友は三〇代半ばを迎えようとしていた。

そして第一章で触れたように、経理を委託していた税理士の助言をきっかけに、彼はポータブルビデオカメラを使った、まったく新しい商売を思いつく。

日本ビクターが本格的な民生用ビデオカメラを発売したのは一九七八年のことだ。ビデオカメラ「CV―G70」と、VHS方式のポータブルビデオデッキ「HR―4100」。システム価格で四九万九八〇〇円だった。二〇〇〇万円の生命保険を解約して塚越久友が手に入れたのがこれだ。〈結婚式、お子さんの運動会、なんでも撮ります！〉と印刷したチラシを大量に作り、当時住んでいた世田谷区三宿周辺の、マンションや一軒家のポストに投函していった。撮ったビデオをお客のニーズに合わせて編集し渡さなければならないので、民生用の編集機、ダビング用のデッキもVHS・ベータ両方を買いそろえた。依頼はすぐに来た。

「これは初めて言うのですが、最初のお客さんは誰でも知っている有名人ですよ」とヘンリー塚本は言う。

誰だったんですか？　僕は聞いた。

「マッハ文朱《ふみあけ》さんです」

思わず「えっ」と声を上げて驚いてしまったのだが、もちろん元女子プロレスラーでタレント、女優のマッハ文朱が恋人とのセックスを撮ってくれと依頼してきたわけではない。また、結婚式や運動会でもなかった。

「紀尾井町のホテルニューオータニに、当時はクリスタルルームというショーやレビューを見せる会場があったんですよ。そこでショーをやるので撮ってくれないかという連絡でした。おそらく個人的な記録として残しておきたいということだったのでしょう、だからホームビデオでいいですよということでね。私のために席を用意してくれて、つまりスタッフとしてではなく、客の一人として入って撮影したということです。約二時間、唄って踊って、素晴らしいショーでしたよ。私はカメラを回すのに必死でしたけど、それでもファインダー越しにとても感動しました」

一九七二年、日本テレビの視聴者参加型歌手オーディション番組『スター誕生！』に出場。決勝大会ではあの山口百恵と争ったことでも知られるマッハ文朱だが、後に所属するホリプロ他二〇社からスカウトがあった百恵に比べ、彼女はどの芸能事務所からもオファーがなかった。そこで一七四センチの長身を生かして全日本女子プロレスに入門。人気女子プロレスラーとなる。七七年に引退し唄って踊れるタレントとして再出発した。プロフィールには八四年、二五歳でニューヨークの大学に語学留学し、ブロードウェイに通いダンスを学ぶとあるから、ホテルニューオータニでのショーはその狭間の出来事であったと思われる。

マッハ文朱さんからの連絡は電話ですか？

「そうでしょうね。もちろんメールなんてない時代ですから、チラシには私の自宅と電話番号を載せたはずです。三宿から三軒茶屋、玉川通り挟んだ世田谷公園界隈とかなり広範囲に撒きましたが、基本的に歩いてポストに入れていったので、おそらくマッハさんもあの近辺に住んでおられたんでしょう」

なるほど、それで自宅のポストに入っていたチラシを見て電話してきたと。次に来たのが以前お聞きした、渋谷『東急イン』での男性六〇代、女性二〇代後半の愛人カップルですか。

「実はもう一件あります。事務所だったか店舗だったか、新装開店したので撮ってくれと、ただほとんど記憶がないんです。ともあれセックス以外の仕事はマッハさんとその一件だけです」

監督はそれ以前に撮影の経験というか、もちろんビデオはそれ以前にはなかったものですから初めてだったでしょうが、一眼レフカメラで写真を撮っていたとか、そういうことはあったんでしょうか。

「いえ、全然ありませんよ。それはもう私の場合、AVを始めて以降もそうですが、もう終始一貫して手探りで独学で、無我夢中にやってきただけです——ああ、そうか（と思い出して）、その少し前に娘が生まれて、8ミリ映画はやってましたね。家族旅行に行ったときとかに撮って、現像して編集もして、家族三人で上映会をするというような、それは趣味として、けっこう熱中した記憶がありますね」

では映画を観るのがあれだけお好きだったわけですから、ビデオを撮るという行為も映画に近づくというか、例え愛人同士のセックスだとしても、映像制作に関わって嬉しいというようなお気持ちはあったんじゃないですか。

「いや、それがなかったんです、まったく。〈なんでも撮ります〉時代はともかく新しい商売を始めるんだと、それを軌道に乗せるんだという気持ちだけで必死だった気がします。8ミリというのはあれ、けっこうお金がかかる趣味でしょう？　フィルムも高かったですし。だから洋裁の仕事はもう頭打ちでしたけど、女房と二人、かなり稼いではいたんです。当時はイージーオーダーの紳士スーツというのが流行でしてね。お客が生地と自分に合った体型の型紙を選んで、それを縫製していきます。決まりきった作業で決して面白味のある仕事ではなかったですが、お金にはなりました。それをある日一切やめて始めたわけですから。なのでもう二度と戻るまいと、ミシンを初め仕事道具はすべて同業の友人に渡してしまって、敢えて戻れないような状況を夫婦で作ってのぞんだわけです」

そして三組目以降はすべてがセックスを撮ってくれという依頼だったと。

「そうです。そこからはぽつりぽつりと依頼があって、ある日『平凡パンチ』（平凡出版、現・マガジンハウス）が取材に来たんです。セックスを撮影する新しい商売だということで記事になって、そこからは電話が鳴り止まないような状態になった」

取材ですか。『平凡パンチ』はどうやって知ったんでしょう？

「最初の頃のお客さんの中に、何組かスワッピング愛好家のカップルがいたんです。彼らは彼らなりのネットワークを持っているんですね。それでどうやら「あそこに頼めばビデオを撮ってくれるらしいぞ」という噂が広まったようです」

七〇年代後半は、いわゆるスワッピング雑誌が密かな人気を博した時代だった。愛好者たちがパートナーである妻や恋人のヌード写真を投稿して、夫婦交換（恋人交換）の相手を募集する、そんな記事がメインだった。七五年に老舗の『ホームダイヤモンド』（明通社）が創刊され、七九年には有名な『スウィンガー』（おおとり出版）が、同じ年にロス疑惑の三浦和義が参加したことで話題になったスワッピングパーティーを主催した、『オレンジ・ピープル』（フライング'80）が創刊される。それは〈なんでも撮ります〉時代とちょうど符号する。

「そうですね、スワッピングパーティーも何度か撮りましたよ。だから『平凡パンチ』の取材は、そうやってある程度コンスタントに仕事が来るようになった頃です」

なるほど。そうやってスワップ愛好者の中で話題になっていたのを、編集部か外部の記者が嗅ぎつけて取材にきたんでしょうね。料金はどのように設定していたんですか。

「ほとんどが先方の言い値だったと思います。幾ら幾らで撮ってもらえますか？　という感じでね。

それはマッハ文朱さんからそうだった。確か「五万円くらいでどうでしょう」という話で、正直私のほうもどうやって値段をつけていいかわからないところがありましたから、そもそも相場というのがないわけですからね。でもほとんどの場合が、こちらが要求する前に向こうが提示してきましたね。「何万出すから撮ってくれ」と」

ということは以前お聞きしたヤクザの親分もそうですが、やはり客はお金持ちが多かった？

「ええ、裕福な人たちですよ。それで不思議なんですが、なぜか医者や弁護士と名乗る人が多かった。もちろんこちらから「お仕事は？」なんて聞きませんよ、相手が自分から言い出すんです。「港区で開業医をしております」とか「職業は弁護士です」とか。あれはひょっとするとスワップ愛好家の、仲間内の符丁《ふちょう》のようなものだったのかもしれませんね」

場所は都内や近郊ですか？

「いや、『平凡パンチ』に出て以降は地方からの依頼もありましたよ。新幹線に乗って、浜松とか京都とか。車で地方に行ったこともあった。大雨の中、ウインカーが壊れてしまったなんて思い出もあります。東京ではホテルニューオータニとか赤坂プリンスホテルとか、高級ホテルばかりでしたね。ホテル代は向こう持ちです。そこに来てくれと指定してくる。そう言えば東京ですがホテルではなかったこともあった。それはとても印象的な客でした。というのも電話では地方から上京して来るとのことだったのに、指定された場所はホテルではなかった。しかも三人組というのもめずらしかった」

三人、ですか。

「ええ、男二人に女性が一人。足立区にあるアパートで撮影しました」

「一応、こういったものを書いてきたのです」と長髪の男が言って手渡してきた。数枚のレポート用紙がホチキスで留められていた。簡単な台本のようなものらしかった。所どころに決して上手いとは言えないイラストも描かれていた。しかしこちらが急いで眼を通そうとしているうちに、長髪の男が「では始めます」と言った。

始めます？　どういうことだと思っていると、女は相変わらず白いトレンチコートを着て炬燵の前で正座したまま、コートのポケットから眼鏡のケースを取り出し、開けてかけた。それまでも撮影の際、素顔をさらす恥ずかしさからだろうか、女性客がサングラスをかける場合があった。けれどそれは細いアルミフレームのごく普通の眼鏡だった。そして確かに眼鏡をかけたほうが、彼女は数段美人に、そしてミステリアスで淫靡に見えた。

レポート用紙を置いて慌ててカメラケースを開け、テープをセットしてカメラを構えた。日本ビクターの「CV—G70」というビデオカメラは現在のものと違って感度が悪く画面が暗かった。だから場所によっては昼間でも室内の電気を点けたり、アイランプなどの照明が必要だったが、その心配はなかった。奥の六畳間には窓から冬の陽が燦々《さんさん》と差し込んみ、炬燵の周辺を照らしていた。

それまでずっと窓辺に座っていた短髪の男が不意に立ち上がったかと思うと女の横に膝立ちになり、彼女の顔を上に向かせたかと思うと、舌を長く伸ばして接吻をした。女もそれに応じて長い舌を絡ませる。女のほうが積極的で、「もっともっと」と求めるように唇を大きく開いていく。舌と舌が絡まり合い、唾液が混じり合うなんとも卑猥な音がした。するとそれまで二人を眺めていた長髪の男が近づき、炬燵を布団ごと外した。女は茶色で革製のミニスカートの脚を大きく開いていた。長髪の男はその太腿にむしゃぶりつくように舌と唇を這わせ、女のパンストを引き裂いていく。

気がつくと夢中になってカメラを回していた。炬燵という小道具がいったい何を意味したのかわからないが（何しろ撮影が始まるや否や外してしまったのだ）、それが彼らを欲情させる状況だということだけははっきりわかった。その道具立てをすることで、男二人も女も異様なほどの興奮に包まれている、その燃えあがるような情動が、カメラを通してビシビシと感じられた。それはまるで、脳を直撃されるようだった。長髪の男はそんな昂ぶりと静かな熱狂のまま女のパンティを掴んで脱がし、股を大きく開かせてそこに顔を埋める。女は大きく口を開けて喘いだが、声は出さなかった。

長髪の男が花びらを舐め回していくにつれ、女はビクンビクンッと四肢を痙攣させる。それに合わせて短髪の男が彼女の服を脱がしていった。コートと同じ白いモヘアのセーター、その下も清楚な白いブラウスだった。ブラジャーの下の乳房はとても小さかったが、短髪の男に乳首を吸われると、喉の奥で「ヒーッ、ヒーッ」と引き攣らせたような息を放つ。驚くほど感度のいい女だった。

長髪の男が夢中になってクンニリングスを続けているうちに、短髪の男はもう我慢できないとばかりに立ち上がり、ジーンズのチャックを下ろす。ブリーフから男根が、まるで音を立てて飛び出すように勢いよく天を向いてしなった。女も興奮が爆発するかのようにそのそそり立ちにむしゃぶりついていく。アルミフレームの眼鏡をかけたままのフェラチオは、ファインダー越しに見ると驚くほど猥褻だった。

男の太い竿《さお》を愛しげに握りしめ、右へ左へ切なく首を傾げてしゃぶりつく様には気高い美しささえ感じられた。その様子をどのくらい撮影していただろう、長髪の男はクンニをやめ、彼もブルーのジーンズを脱ぎ捨て、女の中心に挿入した。短髪の男はその間も女にしゃぶらせていた。三人とも一切口をきかず、女も声を上げることはなかった。

フェラチオさせている男、フェラチオしながらファックされている女、そのスリーショットを引きの画で捉えていたときだった。

「入ってるところを撮ってください」

不意に長髪の男が声を発した。

「入ってるところをしっかり撮ってください」腰を動かしながら訴えるように言った。

ズームではなく、近づいてそのアップを撮った。男のヌラつくペニスが出たり入ったりするたび、女の花びらがめくれあがっていく様を撮り続けた。女は最後まで大きな声を上げることはなかった。しかしそのぶんだけ押し殺すように荒い息で喘ぎ、四肢を震わせ、短髪の男のものをシャブリ続けた。防音のしっかりしたシティホテルではなく壁の薄いアパートだ。近所の住人に声が聞かれるのではと思っていたが杞憂だった。クチャクチャと男根が膣に出入りする音だけが部屋に響いていた。塚越久友はその様をカメラで捉えながら、確かなものを感じ取っていた。感動さえしていた。ここには本物の男と女の感情がある、正真正銘の猥褻があると思った。

それから間もなくのことだった。久友は警視庁の「生活課」を名乗る人物から突然電話を受ける。相手はどうやら『平凡パンチ』で〈なんでも撮ります〉というセックスを撮影する商売が巷で話題になっていることを知ったようで、それについて聞きたいと言った。

「あなた、本当にそういう商売をしているの？」と先方は何とも優しげな口調ながら、探りを入れるように尋ねてきた。

「そうですけど、お客さんには必ず誓約書を書いてもらっていますよ」と答えた。

あくまでも客が自分たちの痴態を自分たちだけで密かに楽しむものだ。だからこちらの手元にテープは絶対に残さない。もちろんコピーはとらない。原盤を先方に渡し、客もまた他人に譲渡したりはしない。それを書面にして約束してもらっていた。だいいち、そもそも自分たちがセックスしているあられもない姿を、好き好んで第三者に見せたがる人間がいるのだろうか。しかし相手は、今度は少し諭すような口調になって、

「でもねえ――」と言った。

「あのね、おたくがやってることは、どう見ても違法なんですよ」

「どうしてです？」

「そういうものを売って、儲けてる連中がいるからですよ。非合法の、モロ見えのけしからんビデオが巷に出回ってる、そのことはあんたも知ってるでしょう」

知っていた。しかし――、
自分は決して間違ったことはしていないと思っていた。もちろん世間に対して公明正大な商売だと胸を張るつもりは毛頭ない。しかし久友は客の切実な想いを痛いほど感じていた。彼らは自分たちのセックスを記録したがっていた、そして後から観て楽しみたいと切望していた。そこには悲しいほど

の願望があった。その気持ちは真実だった。人間というものの持つ業《ごう》と呼んでもいいだろう。自分はそんな彼らの想いを世間の誰よりも理解していると自負していた。だから日陰の商売でいいじゃないかと思うようになっていた。他人様には後ろ指を指されるかもしれない。しかしそれは人間生来の性《さが》であり、逃れられないセックスという名の業なのだ。

けれど、世の中の動きは久友のそんな信念さえも超えようとしていた。

一九八〇年代初頭といえば、それは裏ビデオの時代だった。警視庁の生活課の刑事が言ったように、その頃数々の無修正ビデオが出回り、サラリーマン向けの週刊誌などを賑わしていた。

始まりは一九八〇年の初春とも夏頃ともされるが、会津若松のラブホテルに出入りするビデオデッキのリース会社が、本来なら事後に自動消去されるはずの製品に細工、カップルの愛の営みが記録された三〇分テープを入手したことから始まったと言われている。これが裏業者の手に渡り、『福島モーテル消し忘れ』とタイトルがつけられ出回ることとなる。このリース業者は二年後に逮捕されたという説もあるのだが、本当のところはよくわからない。

ただしこの出来事が、「ビデオとはポルノの画期的なアイテムである」とある種の人間に認識させたのは確かなようだ。以降『虹と星の詩』『朝一番』『溜息』といった撮り下ろしの、つまりは消し忘れや盗撮といったものではない、意識的に撮影された無修正ビデオが登場する。これが八〇年から八一年頃にかけてのことである。

それ以前にも主に8ミリフィルムを使った「ブルーフィルム」と呼ばれる非合法ポルノ映画はあっ

た。しかしフィルムの場合現像するにしてもデュープ（複製）を作るにしても専門の業者が必要であり、当然一般の現像所は無修正のポルノフィルムなど請け負ってはくれない。その点ビデオデッキはまだ高価だったものの、自分たちで簡単にダビングできるのは、裏業者にとって圧倒的に好都合だったのだ。

とはいえソニーが「ベータマックス」を発売したのが一九七四年。ビクターの「VHS」初号機は七六年の九月。けれどそれから四年経った八〇年の段階にあっても、家庭用ビデオデッキの普及率はわずか一パーセントに過ぎなかったという。しかし同年前述したように関西方面でラブホテルの消し忘れビデオが密かに出回っているという噂が立った頃から何かが動き出す。八二年の夏を過ぎてからは『青い体験』『IN・SHOOT恐怖の人間狩り』と言った、ドラマ仕立ての無修正非合法ビデオが関東にも出回り、続いて現れた『洗濯屋ケンちゃん』（一九八二年）で一気に爆発した。

題名は本職はテレビディレクターであった監督の藤井智憲が元俳優で、七〇年代の人気子ども向けドラマ『ケーキ屋ケンちゃん』に出演経験があることから発想されたものであり、主人公であるクリーニング店勤務の若者・ケンちゃんが得意先のお妾さんを誘い海辺の埋立地で青姦（野外セックス）に及び、さらに友人の恋人を騙してラブホテルに連れ込むという内容的にはたわいものないものだったが、このバカバカしく覚えやすいタイトルも効いたのだろう、現物を入手した週刊誌各誌は画面撮りを入れて紹介。注目を浴びる。同時に家庭用ビデオデッキのシェアも、その二年ほどで爆発的に伸びていった。

しかし裏ビデオ業者の存在すら非常に稀少だった当時、それは観たくとも一般の人には入手するすべもわからず、「どうやって買えばいいのか」「どこで売っているのか？」という飢餓感をも煽り、「ケンちゃん、観た？」はサラリーマンたちが酒場で交わす合言葉となった。制作スタッフがマスターテープから正規にダビングしたのは二〇〇本程度だったというが、ダビング業者が横流しして大量に広まる。その数なんと五〇万本。さらに人づてに貸し借りとダビングが繰り返され、観た人数は現在でいうダブルミリオン（二〇〇万人）を軽く越え、五〇〇万人に達していたという説すらある。

昭和も後半に差し掛かったあの頃、男たちなぜあれほどまでに性とポルノを求めたのだろう？　それはまるでエコノミックアニマルと呼ばれるほど過剰に働き続ける日本人の経済力と比例して、エロスへの欲望までが無限に肥大していくようだった。

裏ビデオも当初は『洗濯屋ケンちゃん』の藤井智憲に代表されるように、テレビディレクターやテレビ制作スタッフが何者かの出資を受けて制作するものだったが、やがて「プライベート物」というジャンルが登場し、裏ビデオマニアたちを熱狂の渦に巻き込んでいくことになる。これらは文字通り素人の夫婦や愛人カップルなどがプライベートなセックスを記録したものであり、それが何らかの事情で裏ルートに流れた作品だった。

『愛の賛歌』『網タイツの女』などが名作の呼び声高く、その中では明らかに素人と思われる美女が四文字の卑猥な言葉を発して乱れまくり、当時は「そんな生理現象が本当にあるのか？」とさえ言われていた「潮吹き」を披露する女性もいた。

八〇年代初期裏ビデオに出演していた女優は『洗濯屋ケンちゃん』のお妾さん役や友人の恋人のよ

うに、制作者がどこかから苦労して口説いて連れてきた女性が多かった（ソープランドなどで働いていた女性をスカウトしたという説もある）。また当時は二〇代前半の若い女性がもてはやされた傾向が強く、「裏ビデオの女王」と呼ばれた田口ゆかりなどは実は例外的で、セックスの反応は幼く大人しかった。それでも男たちは単に無修正のモロ見えというだけで充分満足していたわけで、そんな中に現れたのが「プライベート物」だった。しかも出演しているのはごく一般の女性である。彼女たちの見せる驚愕のセックスパフォーマンスが、多くの裏ビデオマニアに衝撃を与えたのは当然のことであった。

当時「裏ビデオ評論家」とも呼ばれたAVライターの草分け奥出哲雄氏の取材によれば、『愛の賛歌』『網タイツの女』などの「プライベート物」に登場するカップルはスワッピング愛好家たちであり、彼らが自撮りして同好の士と交換していたテープが、どこかの段階で裏業者の手に渡ったのではないか？　その説が有力だ。これは時代的に言って塚越久友の〈なんでも撮ります〉時代と見事にシンクロする。

そして何より大切なことは、ヘンリー塚本になる以前の塚越久友がこのとき、女性の持つ強烈な性欲に出会ったということだ。第一章で触れたように、〈なんでも撮ります〉時代初期、彼は渋谷『東急イン』にて二〇代の女性が六〇代の愛人に抱かれ「オマンコいい、オマンコいい」と二時間絶叫し続けるのを目撃した。また同章で恥を忍んで日活ロマンポルノを観にいき、「気の抜けたレイプシーンを観せられてがっかりした」とも語っている。

七〇年代のロマンポルノやピンク映画と、後のAVとの決定的な違いはそこだ。今では信じられないことだが、当時は女性の性欲とは基本的に未熟なものであり、男が開発してやるものだくらいに、まことしやかに信じられていた。また今より格段に封建的だったあの時代、女性たちも（特に若い女性は）「自分にも性欲がある」なんて口が裂けても言わなかった。そんなことを言ったらふしだらで淫乱な女だと思われるし、うぶで清純なふりをしていたほうが男に求められたからだ。ロマンポルノやピンク映画はそんな性意識を前提にしていたから、いきおい男がＳＭなどを教え込んで淫らな女に調教していくとか、男が性欲を発散するためだけに女を無理矢理レイプするという方向へ向かいがちだった。

その点、我が国固有のサブカルチャーであるアダルトビデオは、代々木忠《よよぎただし》のその名も『ドキュメント・ザ・オナニー』（一九八二年）という一切男が登場しない、まさに女性の性欲を描いたものから始まったわけだが、塚越久友ははからずも〈なんでも撮ります〉時代にその事実に出会ったのであり、二〇代にロマンポルノのレイプシーンに失望した彼は、その一方的な男目線だけの性描写にリアルでない欺瞞を感じ取っていたのだ。

そして先に「男たちはなぜあれほどまでに性とポルノを求めたのだろう」と書いたが、実は女たちは既に、世の男たち以上にセックスを求めていた。塚越久友はそのように彼が実際に眼にしたリアルな真実を胸に、いよいよヘンリー塚本になってゆくわけだが、その前に彼は、とある決定的な出来事を経験することになる。

第七章

一九八二年、
新宿京王プラザ、富山高岡、
自由の値。

そこまで話が進んだとき、ヘンリー塚本は突然僕の眼を真っ直ぐ見据え、「実は東良さん、私はあなたに話していないことがあります」と切り出した。「今からそれをお話したいと思います。ですからこれから語ることも、この本に書いてもらいたいのです」と。そして——、「私は一九八二年に、逮捕されているのです」と言った。

ああ、そうか、と思った。

初めて会った一九九四年四月、冷たい春の雨が降っていたあの日、彼は最後にこう語ったのだ。「こういう仕事ですから、後ろ指をさされることもあるでしょう。そのくらいならまだしも、手が後ろに回ることだってあります。我々はポルノを撮っているわけですからね」と。

微かな違和感があった。その口調があまりにもきっぱりとしていたからだ。裏側に何か、とても揺るぎないものがある感じがした。そうだったのか。あれは、過去の経験に裏打ちされた言葉だったのだ。

「糖尿病で勃起しない旦那さんが、奥さんと何年もセックスしてないので他の男とセックスしているところを撮ってくれという依頼が来たという話は以前しましたよね?」

お聞きしました。当時はAV男優なんていないから新聞に募集広告を出したという(第一章・参照)。

「そうです。『毎日新聞』に三行広告を打ちました。当時は男優という言い方はなかったですね。〈ビデオ撮影・男性モデル募集〉というような文言だったと思います。ともあれ、そのあたりから客の依頼が少しずつ変わってきたのです」

変わってきた?

「ええ、最初は男性が自分と、奥さんや愛人とのセックスを撮ってくれという依頼ばかりでした。しかしその頃から自分の妻を他の男に抱かせたいから男優を用意してくれとなり、さらには自分がセックスしているところを撮ってもらいたいから、女性を用意してくれというように変わってきた。あるいは自分が撮りたいから、男役と若くて可愛い女の子を用意してくれと、要求はどんどんエスカレートしていった。そこで気づけばよかったんです。これは少しおかしいぞと」

確かに八〇年代初頭、前章でも記したように、日本人のセックスに対する欲望はなぜあれほどまでに膨れ上がったのだろう？　今思うと異様なほどの熱狂ぶりだった。時代がバブルへ向かって突進しようとしていたからだろうか。世の中はどんどん豊かになる、日本人は自分たちが昨日より今日、今日より明日は金持ちになれると信じて疑わなかった。それが幸せの本質だと思い込んでいたのかもしれない。だから金を掴まなければ損だと。セックスも同じだった。この頃に始まったその傾向はその後呆れるほど高まり、バブルでピークを迎える。

大学生たちはディスコのナンパと合コンに明け暮れ、スキーやサーフィンなど女の子と出会えるアクティビティに熱中した。金のあるサラリーマンはクラブのホステスやキャバクラ嬢と同伴し、帰りは有り余るタクシーチケットで彼女たちを遠方まで送り届けた。誰もがいい女、たくさんの女とやれなければ損だ、女と性交できない男は負け犬だとばかりに、まるで神経症のように思い込んでいたのだ。

「そうですね、私も熱狂していたのかもしれない」ヘンリー塚本はそう回想する。

「『毎日新聞』の三行広告に応募してきたのが泉沢くんという青山学院の大学生でした。彼をその、糖尿病の旦那さんと奥さんの元へと連れていった。すると年の頃なら三〇代後半でしょうか、清楚で大人しそうな美人でしたが、これが狂ったんですね。相手は大学生、二〇歳くらいですから勃起力がすごい。しかも若いわりにセックスが上手かった。加えて一八〇センチ近い長身のイケメンです。このとき、私はあることがわかったような気がしたのです」

あること、とは何でしょう?

「その奥さんは旦那さんのことを深く愛していた。それは撮っていいてひしひしと感じました。それでも、女性は若い男の強いセックスに狂うんです。ハンサムな男に抱かれると身体が歓んでしまう。旦那さんが眼の前で見ていても、です。男のほうも同じですね。彼は奥さんを愛していた。だからこそ、自分のせいで何年もセックスができない妻を他の男に抱かせようと決心した。しかし、そんな愛する妻が他の男に抱かれるのを間近で見ると、彼も興奮するんです。するとそんな噂が出回ったのか単なる偶然だったのか、自分の奥さんを他の男に抱かせてセックスするところを撮ってほしいという依頼が次々と舞い込んだ。どの客もどの客も、まるで申し合わせたように奥さんが驚くほど美人だった。綺麗な人ばかりです。つまり彼らもまた、妻を深く愛してるんですね。自慢の奥さんなんです。だからこそビデオに撮って映像に残したい、美しい妻だからこそ、他の男にも抱かせてみたいわけです」

僕は「なんだか一見、男のほうが主導権を握っているように見えますが」と言った。「実はセックスの主体は女性なんですね」と。一方の男は常にないものねだりをしている、それが欲望になっている。まるで砂漠で水を求めて彷徨っている旅人のようだ。

「私もそう思います。そんなこともあって、私自身も冷静になれなかった。私も、客の要求に答えることが正しいと考えてしまった。だから女性モデルも募集するようになった。ええ、やはり新聞の三行広告です」

女性のモデルもすぐ応募してきたわけですか。

「きましたね。主に若い女性たちでした。親の借金を背負ってしまったとか、彼氏が大学生で学費を稼がなければならないとか、そういうけなげな事情を抱えてる娘もいましたが、女の子たちもやはりお金が欲しかった」

おそらくそうに違いないと、僕も思う。バブル期に日本は異常なほど豊かになり、若い女たちも「アッシー」「メッシー」など今思うとジョークのような呼称の男をはべらせ、ブランド物のバッグや洋服を手に入れなければとやはり神経症的に思い込むようになった。その兆しは、八〇年代の初頭から始まっていたのだ。

「男性モデルも他に、プロボクシングのレフェリーをやっているという星さんという人が応募してきて、彼は三〇代半ばくらいでしたか、泉沢くんのように若くはなかったものの自身も元ボクサーということで、非常に引き締まった身体に精悍な顔つきで、女性モデルたちにも人気がありましたよ。カメラをもう一台買って、彼女たちと星さんや泉沢くんのセックスを客に撮らせる、私もサブカメラでカバーする、そういうことをやり始めた」

しかしそんなある日、塚越久友は足元をすくわれる。

チハルと名乗る少女が応募してきた。事務所などない頃だ。世田谷区下馬で妻と小学校に上がったばかりの娘と三人で暮らすマンションで面接した。小柄だがスタイルがよく、特に乳房がとても綺麗な女の子だった。ちょっと生意気そうなのも魅力的だった。

「これはいいものが撮れるかもしれない――」

彼はその頃から、単に商売としてではなく、映像として面白いもの、客が興奮して楽しめるものを撮影することにも歓びを感じるようになっていた。

チハルは「付き添い」と称する同世代の男の子と一緒にやってきた。丸坊主で真面目そうな、坊ちゃん坊ちゃんした少年だったが、やはり二人は遊ぶ金が欲しかったようだ。何しろ広告に提示されたギャラは一〇万円ほど。若いカップルには大金だ。だから彼氏のほうが少女に持ちかけた。「お前可愛いから採用されるぜ、きっと」と。彼女も「うん、やる」と同意した。

男の子は久友に、

「俺も撮影の現場に行っていいスか」と訊いた。「一応、変なことされたら困るんで」。若いくせにまるで女衒《ぜげん》かヒモ気取りだ。

「いいよ」久友は苦笑して答えた。カメラを回しているその場にいさせたら客が嫌がるだろうが、大抵の場合撮影はシティホテルの一室になる。控え室としてもうひと部屋借りる。そちらで待機させればいいだろう。ちょうど新規の客から「若い女の子とセックスするビデオが撮りたい」という依頼があった。チハルなら満足するだろう。度胸もありそうだし、彼氏同伴で応募してくるくらいだから、性体験も豊富なはずだ。大胆にやってくれるだろう。ただし問題がないわけではなかった。彼女は十七歳だったのだ。

「私は無知で分別がなく、世間を知りませんでした」ヘンリー塚本は当時の自分をそう省みる。

「児童福祉法違反という、そんな法律があることすら知らなかったのです」と。

擁護するつもりはないが、当時のポルノ映画制作者、ビデオ制作者、ヌードグラビア誌編集者は、大方その法律に無頓着であった。そもそも「児童福祉法第三四条」とは戦後、「身体に障害又は形態上の異常がある児童を公衆の観覧に供する行為」「児童にこじきをさせ、又は児童を利用してこじきをする行為」「公衆の娯楽を目的として、満十五歳に満たない児童にかるわざ又は曲馬をさせる行為」などを禁じる法律として作られたものだ。日本がまだ貧しく、親が自分の子をむやみに売り物にし、働かせる時代だった。

そして「同、一項の六」として「児童に淫行をさせる行為」の「淫行」が、「児童の心身の健全な育成を阻害するおそれがあると認められる性交又はこれに準ずる性交類似行為」として定められたのは、二〇一六年六月二一日とつい最近のことだ。

一九七〇年代「東映ポルノ」のスターとして名を馳せた池玲子は、とあるヌードグラビア誌でその肉感的な肢体を披露したのを、名プロデューサーとして知られた東映の天尾完次と監督・鈴木則文に発見されスカウトされた。そして一九七一年『温泉みみず芸者』で映画主演デビューする。しかしそのとき彼女はまだ十六歳だったのだ。本人もそれが悪いことだなど少しも思わず、件のヌード雑誌の編集者も彼女の年齢を知ったうえでモデルに起用していた。

ゆえに天尾と鈴木は池がインタビューなどを受ける際、「干支を聞かれたら間違えないこと（本当の年齢がバレないように）」と念押ししたというのは有名なエピソードである。

アダルトビデオ業界で「児童福祉法」がよく知られるようになり、各メーカーが年齢確認をするようになったのもかなり遅く、一九八九年のことだ。伊藤友美（芸名）というロリータ系ＡＶ女優が人気となり、三〇本ほど出演したところで彼女が十六歳だったことが発覚。複数のメーカーが摘発され、数名の監督が逮捕拘留された。しかしそのきっかけは当人が居酒屋の座敷で七、八人の大学生と乱交に及んでいたところを店から通報され、補導されたことがきっかけだった。

だから決して誉められたことではないが、八〇年代の前半には十八歳未満でビデオやヌードグラビア誌に登場していた少女は数多くいた。けれど当時のヌードモデルは雑誌なら一〇冊ほど、ビデオも多くて五、六本も出れば辞めてしまうので問題にはならなかった。業界自体も小さく荒稼ぎしている状態でもなかったので、警察に摘発されることもごく少なかった。伊藤友美のケースは先に述べたように一九八九年、村西とおる率いるダイヤモンド映像が一世を風靡し、ＡＶが社会現象になった時代だったからだ。

〈何でも撮ります〉時代の塚越久友も、それで何の問題なく終わるはずだった。彼はチハルをそのとき以降は撮らなかったし、何しろ撮りテープはすべて客に渡し、客には他人に譲渡したり不特定多数の者に見せることはしないと、誓約書を書かせていたのだ。

しかし撮影から数カ月後、下馬のマンションで親子三人朝食を食べ、娘を小学校へ送り出した直後、世田谷警察を名乗る四、五人の刑事が捜査令状を手に現れる。家宅捜索が行われ、アドレス帳などが押収され、久友は任意で世田谷警察署へと連れていかれた。嫌疑の元は警視庁生活課の刑事が電話で釘を刺したように、裏ビデオへの流出であった。

ヘンリー塚本は言う。

「客に渡したテープが裏ビデオとして、富山県の高岡市を中心に売られ出回っていたそうです」

その裏ビデオを地元の高岡署が入手すると、出演しているモデル嬢が若く見える。そこで販売ルートを探ると原盤を持っていた男たちが見つかり検挙。カメラを回したのが、東京で〈何でも撮ります〉という商売をしている塚越という男だということが判明。しかも警察はどういう手段を使ったのか、出演している少女が撮影時十七歳だったことまで突き止めた。ひょっとするとチハルは家出をしていて捜索願が出ていたとか、性風俗店で働いていて補導されたとか、そういう別ルートから足がついた可能性もある。

世田谷署で以上の経緯について説明を受けたのち、塚越久友は逮捕された。容疑は「児童福祉法違反」と「職業安定法違反」。後者は「不適切な職業」、つまりビデオの撮影で淫らな行為をさせたという罪だが、こちらは後に不起訴になる。

彼は「児童福祉法」にどういう認識を持っていたのだろうか。

「例えば女性の婚姻は、当時は十六歳から可能（二〇二二年に十八歳へ引き上げられた）でしたから、十七歳でビデオでセックスしてもいいだろうと思っていたとか」と訊いてみた。すると、「いや、そんなことすら頭になかった気がしますね」と答えた。

「本人が出たいと言ってるんだし、無理矢理やらせるわけではないし、付き合っている彼氏も同意して、付き添ってもいたのだからと、私はまったく無知で配慮に欠けていた」

塚本はそう忸怩《じくじ》たる思いを語るが、僕の感覚だとやはり、当時のビデオ制作者の認識はその程度だったと思う。それよりも気になるのは、なぜテープが裏に流れたのか、ということだ。それに関して彼は、「客は最初からそのつもりでいたんだと思いますね」と語る。

当時はビデオ撮影の機材は高価であり、素人が扱える民生機などなかった。ソニーの「ハンディカム（Handycam）」が録画専用で発売されのがこの三年後の一九八五年。大ヒットした「パスポートサイズ」が登場したのは一九八九年だ。つまり最初から裏ビデオを制作して売りさばくため、東京で〈何でも撮ります〉という商売をしている男に客として接近し、久友に女性モデルまで用意させ撮影に臨んだのだ。代金は払ったとはいえ、実に巧妙な手口であった。

場所は新宿の京王プラザホテルだった。本館四七階建て、南館三四階。総客室数一四五三。「新宿副都心建設計画」の元に西新宿の超高層ビル群で最初に建設され、竣工当時は世界一の超高層ホテルと呼ばれた。しかし昭和のヌードグラビア誌やビニール本撮影で、頻繁に使われたことでも一部では知られた。エレベーターがフロントから少し離れた死角にあり、宿泊客以外の者が容易に客室へと出入りできた。カメラ機材やストロボなどを持ち込むのにも容易だったため、重宝されたのだ。

客は三人だった。全員が男。年齢は四〇代から五〇代。特に高級とも言えないが、そこそこ仕立てのいいスーツを着ていた。だからごく普通のサラリーマンに見えた。彼らは台本を用意していた。「こんな感じで撮ってくれ」と。台本といっても役名や台詞があるわけではない。中年男が若い娘をナンパしたとか、あるいは愛人関係かもしれないがそのあたりのことは特に明記されず、とにかく男女が二人でホテルの部屋に入ってきてセックスするという、簡単な流れが記されていたという。しかし、これは当時の裏ビデオでは非常によくあったパターンである。

台本があるというのは、怪しいとは思いませんでしたか、と訊いてみた。

「足立区のアパートで撮った男女三人組も用意していましたしね、そういう客はいましたよ。だから特に変だとは思わなかった」

男役も監督が用意したんですか？

「いや、三人のうちの一人がチハルと絡んだ。年齢が上そうな男。リーダー格というか、態度がいちばん偉そうな感じでしたね。他の二人は見ていた」

ただ、見ていた？　それもちょっと異様じゃないですか。

「異様といえば異様ですよ。ただ私も商売ですからね、そういうことには敢えて触れないようにしていた。それに、自分の妻を別の男に抱かせてくれというような旦那は、横でジッと見ているわけですから。そういうのを経験しているし、私は撮ることに集中していたから、特に感じなかった」

二人の男は見ているだけで何も言わないんですか。

「いや、言いましたよ。「ちゃんと入ってるところを写してくれ」とか、そういう口出しはしてきた。でも炬燵を小道具にした男女三人組もそうでしたが、客は必ずそれは望むんです。私自身もそこが大切だと思っていたから、うん、この撮り方でいいんだなと納得した」

残り二人の男の役割はなんだったんでしょう？　演出というか監督というか。

「だけど、それほど口うるさくは言わないんです。（ベッドの）こっちに回って、こちらから撮ってくれとか。片方から撮ってると、反対側からも撮ってくれとか、その程度で」
なるほど。ヘンリー監督としては仕事として、プロとして、（客は）こちらのアングルも欲しいんだなとその意向を汲んだと。

「そういうことです。もちろん私も、巷で裏ビデオが話題になっていたのは知っていましたよ。でも当時、裏ビデオは暴力団の資金源だと言われていた。だからヤクザっぽい客が来たら断ろうと決めていた。でも彼らは到底そういう人種には見えなかった。そして以前お話した脱ぐと背中に刺青が入っていた親分も含め、客は誰もが真面目な人だったんです。だから疑うことは一度もなかった」

確かに、巷で噂されていたのとは裏腹に、裏ビデオ制作者にはいわゆる反社会勢力はほぼいなかった。入手した第三者が勝手にダビングして売ってしまうので、ヤクザの資金源にはならなかったからだ。ゆえにここからはあくまで想像に過ぎないが、僕が当時取材した経験からすると、チハルとセックスしたのは金主、つまりスポンサーではなかったか。というのも地方の土地持ちとか不動産屋とかの小金持ちが、裏ビデオを作って儲けることを思い付くというケースが多かったからだ。ならば残りの二人は段取りを請け負い、ダビングなどの作業や、流通・販売を担当する者たちだろう。スポンサーは好き者で、「俺が金を出すんだから俺が出る」「だから若いイイ女を探せ」と言った、そんなストーリーが想像される。

どちらにせよ、テープは裏ビデオ化された。どうやって足がついたのかはわからない。ただ、顔にモザイク加工をするなど無理な時代だ。プロ用の編集スタジオやテレビ局にさえ、そんなハイテク機材は存在しなかった。チハルの相手をした年かさの男の、面が割れるのは時間の問題だったはずだ。

しかも富山県の高岡という地方都市、人間関係は濃密だろうから、人の口に戸は立てられぬ、噂が広まったのも頷ける話である。ちなみに彼らが逮捕されたという記事は、地元の地方紙でかなり大きく報道されたそうだ。

さて世田谷署で逮捕された塚越久友は、その日のうちに高岡署へと移送された。当時は上越新幹線はない。高崎から長野へ北上し、日本海沿いを南下して高岡へと向かったのか、あるいは東海道本線で豊橋へ出て、岐阜から高山を経由して富山県へと上っていったのか、ヘンリー塚本は記憶にないという。ただ長旅だったため、途中トイレに立ったことは印象に残っている。

列車はいわゆるクロスシートと呼ばれる四人掛けの席で、進行方向に向かった窓側に久友が座り、正面に二人、隣に手錠で繋がった刑事が座った。「トイレに行きたい」と告げると隣の刑事が別の刑事から背広の上着を借り、手錠を隠した。「ああ、映画と同じだ」と思った。その段階ではあくまでも被疑者なので、人権を尊重してのことだ。しかしトイレのドアは開けたままで、刑事は久友が用を足す様子をじっと見ていた。

高岡署ではまず一〇日間留置され、取り調べを受ける。それが終わり起訴されると、拘置所に移された。三人部屋で、同室の一人は強盗予備罪、もう一人は母親殺しだった。

「二人とも地元、高岡の人間だった。強盗予備罪の男は背が高くて大柄で、温和な顔をしていた。要は犯罪者にはとても見えない。金に困って郵便局を襲おうとしたらしい。それで車の中に凶器とかガソリンとかを用意していたところを職務質問に遭ったんだね。母親殺しは、こいつも背が高くてのっぺりした顔で、ケラケラとよく笑う男でね。なぜそんな罪を犯したかというとひどく酒に酔った夜があって、それを同居の母親にたしなめられたとかで、カッとなってつい足蹴にした。そうしたらお袋さんがひっくり返って、打ち所が悪くて死んでしまった。あいつ、あの後どうなったんだろう？　傷害致死で殺人罪が逃れられていればいいけれど」

四〇年経ってもそんなふうに情をもって語るのは、三人は実に気が合ったからだという。

「それまでは落ち込んで笑うことなんてなかったけれど、でも三人部屋になった途端に色んな世間話ができるようになって、もう大笑いした。すると看守が飛んできて「うるさい！」って怒鳴られる。でもまたしゃべり始めると可笑しくて腹を抱えて笑う。するとまた看守に「さっき注意したのを忘れたのか!!」と叱られる、その連続でした」

最も馬鹿笑いしたのが「三人のうち誰が一番悪いか」という話になったときだ。

「せーのッで指差そうということになってやってみると、強盗予備罪も母親殺しも「お前だ！」と同時に私を指した。二人が言うには、罪としては「児童福祉法違反」だろうと。それが世の中にとっていちばん悪い、そうやって少女をたぶらかしたお前がいちばん悪いと。私も「確かにそうだ」と言って、また大笑いになった」

どうしてそんなに気が合ったんでしょう？

「たまたま同世代だったということもありますね。四〇代になった頃で、「そろそろ厄年だな」なんて話した記憶がある。ただ三人とも、拘置所に移されてホッとしたことが大きかったと思う。三人部屋で話もできるし、それまで食わされていたものと比べると、大げさでなくご馳走が出るのです。留置所ではコッペパンか粗末なおむすび、それに白湯だけ。お茶のときもあったけれど、もう薄くて味も香りもない。しかも冷たいアルミの皿が足元の小窓から入れられる。まるで犬の餌ですよ。留置所という場所はおそらく、そういう気分をわざと味わわすんでしょう。屈辱感というかね。犯罪を犯した者に後悔の念と、反省を促すんだろうね」

あれは辛かった、とヘンリー塚本は回想する。惨めだった。高校生までは成績優秀で優等生と言われた自分が、なぜ今ここにいるんだ、俺はこんなところまで堕ちたのか、と。未成年というものに関しての知識がなかったことにもふがいなさを感じた。無知だった、愚かだった我が身も忌まわしかった。自分で自分に腹が立った。口惜しく、許せなかった。

「それが拘置所に入るとトイレも部屋の中にあるし、食事も三食栄養のある、温かいものが出る。起床は六時だったかな。早いですよ。看守に「起きろ」と言われて、番号で呼ばれる。点呼ですね。正座して「ハイ」と返事して。その後、看守が部屋の鍵を開けて、他の部屋の者とも一緒に、皆で布団を布団部屋に持っていく。戻ってまた鍵をかけられて。その後、再度点呼。拘置所では、取り調べはほとんどないです。検事が時々、「ココがちょっとわからないから」と不明な点を聞かれるくらいで。運動も留置所ではダメだけれど、拘置所は一日一回やらせてもらう。中庭に出て、手錠も外されて歩いたり、雨の日以外は。体力が落ちないようにという配慮ですね。仲間同士自由に話したりもできる。看守はいるので、あまり大きな声でしゃべったりすると注意されますけどね」

しかしそんな一見平穏な日常も、二週間、三週間と続いていくと収容されている人間の精神は追い詰められ病んでいくという。

「結局ね、ああいうところに入れられていると、自由というものをすごく渇望するようになるんです。自由といったって、ごく些細なことです。外に出て買物をする自由、自転車に乗れる自由、外の空気を吸える自由、コンビニに入る自由、いつでも好きなときにお風呂に入れる自由。そいういった自由に対する渇望というものがどんどん噴き出て、膨らんで、それができない自分が耐えられなくなってしまう。ええ、風呂はね、一週間に三回。しかも一回十五分。看守の命令で、七、八人が全員がまとまって、「ハイ、入って」と言われ、「ハイ、十五分経った、出ろ」と、次の組となる」

そんな生活が続くうちに、彼は奇妙な妄想に囚われるようになる。

「最初は力のある人の顔が浮かぶんだね。長者町の頃の、小学校の校長先生とか。不思議だね。もう何十年も前のことなのに。そもそもその頃まだ生きていたかどうかもわからない。でも、校長先生がある日訪ねてきて、「塚越くんは優等生でした。だからもう許してやってください」と言ってくれないだろうかとか。親戚の知り合いの知り合いか何かに政治家がいたから、「この塚越というのはいい人間だから、釈放してあげなさい」と命令してくれるかもしれないとか、そういう夢想を描いた。そうしているうちに、ああ、もしここでお袋が死んだらと考えるようになった。釈放はされないだろうけど、葬式には出られるだろうと、そう思うようになった」

大正生まれの久友の母ふじは、当時既に高齢で老人ホームに入居していた。当初はその頃「痴呆症」と呼ばれていた認知症の症状が著しかったからだが、戦後の貧困と苦労がたたったのか、肉体のそこかしこに不調があらわれていた。特に心臓が悪く、入退院とホームへ戻るのを繰り返していた。そし

て——、

「不思議なことがあるものだね」とヘンリー塚本は回想する。

ある日の午後。いつものように運動の時間があり中庭で少し歩いたりした後、拘置されている部屋へ戻されたときだった。看守がやってきて、「塚越、面会だ」と言った。

「こんな遠くまで誰が訪ねてくるのだろうと」と訝りながら面会室へ入ると、アクリル板の向こうに妻が座っていた。小柄な女性だが、そのときはさらに小さく見えた。正面の席に腰を下ろすと、彼女は一度眼を伏せ、そしてゆっくりと顔を上げてから静かにこう言った。

「お母さんがね、亡くなったの」

一切の音が失われ、静寂が訪れた。気がつくと久友は嗚咽し、やがて号泣していた。心の中で「ありがとう」と呟いていた。「お母ちゃん、ありがとう」と、子どものように繰り返してた。

彼には裁判所から「拘留執行停止」という制度が適用された。これは身柄を親族などに委託するか、住居を制限することを条件に、勾留中の被疑者・被告人を一時的に釈放するものである。「病気やケガの治療を受ける必要がある」などの場合の他に、「家族の冠婚葬祭に出席するため」というケースがある。久友はこれに該当した。

勾留執行停止はまず弁護士が裁判所に申し立て、裁判所が検察官の意見を聴いたうえで、職権を発動するという流れを取る。よって結論が出るまで三日ほどかかる。妻がもう一度高岡へ迎えにきてくれて、彼は東京に戻った。しかし通夜が行われた長男・克郎の家が引っ越したばかりだったことから場所がわからず間に合わず、翌日の告別式だけに何とか参加できた。

与えられた仮釈放の猶予は一週間。それが終わったとき、今度は一人で列車に乗り高岡へと帰った。妻や親戚たちからは、母は久友が逮捕された直後に心不全で入院し、彼が留置所から拘置所へ移された頃からほぼ意識不明であったと知らされた。彼女はそんな状態の中で、人智を超えた霊的な世界を通して、息子と繋がっていたのかもしれない。

第八章

一九八四年、
ブラックパックビデオ・
ＡＶ黎明期・ビデ倫加盟。

拘留の執行停止が終わり、高岡の拘置所に戻った塚越久友は一カ月後に起訴された。裁判があり言い渡された判決は懲役一〇カ月、執行猶予三年。留置所での惨めな生活、拘置所で味わった神経症的な症状、そして母親の死。それでも彼は性を描く映像の仕事を辞めようとはしなかった。

また洋裁の仕事に戻り、真っ当な生活をしようとは考えなかったのですかと訊くと、

「考えませんね」と即答した。

どうしてでしょう、洋裁の業界が頭打ちだということはお聞きしましたが、監督も奥さんも腕のいい職人だった。お子さんも小学校に上がっていたし、ポルノを制作するというリスクを、敢えて取る必要はなかったんじゃないでしょうかとも尋ねた。だいいちもう素人相手の〈何でも撮ります〉という商売は無理だった。非合法な裏ビデオは益々勢力を伸ばしていたから、また裏に流れてしまうのは必至だった。

また、かといって時は一九八二年。アダルトビデオ（という名称はまだなかったが）は産声を上げたばかり。大きな利益を上げているメーカーもなく、そもそも「モロ見えの裏があるのに、ボカシの入ったビデオなんて誰が観るんだ」と嘲笑されていた頃だ。ゆえに「裏ビデオ」に反する言葉として「表ビデオ」などと、本末転倒の呼ばれ方をしていた。レンタルビデオ店というものもまだ存在せず、「表ビデオ」は当時「大人のオモチャ屋」と呼ばれていたアダルトショップの片隅に置かれていたに過ぎなかった時代、合法的なポルノビデオに活路を見出すことも難しかったはずだ。特に妻と久友、たった二人の零細家内制手工業である「ファミリービデオ・プロダクション」にとっては。

けれど――、ヘンリー塚本は僕のそんな問いに対して、

「いや、もう辞めようと思ったことは一度もないですね。思い浮かべたことすらなかった」と断言した。

想像するに彼は留置所と拘置所での体験を通して、「自由」というものの意味を知ったのではないか？　人は性を求める動物だ。男は女と、女は男とセックスしたいと欲する（もちろん女同士、男同士でもいいのだが）。そしてある者は自分と相手とのセックスを誰かに見せたいと思う、それで興奮する。自分の愛する女が、他の男に抱かれているのを見たいと思う、それをまた不特定多数の人々に見てもらいたいと願う、それでさらに性的な興奮を得る。

それを忌み嫌う人もいるだろう。セックスはイヤらしい、淫らだ、はしたない、少なくともそれを他人に見せる行為は反社会的だと。そう考えるのも自由だ。けれど大切なのは、人は人の欲望を抑えることは決してできないということだ。忌み嫌うのも自由だし否定することも自由だが、欲望自体は誰にも抑え込むことはできない。ゆえにポルノの映像を作りたい、これからも撮っていきたいという塚越久友の希望もまた、警察にも留置所にも拘置所にも検察にも裁判所にも、否定はできても押さえ込むことは決してできなかったのだ。

そんなとき、第一章でも記したように、彼はとある雑誌でポルノビデオを扱う問屋の、「作品募集」と謳われた広告を眼にするのだ。

「ビデオの業界誌だったと思います。ビデオ業界とは無縁だった私が、なぜそんな雑誌を手にしたのかはどうにも記憶にないのですが――」と彼は回想する。

そして皮肉なことに逮捕のきっかけとなった〈何でも撮ります〉時代の後期、客に「女房を若い男に抱かせたいから用意してくれ」「若い女の子のセックスが見たいから女も頼む」と乞われ、新聞の三行広告で男女のモデルを募集していたのがここで効いてくる。彼の元には素人客が写っていない、応募の男女モデルがセックスしている映像が数多く残されていたのだ。

「そこでボカシを入れる機材も購入して編集して、広告の出ていたアイシンビデオと日本ビデオ出版という二つの問屋に持ち込んだのです」

ヘンリー塚本本人ははっきりした記憶はないと言うが、これがおそらく一九八三年から八四年頃のことと思われる。というのも第一章で書いた、僕が初めてヘンリー塚本にインタビューした雑誌『ビデオ・ザ・ワールド』(白夜書房)が創刊したのは一九八四年の一月である(通常月刊誌は二カ月前に発売されるので、創刊号は「一九八三年十一月号」)。僕は発行元・白夜書房の下請けをする編集プロダクションにいて、創刊号の編集に関わった。当初の売りはなんといっても前章で記したように世間を騒がしていた裏ビデオであり、記事ページの巻頭は「裏ビデオ評論家」と呼ばれた奥出哲雄・高田次郎両氏が批評を執筆していた。それに対して合法的なビデオ作品はまだ極端に少なかった。前述したように「アダルトビデオ」という名称もなく、主流である裏ビデオに相対する意味で、まだ「表ビデオ」と称されていた時期だ。関東のビデオ流通問屋の最大手「アイシンビデオ」や中堅どころの「日本ビデオ出版」が、ポルノ作品を欲していたというのは実に頷ける話である。

『ビデオ・ザ・ワールド』では後にAV批評ページとして同誌の目玉になっていく「チャンネル84」(年号はその年ごとに変わる)が創刊号からスタートしている。ただしまだ批評ではなく短い紹介コラムだったので、下っ端編集者だった僕が執筆を担当した。実際に作品を観ることなく、メーカーからもらったフライヤー（チラシ）などを見て書くのだ。その際、老舗の問屋誌『ザ・ニューリリース（THE NEW RELEASE)』(日之出出版）のリリース情報（その月に発売される作品の簡単な紹介）も参考にした記憶がある。問屋誌は、その頃になってやっと街にポツポツと現れ始めたレンタルビデオ店にて無料配布されていた。無類の映画好きだった塚越久友は当然ビデオソフト化された映画を借りに通っただろうから、そこで手にして〈作品募集〉広告を眼にしたのだと思われる。

ところでなぜ作品が少なかったのか？　それは単純にポルノビデオを制作できるクリエイターが少なかったことに尽きる。黎明期には何人かのピンク映画監督がビデオ撮りのポルノを手がけたが、それらはことごとく失敗した。理由はマーケットの確立していないビデオ作品には当然映画並の予算はかけられず、画面はどうしても安っぽく陳腐にならざるをえなかった。またピンク映画の監督たちはやはりピンク映画に出演している女優を起用したが、前張りをして疑似セックスを見せる彼女たちの演技はリアルさに欠け、ビデオ画面には耐えられなかった。それは映画館の暗闇の中、大きなスクリーンで観れば色気も迫力もあったが、茶の間の蛍光灯の下、小さなブラウン管テレビに映すと何とも白々しかったのだ。そして何より前述したように、一方にヌラつく女性器に屹立したペニスが出し入れされるシーンがこれでもかと繰り返される裏ビデオがあるのだから、嘘臭い疑似セックスに到底勝ち目はなかった。

その点塚越久友が〈なんでも撮ります〉時代に経験していたのは、カップルたちの狂おしいほどの愛欲溢れるまさしく本物の性交だった。アイシンビデオと日本ビデオ出版に持ち込んだのは募集したモデルではあったが、基本的には素人女の演技のない本気のセックスである。そこに数年客の要望に応え続けた彼の撮影ノウハウが乗せられたのだから、このうえなくリアルだったことは想像に難くない。二社が「これはすごい」「全部買うから他には出さないでくれ」と言った（第一章・参照）のも充分頷ける。

こうして塚越久友の作品はいよいよ世に出ていくことになる。とはいえ極めてマイナーな形だった。二〇一四年に刊行された啓蒙的エッセイ『セックスのすすめ』（ヘンリー塚本：著　双葉社）に以下のような文章がある。

〈たちまちビデオメーカーは、「こんな生々しいビデオは見たことがない！」と言って、私の作品を数千本単位で現金買いしてくれた。

リアリティを追求すべく、私はハメ撮りにも挑戦した。

ただのハメ撮りではない。

あえて逆光で撮影して、陰影の卑猥さを出すことを心がけた。

これが大当たりした。

私はひとりで撮影、編集はおろか、営業から商品の納品までを行うも超多忙な日々となった。

もちろん大手ビデオメーカーのような資金はない。

ビデオのパッケージは撮影中に撮った一枚の写真を大量に焼き増しして、ＶＨＳテープの箱に貼りつけただけ。

背表紙のタイトルもマジックペンで手書きしていたほどだ。

これをひとりで毎回、一〇〇〇本近く作っては、紙袋につめて、東京、名古屋、大阪の問屋に納品していた。

みすぼらしい手作り感丸出しのビデオであったが、その怪しさが、逆に人々の興味を駆り立てたようで、飛ぶように売れた。〉

特に最後の一文が興味深い。

今回、数回にわたって行ったインタビューのある日、僕は一冊の雑誌を持参した。ヘンリー塚本に見てほしかった。月刊『ボディプレス（BODY Press）』（白夜書房 一九八四年十二月号）、下請けの編集プロダクションから版元である白夜書房に移籍して、初めて編集長として作ったアダルト情報誌、その創刊号である。巻頭記事は「謎のブラックパックビデオを追え！」、執筆者は当時売れっ子の風俗ライターで後にAV監督としても活躍するラッシャーみよし。「通販ビデオよりハード、裏ビデオより面白いッ」というキャッチコピーがついている。協力クレジットとして前述したライター奥手哲雄と「アイシンビデオ」の名が記してある。

『ボディプレス』は一〇万部近い売上げを誇っていた東京三世社発行の『オレンジ通信』の後発誌として企画された。同誌はヌードグラビア中心のアダルト誌の中にあって、ライター奥手哲雄の発案により、裏ビデオ、ビニール本、裏本の情報を紹介する斬新かつ画期的なものだったが、その奥出自身が「『オレンジ通信』よりも批評性を重視した雑誌を作りたい」と、『ビデオ・ザ・ワールド』編集長兼発行人の中沢慎一（現「コアマガジン」代表取締役）に持ちかけたことからスタートした。そんな中、前述した編集プロダクションを辞めて無職だった僕がかり出されたというわけだ。

奥出哲雄には、東京三世社よりサブカルチャー色の強い白夜書房のほうが、ライターとしてより取材を生かした批評性の高い文章を執筆できると考えた節がある。ただ『オレンジ通信』には既に三和出版発行の『アップル通信』という競合誌があり、こちらは一〇万部強と部数のうえでは元祖を上回る勢いがあり、『ボディプレス』は二匹目ならぬ三匹目のドジョウを狙う位置にあった。

そこで僕が考えたのは「アンダーグラウンド・メディア・マガジン」と銘打ち、裏ビデオ、ビニール本、裏本だけでなく、海外のスキンマガジン、ハードコアマガジン、自販機本（自動販売機で売られるアダルト誌）に加え、ビデ倫加盟のビデオ、通販ビデオ（これに関しては後述する）など、すべてのアダルトメディアを網羅する誌面作りにしようということだった。

その方向で創刊号の準備をしていたとき、『ボディプレス』にも主力ライターとして、スーパーバイザーとして関わってくれていた奥出哲雄からあった電話を、僕は今でもはっきり覚えている。神保町の「芳賀書店」などビニール本を扱っている書店にはビデ倫を通してない、黒いパッケージの謎めいたビデオが売られている。すべてのメディアを網羅するならそれもぜひ取り上げるべきだというアドバイスだった。そこでラッシャーみよしに取材と執筆を依頼した。協力クレジットに「アイシンビデオ」が入っているのは、神保町を取材して回ったみよしが、問屋である「アイシンビデオ」から卸されているという情報を聞き、協力を求めビデオを借りたからだろう。

ちなみに「ブラックパックビデオ」とは誌面にする際、僕がその場でつけた名称である。当時はそれらを総称する、これといった呼び名がなかったからだ。

「うん、懐かしいね、これは――」と、ヘンリー塚本は三七年前の雑誌を開いて眼を細めた。記事「謎のブラックパックビデオを追え！」には、「ブラックデビル」「レジャック84」というその後すぐに消えてしまったであろうメーカーの作品と並んで、『悪魔の快楽』『欲情の部屋』『妻よ・エロスの夜へ』『妹の性器』というビデオが紹介されている。メーカー名は「FAプロ」。つまり〈なんでも撮ります〉と謳った「ファミリービデオ・プロダクション」が、この時点でFAプロと名前を変えたことがわかる。それにしてもこの四本、後のFA作品に通じる実に異彩を放ったタイトルが眼を惹く。

「この頃はね、とにかく他メーカーと違ったことをやろう、似たようなことをやっても大手のメーカーには到底太刀打ちできない。だから東良さんのおっしゃるように、まさに異彩を放ってやろうと、それればかり考えていましたね」

FAプロというと黒いパッケージというイメージがありますが、この頃からだったんですね。

「最初はごく普通の、市販のVHSテープの白い紙製のケースだったと思います。それに写真を貼りつけて、背表紙にはタイトルを私自身がマジックペンで書いたりしていた。他に方法がなかったこともありますが、あえてマイナーな怪しげな雰囲気を出したかったという気持ちでもありました」

写真も監督が現場で撮られたんですか？

「いいえ、当初は撮影したビデオをテレビモニターに流し、それを私が一眼レフで撮影しました。そのネガを街の現像屋さん、フジカラーとかのDPE屋さんですね、ああいうところで大量に焼き増しした。けれど何しろ女性の裸や男女の絡みの写真です。しかも私がどんどん刺激的なシーンを撮るようになったので、ＤＰＥ屋さんから「公序良俗に反する」と現像を拒否されてしまった。それで浅宮さんという人を呼んで、現場でスチールを撮ってもらうようになった。それを今度はＤＰＥ屋さんではなくて印刷に回すと、そういう時代にだんだん移行していくわけです」

そのスチールを撮ってもらう方とはどうやって出会ったんですか。監督はビデオ業界やヌード雑誌の世界では門外漢で誰も知り合いはいなかったんですよね。

「実はあの頃、撮影会というものもやっていたんです、ヌード撮影会ですね。逮捕拘留された直後のことだったと思います。募集した女性モデルさんと何度も仕事をしているうちに彼女たちも仕事が欲しい、私もアイシンビデオなど問屋さんに作品を卸す前ですから、食べていくために何とかしなければと思っていた。カメラ雑誌を見ると撮影会の広告が載ってるんです。そこで私も企画してみた。すると二〇人、三〇人とけっこう人が集まってくれました。アマチュアカメラマンの人にとってヌードを撮れる機会はなかなかないですからね。皆さん、そこそこの会費を払って参加してくれるんです」

ではその浅宮さんもアマチュアカメラマンだったわけですね。

「そうです。常連でまだ若く独身でしたし、とてもいい人で私とは気があったのでお願いした。彼とはその後長い付き合いになります。何しろ私自身が素人でしたし、知り合いもいない。だからそうやってひとつひとつ壁にぶち当たるたびに工夫したり、ツテを頼って誰かに何かをお願いしたりという繰り返しでしたね。黒いパッケージにしたのも確かその頃です。当時の大手メーカーさんのパッケージというのは綺麗で可愛らしいお嬢さんがニッコリ笑っているものが多かった。そこで敢えて目立たせるために、陰湿なものを目指したんです。ショップとかで眼にした人に「なんだかイヤらしそうだ」「怪しげで淫靡だ」と思ってほしかった。そういうイメージのもので出発したかった。ならばパッケージは黒、タイトルは白一色、そこに写真を貼るだけ。それで他の作品と際立たせたかった」

『ボディプレス』が創刊を迎えようとした年、そしてFAプロが『悪魔の快楽』『妻よ・エロスの夜へ』等をリリースした一九八四年は、アダルトビデオにとってエポックメイキングな年だった。まずは同年一月、宇宙企画より『ミス本番・裕美子19歳』という作品が発売され大ヒットを記録する。内容的には都内の女子短大仏文科一年生と称される（実際には違うのだが）田所裕美子という十九歳の少女が同世代の彼氏とセックスするというシンプルなものだったが、これによって現在まで至るAVの王道フォーマットが決まってしまったと言って過言ではない。いわゆる「美少女本番路線」、わかりやすく言えば「えっ、こんな可愛い娘が本当にセックスしちゃうの？」というヤツだ。

なぜかというと現在ではにわかに信じがたいことだが、当時の和製ポルノに於いて「本番」とは、「SM」や「スカトロ」以上にキワモノであり過激なテーマだったからだ。それまで日本で合法的に（非合法裏ビデオは除いて）本番を演じたのは映画『愛のコリーダ』（一九七六年 監督：大島渚）の松田暎子と『白日夢』（一九八一年 監督：武智鉄二）の愛染恭子のみ。松田はその後数本の映画に端役で出演後シーンから姿を消し、愛染は「本番女優」というスキャンダラスなだけの異名で有名になり、変装なしには街を歩けず怪しい男が自宅に押し寄せるなどしたこともあり、一九八四年五月の『愛染恭子 ザ・サバイバル』（アテナ映像 監督：代々木忠）まで本番を封印することになる。

ともあれ『ミス本番・裕美子19歳』によって宇宙企画は八〇年代には不動の人気AVメーカーとなり、「ミス本番シリーズ」からは吉沢有希子（早見瞳）をはじめ人気アイドルが次々と登場。KUKIも『えり子の本番』（中川えり子）『和子の本番』（香坂和子）と類似シリーズをリリース。他社も次々と「美少女本番路線」を追随していく。

バッケージも『ミス本番・裕美子19歳』の路線が多くのメーカーに踏襲され、清楚なアイドル風の写真に、色使いは淡いピンクやライトグリーンといったパステルカラーを多用した、女の子っぽいお洒落で可愛らしいものが主流になる。そんな中で黒いケースにDPEショップで焼き増しした写真を貼りつけだけというFAプロの怪しげで淫靡なスタイルは、まさに異端中の異端であった。塚越久友の思惑は、見事に的中したわけである。

四〇年近い時を経てわかった。先に書いた「ブラックパックビデオ」の始祖はFAプロであり、他の零細メーカーがその路線に追随したことで確立されたカテゴリーだったのだ。

翌一九八五年、そんな異端のFAプロに、大きな転換点となる出来事が起きる。第一章でも記した、取引先のアイシンビデオから突然「ビデ倫に加入してくれなければ取引きできない」と言い渡されるという事案である。

『ボディプレス』一九八五年四月号には「サラバ通販ビデオ!」という記事が掲載されている。執筆者は後に素人セックス投稿誌『投稿ニャン2倶楽部』の編集長になる夏岡彰。「通販ビデオ」とは主にSM雑誌に広告を出し、通信販売で購入するアダルトビデオのことで、老舗のSMメーカー「アートビデオ」や「シネマジック」がその販売形態を持っていた。ところが同年二月十三日の「新風営法」(正式には「風俗営業等の規制及び業務の適正化等に関する法律」の大幅改正)に伴い、警視庁より「ビデ倫の認可を受けていないポルノビデオはすべて『裏ビデオ』と見なす」という通達がなされたのだ。これによって「アートビデオ」「シネマジック」はビデ倫に加入したが、夏岡の記事は同時にかつての過激なSMプレイ描写が失われることを危惧し嘆く内容だった。確かに上記二社以外の通販ビデオメーカーは多くが姿を消し、前述のブラックパックビデオも勢いを失う。しかし塚越久友だけは、敢えてこれを好機と捉えた。

「あの頃、この世界で成功するためにはどうしたらいいかと常に考えていました。ならばやはり審査を通ったものを作るほうが販路は広がるのではないか? 私はマイナーな存在であることを愛していましたけれど、でもいつまでもアングラ的なところにいたのでは、商売というものは伸びない。それは洋裁をやっていた時代、下請けという存在の限界を思い知らされましたからね。ですから審査機関を通そうと即座に決めて、ビデ倫に行って相談したんですよ。するといちばん簡単なのはドラマ性のあるものを撮ること、それが我々も審査しやすいという返事をもらったんです」

ビデ倫こと正式名称「日本ビデオ倫理協会」は元々、東映ビデオ、日活、日本ビコッテ(主に洋画系ポルノの輸入販売をしていた)の三社が、映倫管理委員会(映倫)の審査基準を準用して作品の自主審査を行う団体として発足した(初期の名称は「成人ビデオ倫理自主規制懇談会」。一九七七年に名称変更)。ゆえにアダルトビデオ黎明期には、ストーリー性のある劇映画的なポルノビデオを推奨していた。前述の『ミス本番・裕美子19歳』(宇宙企画)には特に物語性はなく、ヒロインの裕美子が雨の代々木公園を散策したり渋谷の街中にて電話ボックスで恋人に電話をするといったイメージシーンで構成されていたが、ビデ倫からは「この場面にどんな意味があるんだ?」とクレームが付いたという逸話がある。

「そこで初めてドラマを作ろうと決めたのです。台本を書いて、劇映画的なポルノを作ってみようと。最初に何を撮ったのかは覚えてないんです。おそらく上手く行かなかったのではないでしょうか。ただ、そのときから「感動」ということを考えていたのは覚えています。ポルノであっても人に感動を与えられるものを作りたいと。ええ、そうですね、映画が好きで、自分が映画からたくさんの感動を与えてもらった。その影響はあったと思います。もちろん言うは易《やす》しでそう簡単にはいきませんでしたが」

ただ、時代は彼にひとつのきっかけを与える。

「ちょうどその年がベトナム戦争終結一〇周年ということでした。アメリカで様々なイベントが催されたり、改めて反戦を訴えるデモ行進があったというニュースが聞こえてきました。今思えば駆け出しの新人ポルノ監督がおこがましいんですが、私も終結一〇周年記念という作品を作ってみたいと思った。ベトナム戦争は私の青春時代でした。私自身は洋裁で食っていくのに必死で何か行動を起こすなんてことはありませんでしたが、日本でも反戦デモがあって、同世代の若者が死んだこともあった。そういった息苦しい空気は、否応なく肌で感じていました。ベトナム戦争をテーマにした映画もたくさんありましたね」

マイケル・チミノの『ディア・ハンター』(一九七八年)、フランシス・フォード・コッポラの『地獄の黙示録』(一九七八年)、帰還兵のトラウマと悲劇を描いたものならマーティン・スコセッシの『タクシードライバー』(一九七六年)、ハル・アシュビーの『帰郷』(一九七八年)、時代背景は違うが明らかにベトナム反戦を訴えたものにはロバート・アルトマンの『M★A★S★H マッシュ』(一九七〇年)、ダルトン・トランボの『ジョニーは戦場へ行った』(一九七一年)、そして久友が青春時代に愛した『おもいでの夏』もそうだろう。

ベトナム戦争は一九六四年八月のトンキン湾事件で始まり、一九七五年四月三〇日のサイゴン陥落で終わる。つまりベトナム戦争終結一〇周年は、AVに於けるエポックメイキングな年、一九八五年なのだ。

「撮影会に来てくれるアマチュアカメラマンの中に、サバイバルゲームをやってる人がいたんです。チームを組んで迷彩服を着て、毎週千葉の山奥でソフトエアガンを撃ち合うゲームを楽しんでいるという。何気なく話してみたらぜひ協力させてくれと言った。メンバーは三〇名くらいいて、米軍のM16自動小銃モデルガンに手榴弾から靴、衣装、装備はすべてを用意できると。それはもう渡りに船でしてね、ぜひお願いしますと言って台本を書いていたら、サバイバルチームの人の誰かから情報が伝わったんでしょう、新潮社の『FOCUS』に情報が入ったらしく、撮影現場を取材させてくれと連絡があった。以前の『平凡パンチ』の件がありましたから、これは恥ずかしくないものを作らなければと力が入りました」

それが以前うかがった『凌辱戦線』という作品(第一章・参照)なんですね。

「そうです。カンボジア戦線のクメール・ルージュ（カンボジアの極左過激派武装集団）をテーマにしようと考えた。あの有名な黒い中国服のような軍服に身を包んだ、そんな数人の兵士が戦場で女性をレイプする。旧ソ連製カラシニコフのモデルガンも借りました。でもそれだけでは作品にならない。そこで何か、スイッチが入るように私の中で何かが変わったのです」

こうして塚越久友は、ヘンリー塚本になっていく。

第九章

八〇年代から九〇年代へ・
バブル景気の終焉・
心に残るＡＶの始まり。

後に『陵辱戦線』と名づけられるその作品が、彼の分岐点となる。

「火薬や煙幕を用意しました。大砲が被弾するシーンでは土に一〇〇本くらい爆竹を埋めました。導火線を繋いで軽く土を被せて、灰やたき火の燃えかすを乗せる。それをアップで、スローで撮るとまさに大砲で炸裂したように見える。兵士が機関銃を撃たれるシーンでは軍服を濡らすんです。そこに爆竹を仕込んでおくと煙が出てリアルに見える。同時に血糊も仕込んでおくと、破裂したときに血が噴き出す」

アイデアは次々と溢れ出た。特に撮影技法を調べたわけではない。それまで映画館で数多くの戦争映画を観てきた。それによって脳内に蓄積された大量の記憶がデータベースとなって、彼を突き動かしたのだ。

「でもそれだけでは作品にならない。もっと面白い表現はないか？　そこで考えたのが鶏を一匹用意した。クメール・ルージュが昼飯を食うために、鶏をとっ捕まえてその首を切って、毛をむしって焼いて食うというシーンを入れる、そういうストーリーにした。飢えた彼らの残虐性を表現しようと思った」

ナタで鶏の首を切るシーンはもちろんNGは出せない。失敗は決して許されないというプレッシャーに襲われる。しかし撮りながら彼は高揚していた。他人から見ればマイナーなポルノビデオだろう、しかし映画的興奮を味わっていた。戦場では女性がレイプされる。そんな輪姦シーンも撮った。女性兵士が銃殺される場面もあった。

「メインになる絡みをやる男優はいつもの青山学院の学生・泉沢くん。ボクシングのレフェリーの星さんはいなかったな。別の若い男の子だったはず。女優さんはよく出てくれていた人が二名。加えてサバイバルチームの人を五、六人。ひとり黒人の若者がいたんです。彼がいてくれて迫力が出た。ただしキリスト教徒だから、レイプシーンだけは勘弁してくれと言ったのが思い出深い。お金もかけました。赤字覚悟でしたけど発売の翌週『FOCUS』に載って、その作品をきっかけにアイシンビデオ以外の問屋さんも仕入れてくれるようになった。本数もいって売り上げも伸びて、そこから資金がけっこう貯まって、次の撮影資金も貯まっていったし、幸運に恵まれましたね。私は思うのですが、人生は運が三割ではないか。もっとかもしれない。努力とアイデアはもちろん必要ですが、運に恵まれて初めて成就する」

そして――、

「サバイバルチームの人たちが英語と日本語の混合の名を名乗ってたんです。上がカタカナ、名字が漢字ですね。ボブ内村とかマイケル長井とか。そこでふと自分もヘンリーと呟いてみたら、これはいいなと思ったんです。ヘンリーに意味はありません。不意に口を突いて出た。語呂がよかったんでしょう。本名の塚越は一文字変えて塚本にしてみた。前々から当たり前の監督名ではだめだと思っていた。黒いパッケージの怪しげなメーカーです。ヘンリー塚本も人によっては奇妙で怪しげな名前に思うかもしれない。でもそのぶん一度聞いたら忘れない、人の心に残る監督名かもしれない」

いよいよヘンリー塚本はここから彼本来の、唯一無比、独創的なポルノビデオ作りに突き進んでいく。しかしその道のりは決して平坦ではなかったどころか、困難の連続だった。

「〈なんでも撮ります〉時代が数年あったとはいえ、洋裁の仕事だけをしてきたズブの素人です。それがいきなり劇映画的なドラマを撮ろうというのだからそもそも無茶な話です。プロの監督の助手に就いたわけでもない、映画学校で学んだ経験もない。しかも現場は私ひとりですから、往き帰りの運転から、撮影していて何か小道具が必要になれば駆けずり回るし、バッテリーが切れれば車まで取りに行く、女優男優の食事も私が用意する。とにかく何から何まで自分でやりました」

前章で書いたスチールカメラを担当する淺宮氏は当然同行したが、彼には写真撮影以外はやらせなかった。「私は何から何まで自分でやりたいたちなんです」とヘンリー塚本は言うが、とにかく彼には撮りたいストーリー、シーンがあり、その気持ちが身体中に溢れ、誰かに指示してやらせるということがまどろっこしかったのではないか。

「そうですね、頭の中には常に撮りたいものがはっきりあった。ときにはそれが充満して爆発しそうなほどだった。だから転んだり泥だらけになったりしながら必死にカメラを回した。ところが何しろ素人ですから、気持ちばかりが先走って空回りばかりでした。いちばんは技術がついてこない。撮ったものが後から観たら全然録画されてなくて、戦闘シーンでしたけど、男優たちに謝ったこともありました。電話して、申し訳ない、全部写ってなかったんだよ、ギャラは払うからもう一度撮らせてくれないかと。でも言われたほうはギャラの問題じゃない、あんなに苦労して一日中汗だくになって演技したのに全部パァーなのかよと。怒った男優もいましたよ。それでも頭を下げて、何とか頼むよとお願いして撮らせてもらった」

撮影場所も常軌を逸していた。一般的にAVの撮影といえばホテルや小綺麗なハウススタジオだが、ヘンリー塚本組は荒れ果てた造成地や河川敷だった。トイレも、衣装に着替える場所すらない。行政や個人の私有地だったかもしれないが、すべて許可などは取らないゲリラ撮影である。

「ロケ場所は当時私が桜新町（世田谷区）に住んでいたこともあって、多摩川の河川敷をよく使いましたね。多摩川を渡って、川崎や横浜の山の中でレイプシーンを撮ることもありました。男優ですか？当初は募集の泉沢くんとかでしたけど、その後は色々とツテを辿って、問屋で他社の監督に会ったときだったか、そんなに困ってるならとピンク映画の関係者を紹介してもらったりもしましたね」

そうやってヘンリー塚本組の常連になっていったのがピンク映画の演技派、池島ゆたか、山本竜二、ジミー土田（故人）。やはりピンク映画の二枚目スターから人気AV男優に転身していた速水健二。「新宿コマ劇場」などで舞台の切られ役をやっていた倉岡恭平。AV黎明期から活躍していた日比野達郎、マグナム北斗、伝説の男優と呼ばれた太賀麻郎、等々。

誰もが当初は戸惑った。何しろ普通であれば絡み（セックスシーン）の前には女優も男優もシャワーを浴び、助監督がガウンなどを用意してくれるものだが、ヘンリー組にそんなものは一切ない。爆竹が破裂する造成地をモデルガンを抱えて疾走する、迷彩服の裏側に弾着を仕込んで爆発させる。山中で行われるレイプ作品では逃げ惑う女を追いかけ、地べたに引きずり倒してレイプする。女のほうもただ犯されるわけではない。その場にあった棍棒を拾い上げ、握りしめて男と戦う。もみ合い掴み合い、地面からは砂埃が舞い上がる。男は飛びかかる、女は抵抗する、逃げる、追いかける。女優も男優も汗まみれの泥だらけだ。しかもそれを監督と称する中年男がたった一人、一切のスタッフ無しで一心不乱にカメラを回し続けているのだ。まさに狂気の世界である。誰もが思った。何なんだこの男は、アタマがおかしいんじゃないか、と。

　失敗ばかりの素人監督をあからさまにバカにする者もいた、やってられないぜと怒り出す者、俺たちはセックスするために来たんだぜ、戦争ごっこや泥だらけになって女を引きずり倒すためじゃないぜと不満を漏らす者もいた。しかしその狂気は、やがてじわじわと男優たちに伝染し始める。爆竹を仕掛けられた造成地を自動小銃を抱えて疾走すれば脳内に大量のアドレナリンが噴出し、簡単に犯されようとはせず殴り返し、引っ掻き、蹴飛ばしてくる女優たちとはなぜか連帯感という名の不思議な絆が生まれた。埃まみれ泥まみれで撮影が終わってもシャワーすら浴びられなくとも、バケツの水で顔を洗って平然と帰途に就くようになった。太賀麻郎は迷彩服の裏側に仕込んでおいた火薬が暴発してもかまわず芝居を続けたというし、山本竜二はヘンリー塚本から『陵辱戦線』の鶏殺しの話を聞き、自らも河原で一匹の鶏を獣姦して虐殺する猟奇的なレイプ魔を演じた（『連続婦女暴行魔　水島竜二の犯罪』一九八八年）。

「とにかく失敗ばかりで恥のかき放題でした。だけどそういう時代を経過して、色んなことを学んでいったのだと思います。カメラの使い方を覚え、演出と言ったらおこがましいですが役者の動かし方を考えた。決して時間をかけて勉強したわけではなく、一作一作と作るごとに失敗を繰り返した。だけどそうやっていけば作品は少しずつですが売れていくし、作れば利益も出てくる。次が作れる。その繰り返しでした」

　そうやってヘンリー塚本は毎回必死になってカメラを回し河川敷や造成地を駆け回り、やがて疲労困憊して帰りの運転が危うくなったことでアルバイトを雇い、たった一人の監督時代を終えていく。

業界に知り合いのいない彼は、長兄・克郎の息子がちょうど成人したので手伝いを頼むこともあった。またピンク映画で数多く現場を踏んでいた男優ジミー土田は、ある期間照明マンを兼任していた。それでも現場は監督兼ビデオカメラ・ヘンリー塚本、照明・ジミー土田、スチールカメラに淺宮氏、それに運転手兼雑用係が付くかどうか、たったそれだけの撮影隊だ。

これが八〇年代の終わりのことである。今考えればやはりそれは異様な光景であったと思う。バブル景気の真っ盛り、街では若い女たちがボディコンシャスに身を包んでディスコで踊り、男たちは行き過ぎるタクシーを止めるため、一万円札を振り立て見せつけていた。そんな頃に多摩川の河川敷や横浜の山中で、戦場ポルノやレイプ作品が撮影されていたのだ。

ＡＶ業界では一九九〇年に村西とおる率いるダイヤモンド映像が、社屋を目黒区青葉台の豪華億ションから渋谷区代々木上原の瀟洒《しょうしゃ》な戸建ての洋館に移し、近隣には撮影スタジオに加え桜樹ルイ、松坂季実子ら一〇数名の専属女優たちが暮らすマンションが用意された。続けて衛星放送でアダルトビデオを流す関連会社、ダイヤモンド衛星通信を設立。この時期ダイヤモンド映像の年商は一〇〇億円を超えたと言われ、同社は通信用に二三億のヘリポート付き大型クルーザーを購入。村西個人も最高級クラスのメルセデスベンツを二台所有するなど栄華を極めた。

しかし絶頂を極めたとき既に転落は始まっていた。九〇年のバブル崩壊をきっかけに九一年頃からは専属女優へのギャランティや関連レーベル監督たちへの制作費が滞る。放漫経営や新規の衛星放送事業への過剰な投資に加え、内部からの海賊版流出が原因だった。翌九二年にダイヤモンド映像は実質的な制作機能を失い、半年後に事実上消滅する。

他にもAVライターの草分けでアイシンビデオ系列のWAKO、クリスタル映像のゼネラルプロデューサーを務めた奥出哲雄が満を持して起業した新進メーカーのアロックスも、北原なあせ、仁科ひとみ、五十嵐こずえとアイドル系AV女優を次々とデビューさせて注目を集めたものの、一九九二年ダイヤモンド映像の後を追うように倒産。また前章で記した『ミス本番・裕美子19歳』（一九八四年）に始まり、秋元ともみ、早川愛美、かわいさとみ、小森愛など、「宇宙少女」と呼ばれた美少女アイドル女優の作品を数多くリリースし八〇年代のAVを象徴した宇宙企画も、極端な売上げダウンと共に、九〇年には企業規模を大幅に縮小させた。


ではその間、ヘンリー塚本とFA映像出版プロダクトはどのように歩みを進めていたのだろう？第一章で記したように、僕が初めてヘンリー塚本と会った一九九四年には、FAプロは世田谷区駒沢の真新しいビルに三フロアを所有する中堅AVメーカーに成長していた。

「私はいつも思うのですが、常に後ろを顧みずに猪突猛進というか、撮影すること、編集して作品に仕上げることばかりを必死に考えていたように感じます。ただあれは九〇年代に入った頃でしょうか、若い社員も二人、三人と増えて、駒沢のビルに社屋を借りた頃だったと思います。社員の一人が「社長、僕の近所のレンタル屋に〈ヘンリー塚本コーナー〉ができましたよ」と言ったのです。私は自分がアダルトビデオ業界で知られているとか、ましてや自分の名前の棚があるなんてとても信じられなかった。だから物好きと言ったら失礼だけど、好きでいてくれる店主さんがいるんだなあくらいしか思わなかった。けれどその後も別の社員から「ウチの近所のレンタル店にも〈ヘンリー塚本コーナー〉がありましたよ」とか、「あちこちに〈FAプロコーナー〉ができてるみたいですよ」と聞くようになった。でもまあ、ありがたいけれどそれもせいぜい四、五軒のことだろうと聞き流していた」

しかしFAプロとヘンリー塚本の存在は、本人がまったく気づかないうちに深く静かに広まっていた。

「ところがある日〈ベルプランズ〉という九州の問屋さんが、わざわざ駒沢のビルまで訪ねてきてくれたんです。社長さんと専務さんが私に会いに来た。何の話だろうと思っていたら、ベルプランズが提携している全国の店舗に、私の作品を置きたいと考えているという」

「ベルプランズ株式会社」は北九州市小倉に本社を置き、九州と山陽地方を中心に業績を伸ばしていた大手のレンタルビデオ問屋である。九〇年代に入ってすぐ大阪にも提携店舗を増やし、その後東京にも進出した。社長と専務が直々に訪ねてきたのは、FAプロが果たしてどういうメーカーなのか、ヘンリー塚本とはいったい何者なのかを確かめるためだった。

彼らは東京にあるFAプロという小さな会社の作品が最近人気らしいという情報を得た。そこで当時ヘンリー塚本が手がけていた『結婚式』というシリーズの一本を観てみると、わざわざ式場を借り切って本格的なドラマを作っていた。

「こんなちっぽけな名もないメーカーがなぜ？　そんなふうに思ったんじゃないでしょうか」と塚本は回想する。「いったいどんな会社なのか、何人くらいでやってるのか、確認しにきたんだね。社員が増えたといっても当時はせいぜい四人くらいでしたか。それに加えて社長の私と経理をやっていた妻だけです。けれど私と話をして、信用してくれたんだと思う。この会社だったら〈ヘンリー塚本コーナー〉を作ってもいいと思ったらしい。それで全国に展開した」

それでもヘンリー塚本本人はまだ、「なぜ？」と不思議に思うばかりだったという。

「それで社員に頼んで、ある店舗に連れて行ってもらったんだね。考えてみれば映画を借りにレンタル店に行くことはあったけれど、アダルトのコーナーに入ったことはなかった。ああいう場所にはメジャーなメーカーの、若い綺麗な女優さんの作品だけが並んでいるとばかり思っていた。すると確かに暖簾を入ってすぐ、目立つところには女優の名前ごとにパッケージが並んではいるんだけれど、特にメーカーごとのコーナーはないんですね。ところが奥のほうの一角に、ＦＡプロの〈ヘンリー塚本作品コーナー〉だけがある。ずらりと作品が並んでいた。それを見て本当にびっくりした。そうか、こんなにもこんなに俺の名前と俺の作品を知ってくれてるんだと。それで初めて、本当に全国展開されたんだなと実感した。これはもう手は抜けないなと思った。もちろんそれまでも真面目に必死に作ってはいたんだけれど、改めて事の大きさに気づいたんですね。そこでパッケージもそれまでは私自身がデザインしていたのを、専門のデザイナーに発注するようになった。黒を基調にするのはそのままで、もっと見栄えがよくて、ＦＡプロの個性を強く打ち出すようにした」

これが一九九二年頃のことだ。九〇年前後を境に、なぜメジャーなＡＶメーカーが次々と倒産もしくは事業を縮小せざるを得なくなり、一方でヘンリー塚本とＦＡプロが注目されるようになったのか？

アダルトビデオとは元々、その存在からして虚飾が入り込みやすいメディアであった。レンタルビデオの商品として始まったＡＶは、一本のテープを少なくとも数十人の客でシェアするというスタイルから、原価一〇〇円ほどのＶＨＳテープに一万四〇〇〇円前後という破格の値段が設定された。バブルの時期、これはもう札を刷っているような状態だった。

また毎月あまりに膨大な数の新作がリリースされるため、商品を仕入れる問屋は中身を見ることなくパッケージのみで判断していた。ゆえに写真写りのいい美少女系ＡＶ女優の作品ばかりがもてはやされる結果となった。同時にたとえパッケージに「本番」と謳ってあっても、本編では男女の結合部は現在よりも大きく濃いモザイクで隠されていた。セックスシーンのクライマックスに男優が女優の顔に精液を浴びせかける「顔面発射」という手法があったが、これも多くの場合は疑似精液が使われた。スタッフが卵白やヨーグルトなどを混ぜてそれらしいものを作り、男優が腰のあたりに構えたスポイトで巧みに吹き出すのだ。

ＡＶというものの認知度が現在より遙かに低かったため、女優の勧誘にも虚偽・虚飾が大いに多用された。本当はビデオの前で裸になんかなりたくない、本音ではそう思っている女の子たちに、モデル事務所やスカウトマンたちは「お金がたくさんもらえるよ」「ＡＶで有名になればテレビに出られるよ」「女優へのワンステップだよ」と言いくるめたし、それによって「だから本当にセックスしなくていいんだよ」「モザイクで隠れるから」という名目で撮影される、気のない疑似性交が多用された。そこにスタッフが卵白やヨーグルトなどを混ぜて作った、それらしいものを美しくメイクの施された顔に浴びせかけられるクライマックスシーンが演出されるのだ。

このように、中味のないステレオタイプなAVのスタイルが確立され量産されていった。それでも、バブル期までのAVは売れに売れていたのだ。なぜか？　エロスや性への欲望というものは、しょせん人間の持つ幻想や妄想に過ぎないからだ。それらに確固たる根拠は何もない。だから曖昧な情報や噂はもちろん、世の中に何となく漂う雰囲気にさえ簡単に左右される。最近アダルトビデオというものが流行ってるらしい、どうやらとてつもなく猥褻らしい、若くて可愛い女の子が信じられないくらいエッチなことをしてるらしいと聞けば、それが正しい情報であろうがなかろうが、お金を出して借りてみたいと思う。

借りてみて「まあ、こんなものか」と例え多くの人が落胆したとしても、利益率が高くマーケットが大きければそれで充分過ぎるほどの収益になる。しかもポルノグラフィとは基本的に非日常的なものだから、大抵の人にとってはそれなりに刺激的だ。ヘンリー塚本の言葉を借りれば「感動的」でなくとも「人の心に残る」ものでなくとも、一回くらいはマスターベーションの使用には耐えられるかもしれない。それで幻想や妄想は消えることはない。「次は本当にエロいAVに当たるかもしれない」という新たな妄想が膨らむだけだ。しかも日本がまだ金持ちだった時代、一本一泊五〇〇円前後（当時）という価格は「まあ、こんなものか」という落胆と「次はエロいAVに当たるかも」という期待を繋ぐには、実に好都合だった。

人間の持つ幻想や妄想には何の根拠もないと先に書いた。けれど根拠のないぶんだけ際限《さいげん》なく膨らむ。そうやって売れに売れていったのがバブル期のAVだった。しかし当然のことながら、根拠のないものはある日突然、今度は何の根拠もなくしぼんでしまう。八〇年代後半の日本では、誰もが神経症的に金とセックスを求めた。女にモテない男、セックスできない男はまるで生きていく価値がないように追い立てられていたし、女たちは「アッシー」「メッシー」という醜悪な言葉に集約されたように、金と男と快楽を求めていた。

しかしある日、あれほどまでに切羽詰まっていた欲望は突然霧散する。バブルが弾けお祭り気分が終わり経済が衰退してしまうと、「まあ、あんなものは特に必要なかったのだ」とあっさり熱は冷めてしまった。「ベルプランズ」のような地方都市を地盤にしていた問屋は、そんな特に首都圏で顕著だったお祭り騒ぎを、遠くから冷めた眼で眺めていたのだろう。狂乱と熱の冷め方、バブル景気の終焉と購買意欲の衰退を冷静に見つめていたはずだ。だから九〇年代になって彼らはもっと実体のある、確かな作品を求めたのだ。

なぜなら、それでもAVは死に絶えず残ったからだ。序章で述べたように、深夜の小さなレンタルショップの暖簾の向こう側には、一本一本VHSのパッケージを手に取り、裏表を丁寧に見て、その夜借りて持ち帰るビデオを求め続ける観客たちがいた。幻想が消え去って尚、彼らは何を求めていたのだろう?　それはポルノであってもAVであっても、単に一時的に、排泄するように欲望を発散させるためでなく、心まで届く映像ではなかったか。自分の住む世界にどこか違和感を感じ、日中仕事の場では疎外感を味わっている者たちが、深夜にそっとその身を癒やしてくれる、そんなAVを探していた。

ベルプランズもまたそんなAVを探していたのだろう。彼らは確かな商品を求めていた。手に取って確かめられるようなもの、ポルノであってもAVであっても観客の心に残るもの、「ああ、観てよかった」「この監督の作るものをまた観てみたい」と願えるような作品を求めていたのだ。だからわざわざ北九州から東京まで、経営者とナンバーツーが足を運んだのだ。いったいどんな会社が、どんな人物が作っているのか？　見栄えのいいパッケージや、「本番」「顔面発射」といった消費者を扇動する派手なキャッチコピーではなく、実体の伴ったAVを求めていたのだ。

第十章

九〇年代・セックスというものが持つ奥深いドラマ・レイプの深層。

ではFAプロのAVはいったい何が、どこが他メーカーと違っていたのだろう？　ヘンリー塚本自身はこう語る。

「正直なところわかりません。私は他社さんの作品をちゃんと観たこともありませんしね。ただ、これはもう少し後のことになりますが、会社が少しずつ大きくなってきた頃から、若い社員に絡み（セックスシーンのこと）を撮らせてみたことが何度かありました。私の作品の中に別の視点を入れ込めば変化がつくと思ったし、そこから独り立ちして監督になってくれる者もいるだろうと考えたからです。ところが、これがどうにも軽いんですね。性が描けてない、そこには人間が写っていない、深みがないんです。女性が喘いでいるところを撮ればいいんだろうとか、女性の豊満な乳房を撮ればエロになるんだろうというような、実に軽々しい撮り手の意図が見えてしまう。そうやって出来上がったものは、単に男女がヤッてるだけのビデオなのです。そんなのもでは誰も興奮しないし、ましてや人の心に届くものにはなりませんね」

女の裸を撮ればエロになるのか、男女のセックスを写せばポルノになるのか？　それはAV黎明期の才能ある監督たちが直面した、最も重要な命題だった。なぜなら第六章で記したように、日本のVTR撮りポルノは非合法な裏ビデオが先行した。ヌラつくヴァギナに屹立したペニスが出し入れされるアップがこれでもかと多用される裏ビデオに対し、まだモザイク消しという技術もなく、大きくて味気ないボカシを入れなければならなかったアダルトビデオが、どうすれば真に迫るポルノたりえるかが課題だったのだ。

ゆえにアダルトビデオの創始者と言っていい代々木忠は女性の精神性に注目し、催眠術やチャネリング（男女が言語を介さず高次元の霊的意識で交流する）といった方法論を生み出したし、美少女AVの第一人者・さいとうまことは、センチメンタルな叙情性で少女の持つ不確かさを表現した。高槻彰のように社会派のドキュメンタリーで性を描いた作家もいたし、豊田薫は寺山修司に影響された前衛的なドラマの中に、ブリーフ越しのフェラチオという女優が男優の下着の上からペニスを舐め、モザイク無しで女の猥褻な舌使いを表現するなど、独自の手法でエロスを表現した。

彼らが頭角を現したのは八〇年代初めから半ばにかけてだが、それに少し遅れて九〇年代から注目を浴び始めたヘンリー塚本の場合はどうだったのか。

「それはやはり、〈なんでも撮ります〉時代だったと思います」と塚本は思いを巡らす。

「あれが私の原点でした。足立区のアパートで撮った三人組がそうでしたが、男はもちろん女性もほどんど声を出すことがなかった。本物のセックスとは、AV女優がこれ見よがしにアンアン喘ぐようなものとは一八〇度違うんです。一見派手さはない。しかしそこには匂い立つものがある。いや、実際に濃厚な匂いが立ちこめる。部屋中に充満します。私はそれを撮るべきだと思った。なぜなら彼らはそうやって自分たちがセックスしているところをビデオに撮って、後から観て楽しみたいんです。ならば、ずっと同じカメラ位置で撮っても彼らを心から喜ばせられないと思うから、その場で即座に判断して、計算しながらアングルを変える、アップでグッと寄る、ときに引いた画を入れ込んで変化をつける。それが、やがてAVの世界に入ったとき役に立った。私はあの生々しさ、匂い立つ猥褻を求めて撮り続けていたのだと思う」

さらにこの想いが、彼がまるで口癖のように言う「人の心に残る作品」へと繋がっていく。

「こんなこともありました。やはり〈なんでも撮ります〉時代の話です。あれは新宿のワシントンホテルだったか、お客に呼ばれてシティホテルの一室に出向いたことがあります。すると五〇代とおぼしき男性と、二〇代後半くらいの女性がいる。男のほうが自分の愛人だと紹介したけれど、どうにも雰囲気が妙なんです。それまで撮ってきた中年男と若い不倫相手という感じじゃない。しかもふと気づくと、顔が似てるんです。これはひょっとしてと思った。本当の父娘ではないか。もちろんそんなことは口に出さずに撮り始めましたが、やはりカメラを回していて感じざるを得ない。そこには深いドラマがあるんです。セックスというものが持つ奥深いドラマです。許されざる関係。本人たちもわかっている。いや、実の父娘だからこそ本人たちがその禁忌を深く理解している。背景には彼の妻、彼女の母への背信、裏切りの気持ちもあるでしょう。それでも肉体は相手を求めてしまう。私はそこを描くべきだと思った」

ヘンリー塚本はこうも語る。

「当時も業務用カメラはあったし、当然プロのカメラマンもいたんです。でも彼らはそういう人たちには頼めなかった。だから私のような素人に依頼してきた。ホームビデオカメラでもいいから、自分たちの性の営みを記録しておきたいと。最初にご依頼をくださったマッハ文朱さんも、別の意味でそうだったのではないか。彼女もプロレスラーから転身して芸能界という新たな分野で活動しようとして、でもテレビ局とかそういう人たちにはまだ頼めなくて、私のような者を頼ってくれたのかもしれない」

つまりはそういうことだったのではないか。ヘンリー塚本は映像を撮り始めたそもそもの最初から、序章で記したジャン・ギャバンとフランソワーズ・アルヌール主演の『ヘッドライト』、その原題である「重要性のない人々」の側に立っていたのだ。彼がかつて朝鮮職場の親友が心ない電気店店主から「朝鮮人には売らない」と言われたとき毅然と抗議したように。

そしてアダルトビデオのユーザー、バブルが崩壊し幻想が消え去って尚、AVを求めていた人たち。深夜のレンタルショップの片隅で、その夜借りて持ち帰るビデオを求め続ける観客たちもまた、社会の中で疎外感を感じていた人々であった。彼らはおそらくヘンリー塚本の抱く「重要性のない人々」へのシンパシーを、無意識のうちに感じ取っていたに違いない。だから九〇年代になってFAプロの作品に熱狂したのだ。

もうひとつ、塚本が語る「セックスというものが持つ奥深いドラマ」という言葉も重要だ。ここでいうドラマとはもちろん劇映画的な作品という意味ではなく、社会に於けるドラマティックな出来事、人間の持つ歓び哀しみ、憎しみや裏切り、悲劇のことだ。

セックスとは我々人間が生命を育むための崇高な行為であり、他者と愛し合ううえで欠くことのできないものでありながら、なぜか日常からは排除されがちだ。特にその関係が不倫であったり許されざる関係であればあるほど忌み嫌われる。しかし彼らの感情は止められない。障害があればあるほど燃えさかる。疎外され、まるでなかったかのように抑圧されればされるほど、そのエネルギーは膨れあがるのだ。

ゆえに塚本は常に許されざる関係や行為、つまりレイプ、近親相姦、レズビアン、戦場といったテーマを描いていった。

具体的に見ていこう。例えば僕が初めて観たヘンリー塚本作品は、『連続婦女暴行魔 続・レイプの味は麻薬色…』(一九九三年)だった。内容はこうだ。

二階に一間と物干し台だけのある古い木造一軒家。朝、味噌汁を作る母親と、寝床でオナニーに耽る高校生の娘あゆみ(水木あゆみ)のカットバックから物語は始まる。フルショットを一切撮ることなく、ほぼカメラ目線の表情アップと股間アップの切り返しのみで娘の痴態を描写していく。途中「早くメシにしろよ!」とぞんざいに言い放つ父親(甲斐太郎)を一瞬インサートして映像にリズムを作るヘンリー塚本のカメラワークに、目眩にも似た映画的感動を覚えたのを今でもはっきり覚えている。このカットバックを多用する塚本の手法は彼の真骨頂でもあるのだが、これについては後に詳しく語っていくことにする。

さてこの家の二階にはワケありで母親の田舎から預かった若い女がいて、時々男を引っ張り込んでいるということが娘のナレーションで語られるのだが、この上杉愛奈演じる二階の女というのが猛烈に男好きするタイプで、地味な娘や母親と対立しているのが、何の説明もなく観る者にわかってしまうのが見事だ。

二階の女のほうも娘を嫌っていて、情事の相手であるヤクザ者(佐川銀次)にレイプするようそそのかすことから物語は動き出す。女も実はかつてこの男に強姦されたのだが、なぜか関係を続けているのだ。レイプに加担し娘を輪姦する佐川の不良仲間(小沢とおる)、二階の女を田舎から追ってくる元婚約者が現れることで彼女のワケありの意味が明かされ、さらに甲斐太郎演じる父親も、実は二階の女と密通していることがわかるという展開となる。僕は当時書いた作品レビューの最後を「一見地味で平穏な家庭内に渦巻く愛憎の嵐。こんなにもセックスシーンと人間ドラマが無理なく絡み合った物語があっていいのだろうか?」と締めくくっている（『ビデオ・ザ・ワールド』誌一九九三年十一月号）。

特出すべきはレイプという行為を、女性側の心理を以て複雑かつ奥深く描いていることだ。上杉愛奈演じる二階の女は、自分を男の身勝手な腕力で犯した佐川銀次に対して果てしない憎悪を抱いている。しかしその憎悪が強ければ強いほど、この男を忘れることができない。彼女にとって忘れるということは、許してしまうことだからだ。ゆえに「忘れてやるものか」と関係を続け、自分の性的な魅力で逆に彼を征服してやろうと心に決めているようだ。だからこそ水木あゆみ演じる娘を強姦するようそそのかすことで、佐川を自分の意のままに動かしてやりたいと望むのだ。しかも彼女は家主の甲斐太郎に肉体を差し出すことで、経済的な安定を得るというしたたかさも持っている。

一方の佐川のほうも、レイプして自分の女にしていたつもりが、いつの間にか上杉愛奈に溺れている。なぜならどんなに何度も犯しても、彼女は自分のものにはならないからだ。彼はいつの間にか二階の女に心底溺れている。だから一見娘のあゆみを犯すことに欲情しているように見えて、実は愛奈に操られているのだ。

この関係は田舎から追いかけてきた元婚約者の男の登場によってさらに複雑化する。愛奈はしたたかで強い女に見えながら、実は心の奥底で佐川の力ずくの性欲を期待しているのではないか。本当に強い女であれば、婚約者ときっぱり関係を切って自分の人生を歩めばよかった。ところが彼女は家主の妻に頼って田舎から逃げ出すことしかできなかった。つまり佐川銀次演じるこのアウトローのヤクザ者は、彼女を退屈という名の日常から自分を救い出してくれる白馬の騎士なのだ。しかも愛奈自身はそんな自分の弱さも心の底では知っている。だから日常に埋没している娘のまゆみと、その母親を憎悪するのだ。

「私がレイプ作品を撮ったり近親相姦をテーマにしたAVを数多く手がけているので、あなたには近親相姦の経験や、女性を暴力的に犯したいという願望があるのではないかと言う人がいます。もちろんそんなことはありません」

ヘンリー塚本は穏やかにそう語る。

「私が撮るのは本物の父娘ではなく、義父と義理の娘の関係が多いですが、そこにはやはり人間の深い葛藤があると想像するからです。例えば妻を亡くした中年男と妻の連れ子の娘がいて、二人は母が死んでも同居している。男は成長し年頃になった娘に妻の面影を見るでしょうし、当然若い肉体にも欲情する。一方、娘のほうはどうでしょう？　例えば彼女には同世代の若いボーイフレンドがいたとして、女性は常に男よりも成熟しているものです。彼の未熟なセックスに満足していないかもしれない。好奇心旺盛な年頃の娘は、密かに中年男の巧みな性戯を試してみたいと欲望するかもしれない。そこにはポルノとして、実に猥褻な状況が生み出されますね。しかし男にとって彼女は愛した妻の娘であり、娘にとっては母の夫であり育ててくれた義父でもある。一線を越えるには身を引き裂かれるような葛藤が生まれる。ドラマが拡がるのです」

レイプをテーマにした作品に関してもう少し詳しくみていこう。『連続婦女暴行魔 続・レイプの味は麻薬色…』と同時期に、『日本性犯罪史Ⅱ』（一九九二年）という作品がある。こちらにもチンピラの元彼氏を頼って家出した娘が、兄貴分たちに輪姦されるというパートがある。ここでも自分が兄貴分たちに気に入られるため元恋人を騙して差し出してしまった、そのことに後悔するチンピラの弱々しい心理が描かれる反面、娘は犯されたことによって開き直り、女性として強くなっていく。これに関しては、ヘンリー塚本がどれだけ自覚的かは不明だが、やはり『ビデオ・ザ・ワールド』誌でライターの加納ヒロシが、『豚と軍艦』（一九六一年）や『にっぽん昆虫記』（一九六三年）に於ける今村昌平の世界観にも通じると指摘している（『ビデオ・ザ・ワールド』誌一九九二年一〇月号）。

またやはり同じ時期、『昭和人妻暴行史 飽くなき性犯罪』（一九九三年）という作品があった。こちらは逆に、タイトルにあるように強姦を繰り返す男の視点から描かれたものだ。舞台は昭和三〇年代とおぼしき農村。ピンク映画の名優・山科薫演じる連続暴行魔・野口信吉は、野良仕事をしている農家の主婦を畑で押し倒し強姦し、果ては別の主婦の家に忍び込み、彼女の首を絞めて殺してしまう。また現在女性ファンから圧倒的な人気を誇るイケメン男優、大島丈が演じるのは薬剤師の暴行魔・吉田隆弘。とある田舎道を自転車で走るモンペ姿の女性を引きずり倒し、睡眠薬を注射し意識を失わせてから強姦する。この男は二年前にも同様の強姦事件をはたらいていた。そして一年が経ったとき町で偶然、被害者の女性と遭遇する。彼女は子どもの手を引き夫らしき男性と幸せそうに歩いていた。

二人の眼が合い、吉田は射貫かれたように見つめられる。彼女は明らかに自分を強姦した男と見抜いていたが、素知らぬふりで去る。このとき彼は恐怖と同時にゾクゾクとした性的興奮を味わった。その経験が再び彼を犯行に駆り立てるのだ。

山科演じる野口も大島の薬剤師も、レイプすることで性的快感を得ているようにはとても見えない。むしろ逆だ。常に脅え、強迫観念に苛まれるように犯罪を繰り返すのだ。いったい彼らは何に脅えているのだろう？　それは女の一人もモノにできないヤツは男じゃない、男として認められないという恐怖からだ。彼らにそんな強さはない。薬剤師の吉田は睡眠薬を使い女性の意識を失わせたうえでセックスに及ぶのがその証拠だ。しかし何度女性を犯したとしても彼らの強さは何も証明されない。だから反復される強迫観念から何度でも繰り返す。それでも「自分は男らしくないかもしれない」という不安は決して消えないから、遂には連続暴行魔・野口信吉は、女性を殺害してしまうのだ。

「レイプという犯罪にも、深いドラマがあると感じていました」ヘンリー塚本はそう語る。

「だから初期からレイプ作品を手がけていたわけですが、やがてそのテーマについて、出演する女優さんと話すようになりました。すると「私にはレイプ願望がある」とか、「ヤクザのような男に力ずくで犯されたら、感じてしまうかもしれない」と言う女優が何人かいた。それはもちろん彼女たちのマスターベーションに於ける想像・空想・妄想の世界であって、実際に強姦されたら感じるどころの話ではないだろうし、心には一生の傷を負うでしょう。しかし何割かの女性がそういうファンタジーを抱くということは、そこには何かがあると感じた。レイプ、強姦、輪姦、それは断じて許されざる行為だし犯罪です。もちろん、好んでそんな目に遭いたいと思う女性はいないでしょう。しかし男に押さえつけられて、抵抗に抵抗を重ねても遂には挿入されてしまう、初めは当然拒否していたんだけれど、どうしても肉体が反応してしまう、身体がいうことを利かなくなってしまうという心理が働いたとするならば、それを映像でどう表現するかということを考えました」

おそらくそれはレイプというものを、女性の側からも含めて表現するということだろう。ヘンリー塚本は若き日、日活ロマンポルノで「気の抜けたようなレイプシーンを観せられてがっかりした」「俺ならもっと違ったふうに撮るのに、もっと迫力を出せるのにと歯ぎしりするような想い」を感じたという（第一章・参照）。それは七〇年代、日活ロマンポルノやピンク映画ではセックスというものを、男の一方的な性欲からしか描かれていなかったからだ。今では信じがたいことだが、当時は女性の性感や性欲というものは未熟なので、男が教え込んで仕込んでやるものだくらいの、浅はかで高慢な認識があった。また現在よりさらに男性優位社会であったため、女性も「セックスのことはよくわからないの」と可愛い女を演じるほうが都合がよかった。ゆえにポルノ映画・ピンク映画の世界でも男がうぶな女を拉致監禁して調教するというような構図が好まれ、レイプでは女性は暴行されるだけの、一方的な被害者という一面性しか描かれなかった。

「本当にそうなのだろうかと考えたのです」と塚本は言う。

「例えば動物の世界では、メスは強いオスにのみ性交を許す。人間にもそんな本能が少し残っているのではないか？　だから女性の中には、強い男に強引に犯されたら感じてしまうかもというファンタジーを抱く人がある。しかし動物と人間はやはり違いますね。暴力的に犯されれば心に深い傷を負う。

自分に落ち度があったのではないか、心の奥底に私からも誘う気持ちがあったのではないかと自分を責める人もいるでしょう。さらにそういう構図が男側の再犯にも繋がるだろうし、様々な問題を孕《はら》んでいる。私はレイプされた女性の葛藤、逡巡《しゅんじゅん》、苦悩をも含めて描くべきだと思ったし、犯罪を繰り返す強姦魔たちの心理も描きたかった」

つまり女性側の心理を描くことで、レイプという行為の持つ真の恐怖があらわになる。そこにこそ、深いドラマが生まれるということだ。

しかしこんな経験もしたと彼は告白する。

「私はポルノを撮っているということ、自分がAV監督であることを恥ずかしいとは思いませんでしたから、兄弟や親戚にもオープンにしていました。やがてFAプロも大きくなって、金銭的に成功したことを認めてくれたのもあったのでしょう、彼らは私の仕事を尊重してくれました。ただある親戚の一人から、レイプ作品だけはやめてほしいと言われたことがある。お前が頑張っているとことは充分わかっている。けれどそういう映像を世に出すことは犯罪を助長する、しかもそれでお金を稼ぐというのは世間から非難を浴びると」

確かにその通りだろう。AVを観て、女はレイプされても感じるものだと短絡的に考えてしまうバカな男がいるかもしれない。しかし――、

「でもAV監督になった以上、ポルノというものを撮っていく以上、私はレイプや輪姦も避けては通れないと思った。AV女優というのは一般の女性よりも遙かに性をあけすけに語ってくれますから、レイプされてみたい、輪姦されて複数の男から精液を膣に放ってもらいたい、むちゃくちゃにされて

みたいというファンタジーを語ってくれます。それはひょっとするとある種の女性が抱いてしまう、本能的で非業な性かもしれない。ならばレイプというものを通して、女性の本質を描けるのではないか？　そんな想いから挑戦してみたい、AV監督ならば、男が女をオモチャのように、心を持たない道具のように犯すのではなく、生々しくリアルに、女性がそのとき何を感じるのかを描いてみたいと思った」

そしてヘンリー塚本はあるとき、衝撃的な事実に向き合うことになる。

「AV監督としてファンの方が増えてくると、たくさんお便りを頂くようになりました。後にメールになりますが、当初はハガキや手紙でした。この場面に興奮した、感動したという内容もあれば、こういう作品を作ってほしいというものもあります。また、自分はこんな体験をした。だからそれを作品にしてくれないかというお便りもあります。ある高齢の女性から手紙をもらいました。その人は戦時中、一〇代で満州に渡ったそうです。満蒙開拓団です。しかしよく知られているように終戦の年、昭和二〇年。五月にドイツが降伏し、七月にポツダム宣言が提示された後の八月、ソ連が日ソ不可侵条約を破って満州に侵攻しましたね。その際たくさんの日本の民間人が殺され、若い女性はソ連兵にレイプされたと伝えられています。彼女もその一人だったというのです。銃で脅され無理矢理セックスさせられたけれど、私はそのとき感じてしまいましたと書いていた。身も世もないほどの快楽を味わった。恐怖であり屈辱であり許しがたい行為だったけれど、あのときのことが今でも忘れられないと。十五年程前の話ですから、ご存命なら九〇歳は超えておられるでしょう。文面からもその達筆ぶりからも、妄想や悪戯ではないと感じた。その人は、あなたなら私の気持ちをわかってくれるはずだと綴っていた。だから私のこの体験を映像にしてくれないか、してくれたら私は幸せだと。恐ろしいことだと思いました。戦争とはなんと残酷なことをするのか、人間とはなんと憎しみと哀しみに溢れた存在なのかと」

『愛の嵐』ですね――と、僕は言った。一九七三年、リリアーナ・カヴァーニ監督によるイタリア映画である。主演はシャーロット・ランプリングとダーク・ボガード。シャーロット・ランプリングがナチスの軍帽を被り、半裸にサスペンダー姿で踊るシーンがあまりに有名だが、ヘンリー塚本も自身の『敗戦国婦人の卑猥な肉体 この肉体お国の為に捧げます！』（二〇〇八年）という作品の中で、自決を決意した将校（幸野賀一）の前で、女性兵士（夏海エリカ）が裸にサスペンダー姿で踊ってみせるというオマージュを捧げている。

『愛の嵐』の物語を要約するとこうだ。舞台は一九五七年のウィーン。とあるホテルでフロント係として働く中年男マックス（ダーク・ボガード）は、戦時中ナチス親衛隊の将校だったが、その過去を隠してひっそりと暮らしている。しかしある日、客としてアメリカから有名なオペラ指揮者が訪れる。マックスはフロントに現れた指揮者の妻を見て驚愕する。その女性ルチア（シャーロット・ランプリング）は十三年前、マックスが強制収容所で弄んだユダヤ人の少女だったからだ。ルチアもまた、マックスを見定めていた。

ルチアは夫に早くウィーンを発とうと促すものの、出発の直前になってなぜか一人で留まることに決める。自身の出身地でもあるウィーンの街をさまよいながら、彼女は強制収容所での異常な体験を追憶する。彼女は収容所に入れられた当初からマックスに目をつけられ、彼の倒錯した性の玩具として扱われていたのだ。

一方当時のウィーンにはマックスのような元ナチス将校たちが過去を隠して暮らし、戦後の「ナチ残党狩り」から生き延びるべく画策を計っていた。彼らはナチス時代の互いの所業をもみ消し合い、ときに証人の抹殺まで行っていた。そんな密かな会合がマックスの働くホテルの一室で行われ、ルチアの存在が取りざたされる。

この企みを偶然立ち聞きしてしまったルチアは生命の危険を感じ急いでウィーンを去ることを決める。しかし部屋で慌てて仕度をしていたそのとき、突然マックスがやってくるのだ。彼は「なぜ今さら俺の前に姿を現したんだ！」と暴言を吐き彼女を殴りつける。ところがルチアの腕に刻まれた囚人番号の入れ墨が露わになったとき、彼らの脳裏にあの倒錯した性愛の日々が甦る。するとルチアとマックスはあろうことか、再び異常なセックスの歓びに溺れていくのだ。

ルキノ・ヴィスコンティも絶賛したというこの映画が、リリアーナ・カヴァーニという一九三三年生まれ、今年九〇歳を迎えた女性監督の手によって作られたのは実に象徴的だ。ちなみに満州でソ連兵にレイプされたという女性は、カヴァーニと同世代である。彼女はなぜ、AV監督であるヘンリー塚本に自身の過去を伝えたのだろう？　なぜ「あなたなら私の気持ちをわかってくれるはずだ」と考えたのだろうか。

やはりその女性もまた、「重要性のない人々」の一人ではなかったか。〈なんでも撮ります〉という問いかけに対してすがるように応じた人々と同様に、一般の社会には決して受け入れてもらえない行き場のない感情、恐怖であり屈辱でありながらも感じてしまったという異常な経験は、ＡＶ監督であるヘンリー塚本にしかわかってもらえない、そう思ったのかもしれない。


インタビューを重ねていった過程で、僕は塚本に「監督が若き日に感動した映画、影響を受けた映画を、次の取材の日までにリストアップして頂けませんか」と頼んだ。それは一九九四年、初めてインタビューをこころみた際、ひと通りの話が終わり雑談になったとき、彼がこう語ったからだ。

「東良さん、映画って本当にいいものですね。私は会社から戻って女房の作ってくれた夕食をとった後、寝る前に必ず一本、ＤＶＤで映画を観るんです」と。

必ず一本、毎晩ですか？　驚いてそう訊いた。するとヘンリー塚本はにっこり笑って、

「そうですよ。毎晩一本必ず観ます。それが私の至福の時間なんです」と答えた。

中学生の頃の週末名画座の三本立てから始まり、成人して以降も映画館に通い続け、やがてレンタルの時代を経て、ＦＡプロで経済的に成功した後は、リリースされるＤＶＤをひたすら買いあさったという。九四年当時は自宅に大型モニターを設えたモニタールームを作り、買ってきたＤＶＤを毎晩最低一枚は観たという。そうやって浴びるように観続けた映画の膨大な記憶が、自身の作品にどう影響したのかを知りたかった。

そして『愛の嵐』の話になったとき、彼はこんなことを語った。

「今回、東良さんに言われて書き出してみて気づいたんですが、私が感動した作品、影響を受けた映画というのは、ナチスドイツをテーマにしたものが実に多いんです。つまり結局のところ、戦争とい

うのは人間の究極のドラマである、そこは果てしないドラマが拡がっている世界だからじゃないでしょうか。特にナチスドイツです。残虐なナチス、それに翻弄されるオーストリア、チェコスロバキア、ポーランドの人々、そういう悲劇を含め、実に多くのドラマがそこには隠されている。欧米の映画関係者はそれをよく知っているから、作品を作っていく。また外国の映画というのはそれを作り上げる力を持っていますね。才能も財力も含め、邦画にはとても敵わない力量がある。だから傑作が多い。また映画とはヴィジュアルの芸術ですから、あのナチスドイツの制服ですね。ハーケンクロイツも含めて、世界中にあれほど魅力的な制服はないでしょう。着ただけで相手に恐怖を与えるような威厳があり、凛々しく、何よりセクシーです。これを役者に着せることによって、『シンドラーのリスト』もそうだし、数々の名作が生まれた。ナチスに翻弄される人々、彼らの持つ残虐性を描くにはもってこいなのが、あのナチスドイツの制服なんですね。あれが画面に映るだけでドラマに重みが出る」

「最近でも『ふたつの名前を持つ少年』(二〇一三年)という映画がありました。ポーランドはワルシャワのゲットーを逃げ出した少年の話ですが、彼を守る人もいれば見て見ぬ振りをする人もいる、ナチスドイツの兵士の中にも、実は人情溢れる人物もいる。ドラマチックで感動の嵐の作品でした。『ブラックブック』(二〇〇七年)もそうでしたね。ポール・バーホーベン、『氷の微笑』を作った監督の作品ですが、ナチス占領下のオランダを舞台に、カリス・ファン・ハウテン演じるラヘルという女性がナチスに家族を皆殺しにされ、復讐を誓ってレジスタンスに加わり、ナチ親衛隊長の愛人になってスパイ活動をするという物語です。ラヘルは復讐のため自分を偽って彼に抱かれるわけですが、このセバスチャン・コッホ演じるムンツェという大尉が親衛隊ながら実に心優しい男で、彼らはいつの間にか本当に愛し合う仲になる。しかしやがて戦争が終わると当然ムンツェは犯罪者となり、二人はさらなる悲劇に見舞われることになる」

『愛の嵐』もそうだ。互いの過去と傷をえぐり合うように倒錯の性に溺れるルチアとマックスだったが、やがて二人の間には真実の愛が生まれる。けれどそのときこそが本当の悲劇の始まりになるのだ。

「外国映画はそんな悲劇のドラマを作り上げる力を持っている」とヘンリー塚本は語る。では日本のアダルトビデオは、そして彼自身は何を描けたのだろう？　次章からはその答えを探っていくことにする。

第十一章

女優・男優・ＦＡオールスターズ・
独自のシナリオ作法と疾走の時代。

序章の冒頭で記したように、ヘンリー塚本の作品は一般の人々が想像するごく普通のAVとは大きく違う。それが彼の作品の大きな魅力であり求心力だ。では何が違うのか？　大きくわけて三点ある。ひとつには出演者、特に女優の起用について。ふたつ目は彼自身が手がける他に類を見ない特徴的なシナリオ、そして最後が独創的な演出法だ。ひとつずつ解き明かしていこう。

まずは女優についてだが、塚本は基本的に売れ線の「単体女優」は使わない。というか、そもそも自分はそういった世界には無縁と思っていた節がある。第八章に於ける「ああいう場所（レンタル店のアダルトコーナー）にはメジャーなメーカーの、若い綺麗な女優さんの作品だけが並んでいるとばかり思っていた」という発言を思い出してほしい。また、

「美しい綺麗な女優さんを使うと、やはりそこに趣《おもむき》をおいてしまうし、それが売れると思うと、奥の深いものを追求しようという気は起きてきませんよね。それに、我々の住む日常はもちろん美人ばかりではないし、普通の女性たちが魅せるセックスが、観る人を感じさせるんじゃないでしょうか」とも語っている。

けれどヘンリー塚本作品に美女は登場しないかといえば、それはまったく違う。前章で取り上げた上杉愛奈をはじめ、類い希なる妖艶さで悪女の魅力を振りまいた篠原五月は九〇年代を代表する美熟女AV女優だったし、二〇〇〇年代以降も結衣（結衣美沙）、酒井ちなみ（紫葵）、今も現役の川上ゆうといった、まさに美しいAVスターたちが数々出演している。

ではなぜ塚本は「美しい綺麗な女優さんを使うと、やはりそこに趣をおいてしまう」と発言しているのだろうか？　そこにはAV業界の持つある特殊な構造がある。

そもそもAV女優は大きく分けて前述した「単体女優」と、「企画女優」に分けられる。単体女優は「エスワン（S1 NO．1 STYLE）」や「MUTEKI」といったメジャーなメーカーから専属女優としてデビューし、テレビなどにも出演する。撮影現場にはマネージャーが同行し、ギャランティも高額で、タレントや芸能人に近い存在だ。逆に小向美奈子のようにタレント、グラビアアイドルから単体AV女優に転身するケースもある。ちなみに上記「MUTEKI」は公式サイトで「芸能人限定（専門）メーカー」と名乗っている。

一方企画女優は元々、他に職業を持っていたり学生だったり、アルバイト的に出演する女性たちだった。当初（九〇年代の初め頃）一作に複数人登場するいわゆる「企画物」に起用されたため、その名称が付いた。ギャラも、セックスしてその姿を晒すには見合わないほど安いこともある。もちろん現場にマネージャーなどつかない。メールやLINEで連絡がきて、一人で電車に乗って現場に向かう。

ただしここで大切なことは、単体女優イコール美形であり魅力的で企画女優はそれに劣る、というわけではまったくない、ということだ。中には親バレや彼氏バレをしたくないがために、メディアに露出する単体ではなく敢えて企画を選ぶという女優もいる。また、基本的には単体を多く抱えるプロダクションからデビューするのが単体女優であり、企画女優を専門に派遣するモデル事務所に登録しているのが企画女優ということになる。つまり大手芸能プロダクションに所属するタレントがテレビ局他マスコミに強くプッシュされ、小さな事務所の俳優などにはチャンスが回りにくいという芸能界の構図と基本的に同じだ。

ゆえに一九九〇年代の後半から二〇〇〇年代初頭にかけて、無名の「企画女優」としてデビューしたAV嬢が熱心なファンから注目され、アイドル的な人気を得るようになるという現象が起きた。名前を挙げると長瀬愛、堤さやか、笠木忍、立花里子、樹若菜、朝河蘭など。彼女たちはその他大勢からやがて一枚看板のAV女優となり、「企画単体女優」という新たなジャンルを作り出した。この背景にはセルビデオの台頭と、インターネットの発達によるファン同士の情報交換があったと言われる。ちなみに近年ではメジャーメーカーからデビューした女優が専属を離れ、自由に他のメーカーに出演するようになると「単体から企画単体へ」という言い方がされるようになった。また逆に上原亜衣や宮村ななこ（宮村菜菜子）のように、無名の「企画女優」としてデビューしながらも、アイドルユニット「恵比寿★マスカッツ」のメンバーにまで登り詰めるケースもある。

企画単体女優の誕生は前述したようにネット上でのファンの交流から、その熱い人気によってレンタルショップやセルDVDショップが動かされ、彼女たちの名を冠した棚を作ったことから始まった。ここまで書けばお察しの通り、これはヘンリー塚本やFAプロのコーナーが各レンタル店に自然発生的に生まれていったのと同じプロセスである。

ヘンリー塚本が売れ筋の単体女優を使わなかったのは、当初は単純にギャランティが高過ぎたこともあったかもしれない。まだ小さなメーカーだったFAプロには、とても支払える額ではなかった。というのも第八章で九〇年のバブル崩壊を境に幾つかのメジャーメーカーが倒産し、また経営難により規模を縮小したと書いたが、なぜか女優のギャラの高騰だけは止まることはなかったのだ。おそらく村西とおるに代表される有名監督が表舞台から去ったため、女優の善し悪しだけが売上げの指標になったからだろう。

実際一九九二年デビューの飯島愛は、AV初出演作とほぼ同時期にテレビ番組『ギルガメッシュないと』（テレビ東京系）にレギュラー出演し人気者となり、ビデオは売れに売れた。彼女は元々村西とおるが制作を統括していた中堅メーカー、「クリスタル映像」の専属だった。同社は村西自ら男優としても出演した監督作、黒木香主演の『SMぽいの好き』（一九八六年）が社会現象を巻き起こすほどの大ヒットになり一気に躍進するも、二年後の八八年に村西がスタッフ及び黒木や沙羅樹といった専属女優を引き連れ離脱しダイヤモンド映像を設立。これによってクリスタル映像は制作基板を失い低迷。一時は倒産の危機に瀕したといわれる。そんな窮状を救ったのが飯島愛だった。社長の西村忠治は後に「あの娘がいなければウチは潰れていた」と発言している。

結果、当時のAV業界では「要は女さえよければビデオは売れるのだ」とまことしやかに言われるようになった。単体女優の出演料は一本一〇〇万円程度は普通になり（もちろんこれは所属事務所に支払われる額であり、女優本人に幾ら渡されるかは不明）、一九九五年デビューの星野杏里は大手メーカー「h.m.p（芳友メディアプロデュース）」と三〇作一億円の専属契約を結んだと言われる。また一度は引退したAVクイーン樹まり子の復帰に際しては三本契約で五〇〇〇万円、同じくあいだももの復帰では四本で六〇〇〇万円が支払われたとされる。

しかし例え当時のFAプロに潤沢な資金があったとしても、やはりヘンリー塚本は当時の単体女優を起用することはなかっただろう。それは表現者としては魅力に乏しい人材が多かったからだ。樹まり子やあいだもものように、大枚をはたいても引退したかつての人気者を口説き落として出演させたのがその証拠だ。同時にアダルトビデオ業界には「新人ならデビューから三作まではソコソコ売れる」という不文律がある。これはライトなAVユーザーが、初脱ぎの若い女の子を好む傾向があるからだ。性風俗の客が店に「素人っぽい娘を頼む」とリクエストするのと同じだ。新人なら恥じらいのある初々しいセックスを見せるのではないかという期待感があるからだろう。けれどそんなものはしょせん男側の淡い幻想に過ぎないし、たとえ女優が恥じらいある初々しい反応を示したとしても、そんな微妙な感情の機微を写し取れる才能あるAV監督は極めて少ない。従って大抵の場合、若いだけでヤル気のないマグロのようなセックスを見せられるのがオチだった。

ヤル気のないマグロのような、と書いたのにはもうひとつ理由がある。それはこの時期、バブル崩壊の九〇年からセルビデオが台頭する九〇年代後半まで、先の「新人ならソコソコ売れる」を頼りに、極端な女優の青田買いが蔓延したからだ。スカウトマンもモデル事務所もメーカーも、ヴィジュアル的に好ましい美少女を、「とにかく三作だけ我慢して出演してくれればいいから」と、若い女性にとっては法外な金額で口説き落とした。同時に「親バレ、彼氏バレは絶対ないから」と確約。雑誌メディア等のパブリシティはすべてNGとし、結果、本編でのインタビューでもプライベートなことは一切語らず、セックスシーンではただマグロのように横たわるだけという、出演作三本の嵐が過ぎ去るのをひたすら待つだけのAV女優が多数誕生した。

では一方の企画女優はどうだろう？　こちらはたとえギャランティがそれほどよくなくとも、自らの意思で「出続けたい」とＡＶに出演している女性たちである。当初の動機は何らかの事情があってお金が必要だったという人もいるだろう。それでも性風俗などで働くより身バレの可能性のあるＡＶ女優という選択をして、尚かつ長く出演し続けるのは、ＡＶとはいえポルノとはいえ、自分を表現することに歓びを覚える人たちだ。そんな企画女優たちとＦＡプロは幸福な邂逅をする。なぜか？　第一の理由は本書序章でも述べた、ヘンリー塚本の呆れるほどの多作ぶりにある。

ヘンリー塚本は九〇年代初頭より最低でも一週間に一作は撮影してきた（二〇〇〇年代の一時期は週に二作）。しかも、これも序章で触れたが、彼の作品は一作に三編、四編といった短編オムニバスが多い。すると一般的な単体ＡＶが女優一人に男優三人（三回セックスシーンがあるのが普通なため）という出演者だが、塚本作品では一回の撮影に三倍、四倍といった人数の女優が招集される。そこでいい演技をした人、存在感を示した女優は「次の作品にも是非」とまたオファーを受ける。毎週金曜が撮影日と固定されていたことも、企画女優たちにとって好都合だった。別のメーカーや制作会社からの依頼に対して「金曜日だけは」とあらかじめ断りを入れることができる。これは男優に関しても同様だった。

ここで男優についても述べておこう。ヘンリー塚本作品には欠くことのできない重要な要素が、その個性的な男優たちである。初期は以前記したように池島ゆたか、山本竜二、速水健二といったピンク映画出身の名優たち。そして九〇年代からは小沢とおる、甲斐太郎、森山龍二、佐川銀次、日比野達郎、染島貢、幸野賀一、花岡じった、吉村文孝など。ファンにとっては堪えられない、まさにFAオールスターズが集結した。

ヘンリー塚本は男優の起用に関して「第一に悪役のできる人」と語る。ヤクザ、チンピラ、性犯罪者、義理の娘と関係する中年男、戦場で女性を無慈悲に強姦し殺害してしまう兵士、等々。これは塚本本人はまったく意識していなかったろうが、それまでのAV男優に対する大いなるアンチテーゼであり、結果的に男優という存在そのものを変えてしまうことになる。

というのも前述したように九〇年代前半はあまり乗り気でない女優をスカウトして無理矢理にでも出演させようとしたため、若い女性が好みそうなイケメンの男優が重宝された。加藤鷹、沢木和也といったキャラクターがもてはやされたのはそのせいだ。もちろん彼らも男優としての高いスキルと豊かな人間性を持ち合わせていた。しかしバブルの名残がまだ色濃くあった当時は、「モテない男に価値はない」「男は女を感じさせなければならない」といった脅迫観念がAVユーザーの中にあったため、女性ウケしやすい水商売ホストのような男優が求められたのだ。

しかしFAプロにそんな男優はまったくお呼びでなかった。身体の奥底から溢れ出るような性欲、女をモノにしたいと狙うギラギラとした目つき、野獣のような凶暴さが求められた。けれどそんな彼らには反面、抑圧され社会の底辺に押しやられた中年男の哀愁があった。またそういう悪役が本気で女に惚れ照れくさそうな優しさを見せるとき、そこには言い様のない男の色気が生まれた。

また女優と違って事務所に所属しないフリーランスの彼らにとっても、週に一度必ず仕事があるのはありがたかったし、他社の仕事とのバランスも取りやすかった。ヘンリー塚本も自身の作品には女優と同じか、それ以上に男優の存在が欠かせないと信じていた。ゆえに「この男優は素晴らしい！」と思えば惜しむことなく他社よりも高い破格のギャラを支払った。けれど何より男優たちは、ＦＡプロの作品に出演したいと熱望した。ヘンリー塚本の作り上げる物語の世界に、身を置きたいと願ったのだ。

やがて時代が二〇〇〇年代に入るとアダルトビデオ自体にも変化が訪れる。若い層は前述したバブル期の強迫観念から解放されて草食化し、インターネットの発達もあって、若者は「ネットの無料動画で充分」とＡＶ離れしていった。すると残るのは八〇年代、九〇年代からＡＶを観続けている中高年ということになる。彼らは熟女はもとより若いＡＶ女優ともセックスする同世代の男優――それも決してイケメンとは言えない男たち――に羨望の眼差しを送るようになる。こうして黎明期より活躍していた日比野達郎は別格として、それまで端役の扱いを受けていたＦＡ男優陣は他メーカーからも引っ張りだことなった。特に小沢とおる、佐川銀次、花岡じったなどは、ＡＶ業界を代表する男優になっていく。

ともあれ、以上のような過程をたどり、黒澤明、小津安二郎、山田洋次、北野武と、どんな映画監督にも常連俳優がいるように、魅力的な女優と男優を合わせた、ヘンリー塚本組とでもいうべき鉄壁のチームが形作られていった。これは、アダルトビデオの世界では非常にめずらしいことだ。というのも一般的なＡＶでは何といっても女優だけが主役だが、同時に先に述べたように「若さ」や「初々しさ」が重視されるためＡＶ女優は使い捨てられる傾向にある。演技力や存在感、性表現のスキルをアップする前に引退していくしかなかったからだ。

けれど一方、FAプロでは変わらず尚、膨大な多作が繰り返されることにより、塚本作品には次々と膨大な数の女優・男優が押し寄せた。するとあたかも自然界で優性な種が劣性な種を駆逐するように、出演者たちは研ぎ澄まされていく。結果、野獣のように性欲をギラつかせ、凶暴な面持ちを湛えながらも魅力的な男優と、セックスの表現に貪欲で色気とエロスに溢れ、仕事に対して前向きなAV女優だけが生き残ることになった。これで作品のクオリティが高まらないはずはなかった。こうして、九〇年代から二〇〇〇年代以降へと続くヘンリー塚本の疾走が始まることになる。


では次に、その原動力となった彼の独創的なシナリオ、他に類を見ない台詞回しについて、女優の存在感を含め語ってみることにしよう。

『黒のセクシーライダー』(一九九二年)という作品がある。主演は上杉愛奈。彼女も元は単体女優だった。九二年にh.m.p(芳友メディアプロデュース)からデビューしたもののあまり売れなかったのか、出演作は前述したように通常は三本のところ二本で終わる。その後はコロナ、HRC、新東宝、V&Rプランニングと中小メーカーを渡り歩くように単体作品がリリースされるも、正直なところあまりパッとしなかった。それがヘンリー塚本作品に出て大化けし、九〇年代を代表するFAプロのスターになる。

第一章でも触れたが僕は当時偶然、プライベートな場で彼女と会う機会が数回あった。寡黙でとても落ち着いた、品のいいお嬢さんというイメージだった。だから当初他メーカーは清楚な美少女として売り出したかったのだろう。しかし決して明るく天真爛漫なキャラクターではない。ゆえにその「落ち着いている」というイメージが「暗い」と捉えられ、「きゃぴきゃぴした」明るい女の子を好むライトなAVファンには、受け入れられなかったのだと思う。ところがヘンリー塚本はそんな上杉愛奈に敢えてレズビアンのタチ役（男役）を演じさせることによって、その「暗さ」を不良っぽさ、女性としての芯の強さに変えた。これが欲望の深さ、性欲の旺盛さをも醸し出させ、清楚なお嬢さんをアナーキーなセックスハンターへと見事に変身させたのだ。これによって『黒のセクシーライダー』は、この時期の塚本作品の中ではAVとして特にエンターテインメント性の高い、つまり猥褻性が強く、劇画的なわかりやすさに溢れた内容になったと言える。

物語はタイトル通り、全身黒い革製ジャンプスーツに身を包んだ上杉愛奈が、大排気量のアメリカンスタイルバイクにミニスカート姿の白鳥麗子を乗せ、タンデムで海岸沿いの道路を疾走する場面から始まる。音楽は冒頭のクレジットタイトルでは打楽器を多用したマカロニ・ウエスタン風だが、本編に入ると一転してフランス映画風のピアノ曲になるのが雰囲気を醸し出している。

バイクはそのまま浜辺に入り、防波堤の手前で止まる。愛奈と麗子はヘルメットを脱ぎ、意味深な眼で見つめ合ったかと思うと、手を繋ぎ、肩を寄せ合い歩きながら口づけを交わす。ただのキスではない。お互い舌を長く出して絡め合う、糸を引く猥褻なレズ接吻だ。ここまでの描写で二人は愛人同士というわけではなく、どこか街角で出会い、お互いレズビアンであるということを感じ取り、愛奈が麗子をハントして海まで連れて来たということが感じられる。秀逸なオープニングである。

防波堤に座り抱き合い、さらに濃厚なキスを交わす二人。その後一度は立ち上がりどこかへ向かって歩き出すも、潤んだ眼で見つめ合いまたもや濃厚なキス。口紅が唾液で流れ、互いの頬まで赤く汚してしまうのも厭わない。セックスしたくてたまらない、女同士の欲情が画面のこちらまでリアルに伝わる、ヘンリー塚本ならではの狂おしい演出だ。

続いて時間経過があり、夕暮れが近づいている。砂浜で焚き火が焚かれ、座った体勢で抱き合い舌を絡ませ合っている二人。麗子のミニスカートはまくれ上がり、愛奈の指は彼女のショーツの中に入り込み、クリトリスを愛撫している。愛奈のジャンプスーツもファスナーがはだけ、乳房が露わになっている。麗子はその乳首を吸う。

ひとしきり接吻を交わすと、愛奈はペニスバンド取り出す。ベルトに男性器を模した器具が付いたものを、腰に装着するものだ。その疑似男根をそそり勃たせると、麗子は狂おしくフェラチオしてみせる。そして愛奈はチューブからジェルを出してペニスに塗り込むと、麗子を抱いて正常位で挿入する。

ここで初めて台詞が登場する。物語が始まって既に一〇分が経過している。

麗子「(喘ぎながら愛奈を見つめ) スゴイ、こんなとこでやるの、感じるわ」
愛奈「どう、波の音と潮騒、誰もいない海、二人だけ」
麗子「(それに答え) いい……イキそう、イッちゃう……」

この、上杉愛奈の台詞はいったいなんだろう? 初めて観たときは心の底から驚いた。普通のＡＶ監督がＡＶ女優に言わせたら、観る者は思わず笑い出してしまうかもしれない。あまりに芝居がかっているし、こうして字面だけで読むと、まるで古い歌謡曲の歌詞のようだ。ところがヘンリー塚本の演出はそこをギリギリの隙間ですり抜けてゆく。上杉愛奈が表情を変えないクールな面持ちで呟くことで、言葉自体に違和感があるぶんだけ、観ているこちらの心には棘のように刺さる。

まだある。次がさらに印象的だ。浜辺での情事を終えた二人は防波堤に停めたバイクに戻る。すると愛奈は、今度は男根型のバイブレーターをシートに装着する。そしてここでもジェルを塗って潤滑剤にする過程が丁寧に描写される。グロテスクなバイブの亀頭がアップになり、ドロリとした透明な液体が垂らされ、それをまるで愛撫するように塗り込める愛奈の指先が実にエロティックだ。

そうやって人造ペニスを握ってさすりながら、彼女は麗子を意味深な目つきで見上げこう言うのだ。

愛奈「アタシ、これをココに咥え込むのが好きなの。スイッチを入れたり切ったり。イキそうになったら切って、また入れて。スゴイわよ、バイクの振動と重なって、興奮するの。地獄の三丁目へ、まっしぐらって感じ」

地獄の三丁目へまっしぐらって感じ――これもまた一歩間違えれば実に危ういが、上杉愛奈が男っぽい口調とは裏腹に何とも色っぽい声でそう告げると、まさにゾクゾクする台詞となって響く。

麗子、それに対して、

麗子「あなたってすごい人ね。気をつけて運転して。こんなもの差し込んだまま、オマワリに見つかったらどうすんの?」

愛奈、それには答えず、ニヤリと笑ってバイクに跨がる。ジャンプスーツの股間には穴が開いているようで、バイブは彼女の中に埋め込まれる。喘ぐような表情で麗子を見つめると、彼女も後部シートに跨がる。

愛奈、うっとりとした表情で手袋をつけヘルメットを被り、バイブのスイッチを入れ、エンジンをかけバイクをスタートさせる。

この後二人はバイブレーターを交換しながら疾走し、その興奮とスリルを前戯のように楽しんでから郊外のモーテルへ入る。そして全裸になって本格的に愛し合うのだが、麗子の脚を大きく広げさせてクンニリングスし、ペニスバンドを装着して正常位で犯す愛奈の姿は、強い性欲を発散する「男」そのものだ。しかしそんな彼女の裸体はまぎれもなく輝くように美しい女性であり、そこには何とも倒錯したエロティシズムがある。

ヘンリー塚本は女性同士の性愛を描くようになったきっかけをこう語っている。

「FAの初期の頃は、レズビアンをテーマにした作品は撮っていませんでした。興味がなかったというか、知識がなかったのです。日活ロマンポルノに「百合族《ゆりぞく》」とタイトルの付いたものがあることを知っていたくらいです。きっかけはとあるカップルの女性たちに出会ってからです。彼女たちは自分たちのセックスを撮ってくれる人を探していて、〈何でも撮ります〉時代の流れで、色んなツテを使って、おそらく「そういうものを撮ってくれる人がいるらしい」と聞いたのだと思います。AV女優ではない一般の女性ですから、プライバシーの問題もあって結局は撮りませんでしたが、彼女たちの暮らすマンションへ行って、その生活ぶりを見せてもらった。すると女性同士なんだけれど、その在り方はまさに男と女なんですね。同じ生殖器なんだけれどセックスとなると、かたやペニス、かたやヴァギナという関係性になる。私がレズ作品のタイトルに使う「ネコとタチ」〈女性役が「ネコ」、男役が「タチ」）という言葉も、彼女たちから教えてもらって初めて知りました。しかも男女ではないぶん激しい。唇と唇、舌と舌を使って男女以上に狂おしく相手を求め合っていた。」

塚本の言う日活ロマンポルノの「百合族」とは、『セーラー服 百合族』（一九八三年、監督：那須博之）『OL百合族19歳』（一九八三年、監督：金子修介 ※共に当時の社名は「にっかつ」）といった一連のシリーズである。ロマンポルノの中でも美人女優で知られた小田かおると、アイドル的人気を博していた山本奈津子を主演にしたもので、女性同士の友情と優美な性戯を描いたものだった。青春映画としては傑作だが、現在の視点で見れば「美しい女同士のセックスが見たい」という、やはり男側の欲望から生みだされたものである。しかし彼が目の当たりにした本物のレズカップルは、そういった既成概念からは大きくかけ離れたものだったという。

「彼女たちは（男性器がないぶん）あらゆる器具を使って楽しんでいました。タチ役の女性は背が高くスタイル抜群。ファッションモデルのような、街を歩けば男たちが全員振り向くような美女で、しかし男には一切興味がないという。一方ネコ役の女性は決して美人ではなかったけど大金持ちの娘だとかで、その住まいは都内の一等地にある豪華なマンションでしたが、それも親から買い与えられたと言っていた。その二人の何とも不思議な関係性、特にタチ役の女性のミステリアスな存在感に惹かれましたね」

確かに我々ヘテロセクシャルの男にとってレズビアン、特にタチ役の女性には言い知れぬ神秘性と凜々しい魅力がある。このときのヘンリー塚本の体験は、『黒のセクシーライダー』の上杉愛奈にも色濃く反映されているように思える。

黒のレザージャンプスーツに身を包み大排気量のアメリカンスタイルバイクを駆ってレズの相手をハントして回る、上杉愛奈演じる女。彼女はいったい何者なのか？　何の説明もなく始まる海岸でのラブシーンからモーテルでの情交へと続いていくと、観る者は否応なく興味を惹かれる。こうしたさりげない謎で観客を引っ張るのも、ヘンリー塚本のシナリオの巧みなところだ。

彼女は白鳥麗子との情事を終えると一人バイクで疾走し、とあるビルにたどり着く。部屋に入るとジャンプスーツを脱ぎシャワーを浴びる。そこから全裸になって髪をほどき、鏡の前でショーツをつけパンストを穿き、純白のワイシャツを羽織りブルーのスカートを穿く。その一連の動きをカメラは長回しのワンカットで捉える。そしてえんじ色のネクタイを締め、エンブレムと金色の飾緒（紐飾りの肩章）のブレザーを着て、髪をまとめ、やはり金の帽章付きの帽子を被ったところでわかる。彼女は女性警備員なのだ。

そのビルは所有会社が倒産したために債権上のトラブルが発生し、現在筆頭債権者である銀行の管理下にあり、警備会社二社が担当していると愛奈のナレーションで説明される。つまり先ほど彼女がシャワーを浴び着替えていたのは、警備会社が休憩兼仮眠室として借りている部屋なのだろう。警備員は愛奈の他にもう一人。こちらも女性で、織本さくらという女優が演じている。それまでは男性警備員だったのが、一週間前に彼女が配属された。

二人は深夜誰もいないビルを見回り、異常がないことを報告しあう。そしてお互いレズビアンであることを探り合うことになる。というのも彼女たちの会話から、以前いた男性警備員が他に誰もいないのをいいことに愛奈にセクハラを仕掛け、その代わりで織本さくらが派遣されたという経緯が明かされるのだ。ここでのさくらの台詞もまたしびれる。

「しょせん男はオス。欲情に支配される、哀れな生き物なのよ」とやるせなく呟いたかと思うとガードウーマンに戻り「無礼をお詫びいたします」と一礼。「恐縮です」と表情を変えず返す愛奈に対して一転、今度は意味ありげな眼で色っぽく、「あなたは魅力があるから、罪な人ね」と少し甘えたような口調で告げるのだ。

こうして女たちは互いの性癖を知る。そして二人はビル内のトイレへと入り、愛奈の「レズの証を見せて」という台詞と共に、舌を長く出し猥褻に絡め合うレズ接吻へと進んでいく。

これら『黒のセクシーライダー』に象徴される、独特な台詞の感覚はいったいどこから湧いてくるのだろう？　一九五〇年代に作られた石原慎太郎原作の『太陽の季節』や『狂った果実』などのいわゆる太陽族映画、あるいはマイトガイ小林旭やエースのジョー（宍戸錠）が活躍した日活無国籍アクションを彷彿とさせる。また『ライク・ア・ローリングストーン』や『ジャンピンジャックフラッシュ』で知られ、「青春劇画の騎手」と呼ばれた劇画家、宮谷一彦にも通じるデカダンスな雰囲気もある。

しかしヘンリー塚本に尋ねてみると、太陽族映画や無国籍アクションにはあまり惹かれることなく、同時代の邦画ではむしろ五味川純平原作・小林正樹監督『人間の條件』（一九五九年・一九六一年）のような壮大な大河ドラマを好んだという。また実は絵画にも達者で、ＹｏｕＴｕｂｅ作品『人性相談 家賃の代わりに汚れた愛を』には六平直政演じる老大家の描く細密画が出てくるが、これは美大卒（武蔵野美術大学彫刻科）の六平が描いたものかと思いきや、ヘンリー塚本自身によるものだという。しかし劇画についても学生時代は夜間高校に昼間は研磨工と多忙だったこともあり、『巨人の星』や『あしたのジョー』に代表される人気劇画、それに続く三流エロ劇画ブームまで、ほとんど無縁に過ごしたという。

本人は「そうですね、どういうところから発想したかと訊かれても、自分ではよくわからないというのが正直なところでしょうか」と話す。「撮影を考えて机に向かい、原稿用紙を前にしていると台詞がペン先から自然に溢れてくるのです」

「ただ――」とつけ加える。「女優さんに助けられたということはありますね。やはりいい女優、魅力的な女優さんからは豊かなイメージが湧きます」と。

「上杉愛奈は決して器用な女優ではなかったと思います。しかし彼女は勘がよかった。そして唯一無二のムードがあった。呟くだけで台詞に深みが出て、少ない言葉でもイメージが膨らみましたね。ですからこちらも彼女を想定して台本を書くと、次々と設定が浮かんだり、書いている自分でも思わぬ物語の展開が生まれたりした。そして上杉愛奈に続き、今度は篠原五月という素晴らしい女優が現れる。彼女の登場によって、私の撮るレズの世界も自ずと変わっていきます。篠原五月の魅せる濃厚なセックス、これに刺激されて私のシナリオも大きく発展していきました。彼女の存在が私の作品をより見応えあるものしてくれたと感じています」

そう、『黒のセクシーライダー』はセールス的にも成功し、何よりヘンリー塚本自身に強い刺激を与えたのだろう、翌一九九四年には続編『黒のセクシーライダーII』がリリースされる。ヒロインはやはり上杉愛奈。まずはスケバンを張って普段はワルだが、愛奈を前にすると「お姉さん素敵」と可愛い女になってしまう女子高生が登場。演じるのは一九九二年、バクシーシ山下監督の異色ドキュメントＡＶ『ボディコン労働者階級～ドヤ街（ヤマ）に暮らした素人娘の汚れた路上ドキュメント～』にて、山谷の労働者たちとのガチンコファックを体当たりで披露した企画女優・石原ゆり。

愛奈とゆりは前作を踏襲するようにバイクのタンデムで疾走、浜辺で愛し合うのだが、その後海岸線をジョギングしている若い女（水木あゆみ）を二人がかりでレイプしてしまう。そして愛奈の住むマンションに向かうのだが、そこで愛奈が「私のスケ（女）」と紹介するのが、妖艶なフェロモンを発散する篠原五月である。

私立女子校の現役教師でありながら性体験のない女生徒の処女を奪うことを趣味にしているとナレーションで説明される五月だが、愛奈の前ではネコ役の言わば両刀遣い。全裸になって愛奈と猥褻な接吻を見せつけ石原ゆりを挑発し、そこから約二〇分にわたる濃厚なレズ乱交が繰り広げられるのだ。

次章ではそんな篠原五月の出演作を解説しながら、ヘンリー塚本シナリオ作法の秘密をさらに探っていくことにする。

第十二章

さらにシナリオ作法の深淵へ・
迫力・情熱・魂の叫び。

『性に淫らな妻たち…レズビアン不倫地獄』（二〇〇二年）という作品について語ってみたい。主演は篠原五月。共演は川奈まり子、桜井あきら、杉沢麻子、ナンシーと個性派揃い。男優陣には小沢とおる、染島貢、奈加あきら、保坂順、と塚本組の常連である。中でも特出すべきは川奈まり子だろう。現在は怪談・ホラー小説を中心に執筆する人気作家になっている彼女だが、AV女優としては九九年に『義母～まり子 34歳』（ソフト・オン・デマンド 監督：溜池ゴロー）でデビュー。それまで熟女＝オバザンとキワモノ扱いされていたイメージを覆し、「美熟女」というブームを確立した言わば立役者である。メジャーな女優をあまり使わないヘンリー塚本にしてはめずらしいキャスティングであり、ゆえに俗っぽい言い方にはなるが、二大美熟女スター競演の話題作と言えるだろう。

作品冒頭には二人の女と一人の男が全裸で絡み合うイメージシーンに続き、〈SEXの好きな女は快楽にも貪欲だ。従って相手が男でも女でも愛してしまう。SEXも、男ともするし女ともやる。〉〈両刀使いの素敵な女は、男に抱かれるときはメスになり。女を抱くときはタチになる…」というテロップが現れ、やがてヒロイン篠原五月のアップが映し出される。つまりこれは前章の最後でヘンリー塚本が語ったように、篠原五月という女優の持つ貪欲な性と、彼女の魅せる濃厚なセックスに導かれて書かれたシナリオによる作品だと言える。

全編一四〇分。篠原五月を中心に展開する六話の短編が連なり、最終的に一本の長編ドラマになるという、これもオムニバス作品の多いヘンリー塚本らしい作風だが、まずは冒頭の「日常」と題されたキャプチャーが秀逸だ。これによって観る者は物語の世界に否応なく引っ張られることになる。

ちなみに九〇年代のデビュー当時は演歌歌手・八代亜紀風な巻き毛のロングヘアーで、夜の匂いのする妖艶さを振りまいていた篠原五月だが、本作ではバッサリとショートカットにイメージチェンジしている。それが清潔感のあるぶんだけ、かえって彼女の旺盛な性欲を内面に抑え込んでいるようで、溢れ出ようとする色気がそこかしこに漂う印象を受ける。さて――、

まずはマンションらしき建物の一室。朝の光が差し込むレースのカーテンの向こう、ベランダにてエプロン姿で洗濯物を干す諸星冴子（篠原五月）が映し出される。部屋の中ではベッドで眠っている工藤克也（小沢とおる）。目覚め、冴子に軽く手を振る。気づいて微笑み、手を振り返す冴子。二人の関係が夫婦なのか恋人同士なのかは不明だが、まさに幸せな「日常」の風景である。

冴子、干すのを終えて部屋に入り、工藤に「起きて、学校に遅れるわよ」と告げるも、口づけを誘われ濃厚な接吻を交わす。工藤「その前に一発ハメる」とパジャマのズボンを下ろすと、ペニスは隆々と勃起している。冴子、クスッと笑いそれをしゃぶり、自らもどかしげにパンティを下ろし、濃厚なシックスナインへ。二人は時間にせかされるように正常位でまぐわうのだが、そのときベッドサイドの電話が鳴る。工藤、受話器を取って冴子に渡す。どうやら彼女の母親からのようだ。「大丈夫よ、お母さん、私、幾つになったと思ってるの？」などと話している。工藤、そんなふうに母親と会話を続ける彼女のにお尻を持ち上げさせ、バックから挿入。

冴子は何とか声を押し殺して会話を続け、電話を切り後ろから激しく突いてくる工藤に「あなた、遅れるわよ」と言うも、「このままテーブルまで行こう」と誘われ、挿入したまま寝室を出てダイニングルームへ。そこはトーストとハムエッグ、サラダ、牛乳などが用意されている食卓。「もういい

いでしょう、抜いて」と言われ、工藤は洗面所へ。歯を磨き始める。

冴子、一人サラダを口に運んでいると、また電話が鳴る。出ると「まあ、お久しぶりねえ」と嬉しそうだ。「じゃあ、午後にチェリーで会いましょう」と待ち合わせを決めている。そこにいつの間にか現れた工藤、また背後から愛撫を始める。ブラウスをはだけ乳房を揉み、ヒップをまさぐる。電話を切り「誰?」「高校時代の親友よ」「男じゃないだろうな」「素敵な女。あなた好みかもしれないわ」という会話がなされる。電話の相手は冴子の旧友でレズビアンの恋人でもあった葉月（川奈まり子）なのだが、この時点ではまだ明かされない。

今度は冴子が洗面所へ。ナイトウエアを脱いでセクシーなショーツ一枚になり、自分の裸体を鏡に映していると工藤がやってきて、二人、頬を寄せて鏡に映る。「お似合いの二人ね。ベストカップル」と冴子が微笑むと、工藤「そう思うか?」と再び愛し合う。ひざまづいて小沢のペニスをフェラチオ、キスの繰り返し、立ちバックで狂おしく。それでも冴子が「ねえ、急がないと遅れるわよ」と言ったところでカットが変わる。

時間経過。居間でネクタイを締めている工藤。冴子、彼にジャケットを背中から着せて、出て行こうとするものの、玄関で靴を履いたところでまたもや狂おしい接吻を交わす。ここまで書けばお気づきの方もいるかもしれない。本作でもまた、YouTube作品『人性相談 家賃の代わりに汚れた愛を』で使われた、「スリルとサスペンス」の手法が繰り返される。フランソワ・トリュフォー言うところの、タクシーを拾って駅へと急ぐ男にひと言「こりゃいかん、汽車に乗り遅れちまうぞ」と呟かせるだけで、画面には狂おしいほどの緊張感が生まれるという法則だ。

このシーンでフックとなるのは篠原五月が繰り返す「急がないと遅れるわよ」だ。観る側からすれば小沢とおる演じる男が遅れようが遅れまいが本来関係ないはずだ。しかし、時間のない中で繰り返される猥褻な接吻と慌ただしいファックに、我々はいつの間にか囚われ気がせいている。

すると物語にはさらにドライヴがかかる。衣服を整え一度は玄関を開けるも、閉めてまた接吻を交わす二人。冴子「遅れるわよ」と工藤を促し玄関から外廊下に出て、そこでも人目がないのを確認してまた接吻。エレベーターの前まで行って、待つ間にまたもや舌を絡ませ合う。すると工藤、辛抱たまらんとばかりに「もう一発する！」と呻くと、二人は手を取り小走りで玄関に戻り、パンティをずらしただけで立ちバックに及ぶのだ。

イライラするほど繰り返される「遅れるわよ」～接吻～ファックの連続だが、作者はここに、実はもうひとつ巧妙な伏線を張っている。見るからにギラギラと性欲に溢れる小沢とおる演じる中年男の工藤だが、しかしなぜかここまで一度も射精はしていないのだ。以降はいわゆる「ネタバレ」になるが書かせてもらいたい。

慌ただしい立ちバックのセックスの後、再び二人はエレベーターの前へ。工藤、ひとりで乗るかと思いきや、冴子を抱き入れ、下降していくエレベーターの中でまた接吻。降りて一階のエントランスでもまた抱き合う。外に出て乗用車に乗り込み、運転席から顔を出してまた接吻。そこで工藤はやっと車を発進させ、冴子も笑顔で手を振り建物へと入っていく。

工藤の車を追うカメラ。しかし車はひとたび通りに出るものの、急ブレーキをかけUターンするのだ。またもや戻るのか！　少々呆れ気味に思っていると、突如その様子をベランダから見ていた女のショットになる。杉沢麻子演じる、同じマンションに住む人妻である。彼女は血相を変えて玄関へ走る。すると工藤が息を切らせて駆け込んでくるのだ。二人は狂おしい接吻を交わしながらベッドへ。お互い衣服を脱ぐのももどかしくフェラチオから正常位で挿入。工藤は慌ただしく腰を動かしたかと思うと射精し、麻子は彼に背広のジャケットを着せて送り出す。ここまでが冒頭から二〇分余。

つまり工藤は冴子と愛人関係を続けながら実は別の部屋に住む人妻ともデキていて、彼女は夫のいない間にこの男を引っ張り込み、情事を繰り返している。そして工藤が冴子とのまぐわいで一度も射精しなかったのは、最初からこの人妻の膣でフィニッシュしようと決めていたことがわかるという、実に鮮やかな章のオチであり、同時にこれから始まる長編ドラマの秀逸なオープニングなのだ。

何度も繰り返して恐縮だが、ヘンリー塚本の創作に於ける最大の特徴は、その呆れるほどの多作ぶりである。中でもシナリオの執筆に関しては、やはり常軌を逸していると言わざるを得ない。何しろひと月に最低で新作四本の撮影をして、総集編やオムニバスを含めると、多いときには八本の作品をリリースしていたのだ。撮影をする、編集をするということだけなら体力勝負ということもあるだろう。しかしことシナリオとなるとそうはいかない。毎回違ったシチュエーションとストーリーを考え出し、プロットを練って台詞を生み出していく。これを約三〇年間で二五〇〇作余り。とても人間業とは思えない。そんな創作の秘密を知りたいと思うのだが、当のヘンリー塚本は、

「台本を書こうとすると、自然に出てくるのです」と実に淡々と語る。

「もちろん色んなところにアンテナは張っていますよ。本も読みますし、週刊誌に載っているちょっとした事件、痴情のもつれによる犯罪記事なんかがヒントになる場合もあります。その時期に観た映画や、過去に観た名作からインスパイアされることもあります。ただ、台本を書くうえで悩んだことはないんです」

悩んだことがない、一度もですか？　と少し驚いて訊いた。

「ええ、ないんです。なぜかはよくわからないんですが、湯水の如く出てくるのです。だから台本を書くことで苦労したことはありません。それは戦場物にしてもレズ作品に於いても、近親相姦に於いても、どんな世界に於いても、プロットや台詞が原稿用紙に向かうペンの先から溢れ出てきます」

台本は常に土曜日と日曜日、自宅で執筆したという。

「平日は編集と撮影ですから、台本は自ずと会社が休みの土日になります。月曜日から木曜日はほぼ編集に明け暮れます。その間に女優さんが面接に来てくれることもありますし、社員と次の撮影の打合せをして、彼らは私が編集をしている間に撮影場所のロケハンにも行ってくれます。そして金曜日が毎週撮影でした。一時期は木曜日と金曜日両日が撮影ということもありましたね。ですから土日の朝は比較的のんびりと過ごし、お昼前から机に向かうという感じでした。その二日間で多いときには二本のシナリオを書くわけです。女房も平日は会社で忙しくしてましたから、掃除や洗濯はまとめて土日にやってましたね。彼女が掃除機をかけたり洗濯機を回したり、台所で昼食を作ってる音なんかを聴きながら、ペンを走らせるわけです」

何とも静かで穏やかな光景が眼に浮かんだ。書きあぐねるとか悩むとか〆切に追われて苦しむということは、本当に一度もなかったのだろうか？　そう尋ねると「ないです」と即答した。涼しげな表情だった。

「考えていたら毎週二本のシナリオは書けないと思います。確かに私が台本を上げない限り社員たちは何の準備にも動けないわけですから、〆切というものはあるわけです。でも、そういうことが頭の片隅に少しでもあれば、逆に壁にぶち当たったり、スランプに陥ったりしてしまうのではないでしょうか。だから机に向かうと自然にその世界に入っていって、身体の奥底から物語や台詞が溢れ出る状態でなければならない」

　身体の奥底から物語や台詞が溢れる――？　思わずそう口に出して少し絶句してしまった。するとヘンリー塚本はこちらの次の台詞を察して先回りしたように、

「それは才能とか、そういうものではないですよ」と微笑んだ。

「私は自分に文学的な才能があるなんて決して思いません。おこがましいです。ただポルノ、ＡＶを作る監督として、妄想する力はあるように思います。私には幼い頃から妄想癖、空想癖といったものがあった。貧乏だったせいかもしれませんね。本を買えなかった、玩具を買ってもらえなかった。だから空想だけはいつも逞しくしていた。それが大人になって、卑猥なこと、猥褻なシーンを空想する能力になった気はする。おそらく誰にでもあると思うんです。テレビでコメンテーターをしている人、弁護士とか裁判官とかもいますが、有罪だと人を裁いたり、公の場では立派なことを言いますけれど、その人にも仕事を離れれば性の世界がある。夫婦生活や恋人とのセックスもあるし、異性に対して卑猥な空想もすると思うんですね。私の場合そんなイヤらしい妄想をする力が、人より強いのではない

か」

　いや、こういうところこそ、実は彼の才能ではないか。確かに誰もが卑猥な妄想はするだろう。しかし自分がそんなことを考えていると知られたら恥ずかしいので、決して口にはしない。しかしヘンリー塚本の場合は生来の生真面目さから、そんな猥褻なイメージをとことん追求していく。

「それはあるかもしれないですね。先ほど話題に出た『黒のセクシーライダー』の、オートバイのシートにバイブを装着して挿入しながら走るなんていうのは、確かに漫画のように荒唐無稽な発想かもしれません。けれどああいう行為したら、女性はどんなを興奮を感じるんだろうと想像すると、自然にあの台詞が出てくるのです」

　地獄の三丁目へまっしぐら、というような？

「ええ。ですから自分の境遇に幸せだなあと感じていました。台本に向かうときは、常にその歓びを噛みしめて書いていたように思います」

　境遇、つまりAV監督であるということを――、

「そうです。研磨工をやり、朝鮮職場で働き、放浪してアムステルダムへたどり着き、女房と二人洋裁をやり、文房具のデザインに手を出したりもした。今思うとずっと長い間、私は自分は何を生業にしたらいいのだろうと探し続けていたような気がします。そうやって遠回りはしたけれど、この職業にたどり着いた。そうか、自分はポルノ、AVというものを撮るために生まれてきたのかもしれない。女房が掃除機かけたり洗濯機を回したりする音を聴きながら、俺は幸せだなあと感じていた。撮りたい作品を作り、書きたい台本を書ける。自分は素晴らしい世界に足を突っ込んでいるんだなあと日々

思っていました。だからこそAVとして、観る人を唸らせる台詞、観る人に突き刺さる台詞を書かねばなりませんね。台詞のやりとりこそが、観る人を興奮させると考えるからです。セックスの前、セックスの間で交わす男と女の台詞。レズ作品の場合は女と女のやりとり。そのためには情熱が必要ですね」

彼は「情熱」という言葉を使った。続いて「迫力」とも語る。

「ええ。先ほども言ったようにAVを軽々しく考えてはいけない。セックスというものを、男女がヤッてるところを描けばいいんだろう、女のハダカが写ってればエロくていいだろうということではいけない。観る人が若い男性ならそれでも満足するかもしれませんね。しかし私の作品のユーザーは四〇代、五〇代の大人だった。彼らに「うん、これぞヘンリー塚本作品」と認めてもらわねばならなかった。そういう人たちを満足させるためには、男女の会話に味わいがなければいけない。そして迫力も必要ですね。例えば男と女のセックスのシーンを描くとき、純粋な愛情だけで成就すれば幸せですが、人生はそんなに簡単ではない。だいいちそれではドラマとして面白くない。味わいに欠ける、感動がありませんね。AVで人を感動させるのはとても難しいです。でも、男がこの女をモノにしたいと思うとき、彼は自分の地位を使い立場を利用し、金をちらつかせるかもしれない。女は女で一見男に尽くし可愛い女を装いながら、そこにはしたたかな打算があるかもしれない。そういったお互いにすれ違う欲望があれば、そこには駆け引きが生まれるはずです。その感情を考えていくと、台詞は自分でも驚くほど溢れてきます。ドラマが生まれるからです。自宅で女房が掃除したり炊事をしたりする音を聴きながら書いていると、自分でも身震いするような台詞が出てくる。ちょっと違うなと思って書き直す、するとまたビビッと新しいのが飛び出してくる。これはいったいなんだろう、この溢れ出てくるものはなんだろうと、自分に問いかけることすらありましたね」

自らの思惑も超えて内面から溢れ出てくるもの、ヘンリー塚本はそれを「魂の叫び」と呼んだ。

「自分の内面、心の奥底にある声に耳を傾けました。そこには魂の叫びがあります。AVに対する熱い想い、自分の作品をいいものしたい、人の心に残るものにしたいという気持ち、それが常に奥底にある。熱い想いというと努力してるみたいだけど、それとは少し違う。だから我が身に驚愕したのも事実です。物語の筋書きや台詞が自然に湧き出てくることには自分でびっくりするというか、我ながら不思議ではありました。自分に酔えるのも才能？　そうだね、それはあったね」と少し愉快そうに微笑んでみせる。

「我ながら予想もしないような台詞が出てくると、自分で「ああ、いいなあ」と陶酔してしまう。私は感激屋ですから（笑）、台本に集中しその世界に入り込んでしまうと、いいなあ、いいぞ、おっとそうくるか？　面白いなあと、まるで誰かが作った映画を観ているように感動して、それがまた原動力になって次の台詞、展開が湧き出てくる」

かつてフランスの詩人でシュルレアリスム（超現実主義）の創始者アンドレ・ブルトンは自らの詩作の方法をオートマティスム（自動書記）と呼んだけれど、それを思わせるエピソードである。自身の意識ではなく、まるで何かが彼の肉体に憑依したようにシナリオを書かせるわけだ。

僕はこの時点でヘンリー塚本のシナリオ作法について、二つの仮説を立ててみた（それが彼の独創的な演出にも通じるのだが、これについては次章以降で改めて詳しく述べる）。

第十章でも書いたように今回インタビューを重ねていった過程で、「監督が若き日に感動した映画や影響を受けた映画のお話をして頂けませんか」と頼んだ。その際彼はなぜか少し戸惑うような、躊躇するような表情を見せた。そして次の取材の日に、こう切り出したのだ。

「映画の話をということでしたが、私は今年で七九歳になります。それでもとても未熟な人間なんです。ですから映画というものに関して、すべてを知っているわけではありません。ただ長年、映画を人生の楽しみとして観てきました。なのでこの映画という素晴らしい芸術のことを、実は何ひとつわかっていないのではないかという気もします。そういう人間だけれど、今回、東良さんがそういう質問をしてくださった。ならば私自身が映画について考えたこと、私自身がいいなと思ったことを精一杯、お話したいと思います。それでいいですか」と。

その言葉を聞いて、僕は感動していた。そうか俺は、この人のこういうところが好きなのだ。この生真面目さ誠実さこそが、ヘンリー塚本という人が作るアダルトビデオの軸になっているのだと。だから他のAVとは根本的に違うのだ。しかし同時にこうも思った。以下が仮説その一である。

これまでも述べてきたように彼は少年時代から膨大な数の映画を観てきたが、それは本人が強調するようにあくまで「人生の楽しみ」のためであり、自身の作品に生かそうという想いは一切なかったのではないか。世の映画好きの中には——特にヘンリー塚本のようにビデオやDVDがなかった頃からの映画ファンには——名画座に通い詰め、ストーリーや感想を几帳面にノートに書きとめるような人も多かった。しかし彼はその手のタイプではなかったのだ。けれど逆にそうやって敢えて言語化しなかったことで、膨大な映画の情報が無意識下に沈殿したのではないか？　そんな心の暗闇に潜む魑魅魍魎のようなデータベースが、台本を執筆する際に突如溢れ出し、まるでその肉体に憑依したようにペンを走らせるのだ。

ゆえに敢えて考えようとせず、ただ無になって原稿用紙に向かったとき、本人にも思いもよらぬアイデアや台詞が湧いてくるのだ。それは海で漁師が放った網に、それまで一度も人類が眼にしたことのない深海魚が姿を現すようなものだ。だからヘンリー塚本の書く台詞は個性的でありエキセントリックであり、ときにグロテスクな人間の欲望を映し出すのだ。

これにもうひとつつけ加えるとすれば、ヘンリー塚本はもしも「我が生涯の忘れられない映画」と問われれば、『スパルタカス』（一九六〇年）と『ドクトル・ジバゴ』（一九六五年）と答えるだろうとも語っている。前者は監督スタンリー・キューブリック、主演はカーク・ダグラス、ローレンス・オリヴィエ。後者は監督デヴィッド・リーン、主演はオマー・シャリフ、ジュリー・クリスティ。誰しも異論を唱えることはないだろうハリウッドを代表する名画であることは間違いないが、同時に両者とも非常にスケールの大きい叙事詩的な長編である。上映時間も一八六分、一九七分と非常に長い。邦画では前章で触れたように三部作・合計上映時間九時間三一分にわたる、小林正樹監督の『人間の條件』（一九五九年・一九六一年）を挙げている。毎年大晦日に池袋文芸地下で催される、オールナイト一挙上映が楽しみだったと。

ヘンリー塚本自身も二〇〇〇年代以降は大きな物語を持つ戦場物や時代劇を手がけてはいるが、それでもやはりＡＶである。ポルノグラフィの中に壮大なイメージを持ち込もうとすればそこにはどうしても歪みが生じる。しかしそんな不自然な歪みが、逆に彼の作品の大きな強みであり魅力になっている。

ゆえに彼はＡＶという時間にも予算にも限りのある中でシナリオのあるドラマを撮影するという制約の中で、ストーリー展開よりも画面に於ける緊張感、人間のエモーションを重視することになる。従ってヘンリー塚本作品では時にシーンは何の脈略もなく突如変わるし、映画やテレビドラマ的な、常套句としてのオチを無視してバッサリと終わることもある。しかしそれはユーザーがセックスシーンを期待して観るアダルトビデオでは効率的に生かされ、同時に映画やテレビドラマでは絶対に味わうことができない唯一無二の個性になったのだ。

そしてもうひとつがやはり、その膨大なる多作ぶりからくるものである。「人間の脳は実はその一〇パーセントしか使われていない」という説がある。これはドイツ生まれの詩人で作家、ウィリアム・ヘルマンスの著書『アインシュタイン、神を語る』に記載され理論物理学者アルベルト・アインシュタインの言葉が起源だとされる。しかしアインシュタインは実際にはそんな発言はしていないという説もあり真偽のほどは不明なのだが、それでも人間だから一時的に忘れている記憶や、無意識下に沈んでいる願望や欲望はあるだろう。特に性に関する記憶や妄想は、抑圧されて日常の生活では表に出ないことが多いはずだ。しかしヘンリー塚本ほど多作であり、敢えて頭で考えず皮膚感覚で物語を生み出そうとすると、普通の人なら未開発で終わる部分にまで創作の開墾がなされるのではないか？つまり塚本作品に顕著なあの思いも寄らぬ展開、奇抜な発想、セックスへのエモーション、飢餓感、背徳的な快楽はすべて、そこから溢れ出たものだと考えられないか。だからこそ我々観る者の脳の未開発な部分までを、まるで痒くてたまらずそれでも掻けない部分を掻いてくれるように、官能的に刺激するのだ。

さて、そんな執筆方法を念頭に置いた上で、今一度『性に淫らな妻たち…レズビアン不倫地獄』に戻ってみたい。

冴子（篠原五月）と葉月（川奈まり子）は約束通り「チェリー」という名のカフェで再会し、「ここでキスする勇気ある？」と店内にも関わらずテーブル越しに舌を絡ませる。お互いの唾液が唇から大量に滴るほどの猥褻な接吻だ。そうやって互いを昂ぶらせ合ったところで冴子のマンションに戻り、お互いに服を脱がし合い、ショーツ一枚になり、セックスが始まるかと思いきや、舌を絡ませ合い、お互いのヒップをまさぐり合いながらの接吻ダンスが始まるのだ。タンゴのリズム、淫靡なムード音楽に乗せた美女二人の卑猥な踊りも見物なのだが、何ともヘンリー塚本らしい台詞の応酬が味わえるのが、「嫉妬」と題された次の章である。

シナリオを再現してみよう。

強い雨が降っている。マンションの軒下に傘と学生鞄を持って立っている制服姿の女子高生、石橋愛子（桜井あきら）である。鋭い表情である方向を見つめていると、やってくるのは傘を差して歩く篠原五月演じる冴子である。愛子、雨の中に飛び出し、冴子の行く手を遮るように立つ。

愛子「（意を決したように）先生、お話があります」

　冴子、何かを言いたげだが、敢えて「そう？」と素っ気なく答え、愛子に促されるままに従う。建物は冴子の住むマンションだろう、その人気のない非常階段に入る。外階段だが雨は避けられる場所だ。二人は傘を閉じ、階段のコンクリートに横並びになって立つ。
冴子「おっかない顔して、なんか文句でもあるの？」と怒ったように言う。
愛子「工藤先生とデキてるって本当ですか」
　ここでやっと、最初の章「日常」で冴子が工藤に言った「起きて、学校に遅れるわよ」の意味がわかる。冴子も工藤克也（小沢とおる）も高校教師であり同僚なのだ。
冴子「（うんざりした表情で）質問の意味がよくわからないわ。何言ってんの？」とシラッと言う。
愛子「とぼけないでください。工藤先生とたびたびセックスしてるんでしょう？」
冴子「（ため息をつき）そんな卑猥な質問には答えられないわ」
愛子「教師が生徒の質問に答えられないっていうんですか」
冴子「セックスだのデキてるだの、そんな不謹慎な質問に答えられるわけないでしょう」
　呆れるほどあけすけな言葉のやりとりであり、そのぶん緊張感に満ちた会話だ。しかしここからさらに勢いがつく。
愛子「不謹慎極まりないのは、諸星先生のほうじゃないですか」と一歩も引かない。
冴子「生徒が教師に向かって言う言葉じゃないわよ」
愛子「質問に答えてください。工藤先生と諸星先生は、いったいどういう関係なんですか」
冴子「私と工藤先生がどういう関係だろうが、お前には関係ないでしょうが」

愛子「やっぱりあるんですね」
冴子「だからなんだっていうの、石橋」
ここで作者は敢えて、教師である冴子に生徒の愛子を「お前」「石橋」と呼ばせている。それが観る者の心に棘のように刺さり、次の台詞展開の伏線となる。
愛子「もし付き合ってるんでしたら別れてください」と冴子を見ずに言う。
冴子「ずいぶん身勝手なこと言うわね、お前。理由は？」
と問われ、
愛子「(冴子を正面から強い表情で見つめ) 工藤先生と私、もうずっと前から深い関係にあります」
冴子、思わず眼を逸らす。
愛子「(続けて) 工藤先生は私のものです。何度もセックスしてる仲です」
冴子「(見て) 何度かって、何回くらいよ」
愛子「数え切れないくらい」
その表情には優越感すら窺える。冴子より自分のほうが抱かれているという優越感である。
冴子「いつ頃からよ」
愛子「ずっと前から」
そう言って冴子に一歩近づき面と向かって、
愛子「私、妊娠もしました。工藤先生の子です」と言い放つ。
しかし冴子、動揺するどころか口元に皮肉な微笑みを浮かべ、冴子「それで、産んだの？」
愛子、冴子を見つめながら少し言いよどみ、
愛子「堕ろしてほしいって言われて、堕ろしました」
冴子、声に出さず笑ってみせるが、初めて複雑な表情を見せる。
愛子「びっくりして何も言えませんか、諸星先生」
そう言われ、
冴子「小憎ったらしい口をきくわね、あんた」
愛子「お前とかアンタとか、よく言うわ、先生」
冴子「（微妙に笑って）小憎ったらしいからよ」
愛子「――私だって諸星先生が憎たらしいです」
冴子「（口元だけで笑い）工藤先生と結婚でもするつもり？」
愛子「私、そのつもりです」
冴子「――へえ、工藤先生は何って言ってるの？」
そう、せせら笑うように問われ、
愛子「（ムキになったように）工藤先生は私のカラダに夢中です。逢えば、必ずセックスします。ゴムだってはめたことありません」
冴子、笑う。
愛子「どうして笑うんですか」

冴子「可笑しいから笑うのよ」

愛子「（冴子の前に立ちはだかり）どうして可笑しいんですか」

するど冴子、何とも意味ありげに微笑み、
冴子「あなた、なかなかイカスわね――、可愛い顔してるわ」

愛子、その意外な言葉に明らかに動揺して眼を逸らし、離れる。

冴子、愛子の肩にソッと手を置く。

愛子、肩に置かれた手を一瞬だけ見て、乱暴に振りほどく。

冴子、ゆっくりと愛子に近づく。愛子、見る。

冴子「（囁くように色っぽく）ねえ、石橋、私の部屋に来ない？」

愛子、そんな突然の女教師のなぜか妖艶な台詞におののくも、動揺しているのを悟られないように、
敢えてツッパってみせて、
愛子「（そっけなく）いいですけど」

冴子「（微笑んで）そう？　よかった。じゃあ行きましょう」

と歩き出す。愛子、後に続く。

いつの間にか雨はやんでいる（天候もドラマ運びに味方しているのだ）。

二人、傘を閉じたまま歩いていく。


その後、部屋に入った冴子は愛子を誘惑。「私、手を引いてもいいわよ」と工藤との別れを匂わせ、

レズビアンの世界へと誘い込む。ここでも唾液が糸を引く濃厚なキスが繰り返され、少女は「工藤先生と別れてくれるんですね」と訴えつつもやがて大人の女の接吻に溺れていく。

ここでは一見、冴子が言葉巧みに女生徒の若い肉体を手に入れたように見えるのだが実は違う。事後、帰り道をゆく愛子の表情に以下のモノローグが被る。

「変なことになっちまった。すっげえ、キス。まいったね。トロけるよ。腑抜けにされちゃいそう。あれで教師やってんだよ、信じらんねえ――」

愛子はそう心の中で呟いて、余韻を味わうように自分の唇に指で触れたかと思うとニヤリと笑うのだ。

以降は葉月（川奈まり子）と愛人の男（染島貢）とのセックスがあり、冴子はベリーショートの髪に野球帽を被り、半ズボン姿というまるで少年のような少女（ナンシー）と浜辺で愛し合う。また工藤とは別の中年男（奈加あきら）や、教え子の男子生徒（保坂順）とも猥褻なセックスを繰り返す。そしてラストは再び浜辺にて、若い女（芸名不明）と工藤（小沢とおる）との3Pに及ぶ。

本作を貫くのは篠原五月演じる諸星冴子の徹頭徹尾、自由奔放な姿であり、セックス肯定論である。自分の立場が教師であっても、相手が男であれ女であれ、誰と寝るのも自由だ。欲しいものはすべて手に入れてしまえ、本人が拒否しない限り、相手が教え子の男子生徒であれ女生徒であれ楽しんでいいのだ、性を謳歌していいのだという、作者・ヘンリー塚本の哲学なのだ。

第十三章

独創的かつ特異な演出スタイル・
夢のあるＡＶ・光り輝く存在であれ！

本章ではヘンリー塚本の独創的な演出、撮影やそのカット割りから編集に至る、唯一無二の映像作法について語ってみたい。

intermission#1で触れたように二〇一四年の夏、僕はヘンリー塚本の撮影現場を取材する機会を得た。埼玉県戸田市美女木にある廃工場跡をロケセットに行われた、FAプロ年に一度の大作戦争物『性的拷問 美しき女体』という作品である。

廃工場の屋内その一角を使い、捕虜になった女性兵士（江波りゅう）を、敵国の将校・染島貢、幸野賀一、小沢とおるの三人が取り調べるシーンが撮影されていた。折しも八月初旬の記録的な猛暑日、エアコンのない摂氏四〇度は軽く超えているであろう空間。キャスト、スタッフ全員が汗を滴らせる中、ヘンリー塚本は大型のデジタルカメラを肩に担いでいた。

物語は江波りゅう（役名：ホアン・モレノ）以下、四名の女性兵士が連行される場面から始まる。彼女たちは北バルセニア民族解放戦線（通称：バリコン）の工作員であり、作中「隣国」と呼ばれる敵国の陸橋を爆破。それによって同国副首相、保安省長官、及び、警護部隊八名が殺害された、その容疑者である。

「バルセニア」はヘンリー塚本の戦場物に必ず登場する国で、元々は実在の国名を使うとビデ倫（日本ビデオ倫理協会）の審査を通過しないため考えられた架空の地名だが、それが九〇年代半ばのこと。そこから約二〇年、作者とFAプロファンの脳内には、SF作家ロバート・A・ハインラインの「未来史」や村上龍『五分後の世界』のように、今ではバルセニア国の歴史が形作られている。

隣国の兵士たちがそんなバルセニアの美しい女性闘士を「尋問」と称し言葉でいたぶっていくシー

ンだった。将校役の幸野賀一は眼帯を、染島貢に至っては左目に義眼を入れた迫力ある特殊メイクを施していた。「お前はイヤらしい唇をしてるな」「男の魔羅を咥え込みたくて仕方ないだろう」と三人の男から次々と浴びせられる卑猥な言葉、滴る汗、不気味に回り続ける旧式の扇風機、本編では十五分以上にも及ぶ芝居を、ヘンリー塚本は三脚を一切使用しない手持ちのカメラで、めまぐるしいカットバックの連続で撮影し続けていた。

通常、映画やテレビドラマの撮影は「ドライリハーサル」「カメラリハーサル」「ランスルー」「本番」という手順を踏んで行われる。近年はデジタル技術の進歩によってもっと斬新な手法が採られる場合も多いが、かつてフィルムが主流だった時代はこの方法が一般的だった。「ドライリハーサル」とは言わば芝居の段取りのことで、カメラや照明をセッティングする前に役者が動いてみせて、それによってカメラ位置や照明のプランが決まる。そして実際にカメラマンがファインダーを覗きながらの「カメラリハーサル（カメリハ）」があってカット割りが決まる。そしてシーン全体を本番とほぼ同じように通してやってみる「ランスルー」があって、やっと「本番」となる。

さらにワンカメ（カメラが一台）の場合はカットごとに撮っていくので、ワンカットずつに何度か「テスト」が繰り返されて「本番」になるわけだが、アングルによって照明の位置や光量が調整されていく場合もある。

しかしヘンリー組ではそんな段取りは一切なかった。「カメリハ」はおろか「ドライリハーサル」すらなく、すべてが文字通り「ぶっつけ本番」で進んでいく。「ドライリハーサル」がないということは、役者がどう動くかがわからないままカメラを回していくということだ。ヘンリー塚本は「オーケイ、カット。染島、今のはよかった。その机を叩く前の動作からやってくれ。ヨーイ、スタート」「カット。小沢、今、汗を拭ったな。その後からいこう。ヨーイ、スタート」と脳内でどんどん編集点を作りカットを繋いでいく。つまり役者の動き、表情、芝居に合わせて即興でカット割りをしていくのだ。

なるほどそういうことか――と、長年抱いていた謎の一端が見えた気がした。一般の映画やドラマでは監督はディレクターチェアに座りモニターを見ている。いわば芝居を外側から眺めているわけだ。しかしヘンリー塚本は違う。重いカメラを担いで自ら物語の世界に入り込んでいる。だから画面にはあの息の詰まるような緊張感が生まれ、役者たちの放つむせかえるような欲望のエモーションを、迫力を失わずヴィヴィッドな映像としてカメラに収めることができるのだ。

演者たちも同様だ。カットとカットの間がほとんどない。そのため彼らには素に戻る時間がない。つまり徹底的に役に入り込んだ状態で撮影が続けられる。これによって女優も男優も一種の興奮状態が続き、やがてトランス状態に陥りあたかも台本に書かれた役柄が憑依して、魂が熱く煮えたぎっていくように見えた。

眼を惹いたのはそのために常に台本を手にし、役者に台詞を口伝えで教えるスタッフがその場に張り付いていることだ。ヘンリー組の演者は女優も男優も芸達者が多い。だから一通りの台詞は頭に入っているようだった。しかしそれでもあまりにめまぐるしくカットが割られるため、咄嗟に次の台詞が出てこないこともある。しかしそこで一端台本を手に取って台詞を確認していては緊張の糸が途切れる。同時にカメラを回すヘンリー塚本の撮影リズムが崩れるからだろう、台本読みのスタッフが次のカットの台詞をすかさず言い、役者は目線を変えないまま次のカットの台詞を続けるのだ。

撮影リズムといえば、カメラアシスタントも実に特異な存在だった。一般的なカメラアシスタントといえば三脚などのセッティング、バッテリーの交換などまさにカメラマンを補助する役目だが、塚本組の場合はかなり違う。その日『性的拷問 美しき女体』では、江波りゅう演じる女性兵士に対し、ヘンリー塚本の「江波、哀しい顔はしない」という声が何度も飛んでいた。「江波、あなたは女闘士なんだ。常に凛々しくいなさい。犯されても誇りを忘れちゃだめ！」と。カメラを担ぎファインダーを覗きながら「そうだ、その力強い眼差しがいいな。それでいこう、ヨーイ、スタート！」とカメラが回る。しかし時に「いや、江波、そうじゃない」と塚本が江波りゅうに近づこうとすると、背後からカメラアシスタントがスッとカメラを受け取る。そして顔を近づけ「台詞を言ってみて……いや、違う、もっと冷たく……そう、しかも力強い口調。そうだね、で、そのとき顔の位置はこっちだ」と指示、江波、やってみせる。「うん、それでいい。その感じでもう一度いってみよう」、ヘンリー塚本がそう言ったときには既にカメラアシスタントからカメラが渡され、いつの間にか彼の肩に乗っているのだ。まさに流れるような連携プレーだった。

この独創的かつ特異な演出スタイルはどのように生まれたのか？　ヘンリー塚本自身の言葉は後ほど紹介するとして、その撮影を長年間近で見続けてきた人物に話を聞いてみた。intermission#2でも少し触れた、ながえ監督（旧監督名：長江隆美）である。

ながえ氏は一九七〇年生まれの愛知県出身。高校時代、地元の映画館でジョン・ウー監督の『男たちの挽歌』（一九八六年）に出会って以来映画に魅せられ、卒業後は映画監督を目指して上京。新聞奨学生をしながら「にっかつ芸術学院」で二年間映像を学ぶ。卒業後はアルバイトを続けながら自主映画制作に取り組み、TSUTAYA主催の第1回『インディーズムービー・フェスティバル』では八〇分の長編作品『SIDE・B』で入選を果たす。

FA映像出版プロダクトに入社したのは一九九五年、二五歳のとき。そういった経歴もあって入社から三カ月ほど経った頃、アダルト用の短編シナリオを書いてヘンリー塚本に見てもらう。本人は「社長の作品の何かのネタにでもなれば」という気持ちだったそうだが、「自分で撮ってみなさい」と言われ、これが『女子大生由美子19才』というAVデビュー作となる（ヘンリー塚本作品『愛欲と性欲のアパート203号室』とカップリングでリリース）。

その後、約五年間ヘンリー組のスタッフを務めながら習作に勤しみつつ、ヘンリー塚本オムニバス作品のパート監督を二八作にわたり担当。二〇〇一年、FA映像プロダクト内の新レーベル「シネマK」より『メール不倫 知られざる妻の素顔』で本格的にAV監督デビュー。以降、監督作をコンスタントにリリースしていく（当時は「長江隆美」名義）。

そして二〇〇三年、『禁じられた愛欲〜かけおち』が、僕自身も選考に関わったAV批評誌『ビデオ・ザ・ワールド』（コアマガジン）上半期AVベストテン第一位を獲得、同時に『家庭内性乱脈SEX相関図』他二作の評価により、監督賞も同時受賞した。『かけおち』はまさに映画そのものの本格的かつ迫力ある演出に加えセックスシーンの興奮度も極めて高いという稀に見る傑作。また『家庭内〜』

はAVには極めてめずらしいシチュエーションコメディ（ご丁寧にも観客の笑い声入りだった）であり、七人の選考員は全員大きな衝撃を受けた。半年後の同年下半期にも『誘拐犯と妻』で第一位を獲得。期待の新人監督から一躍、AVを代表する作家へと注目を浴びた。

二〇〇六年にはFA映像プロダクトを退社し、自身のメーカー「ながえSTYLE」を始動。以降も二〇〇九年『投稿実話・妻がまわされた2』で『ビデオ・ザ・ワールド』誌AVベストテン、四回目の第一位を獲得。また二〇一一年には一般劇場公開映画『WORTHLESS WOMEN 抜けない女』（主演・艶堂しほり）も公開した。

では以下、そんなながえ氏のお話を――、

「自主映画を目指したのは、僕が新聞奨学生だったからです。「にっかつ芸術学院」という学校は調布の日活撮影所内にあったこともあり、プロの映画関係者が出入りしていました。なので学生たちはみんな、そこでコネを作って現場に呼ばれてました。なので学生たちの間ではいつも、「自分は伊丹（十三）組と繋がった」「那須（博之）監督のチーフに呼ばれた」「俺は今度、セカンド（助監督のナンバーツー、上にチーフはいるが実質的に現場を仕切るのはセカンド）だよ」みたいな言葉が飛び交ってましたね。そうやって学業よりも現場に行くようになって、そのまま職業になる人が多かったんです。学校でも就職先の案内はありましたけど、撮影以外のつまらない仕事ばかりだったので、誰もがコネ作りにしか興味がなかったんです。僕もプロの現場で働きたかったしみんなが羨ましかったんですが、新聞奨学生は授業が終わったらすぐに夕刊の配達があるし、その後も夜中まで集金をやらなきゃならない。だからできなかったんです。一応最後のあがきじゃないけど卒業制作の監督だけはもぎ取ったんですけど（総生徒数当時一五五名のうち、提出したシナリオが優れていると認められた三名のみが監督に指名された）、単なるいい想い出作りで終わりでした（笑）」

「ただ卒業後、幸いにも周りに自分と同じような友だちが何人かいたので、「コネが無理なら才能で勝負してやろうぜ」と、アルバイトをしながら自主映画を作っていこうと決めたわけです。しかし一緒にやっていた友人たちはやがて夢破れてというか、田舎に帰ったり就職したりで一人、また一人といなくなっていった。僕もアルバイトで資金を貯めるのは年々しんどくなるし、借金は増えるわ仲間はいなくなるわで、そろそろ潮時かな、就職しようかなと考えた。でもどうせやるなら、カメラや機材を扱えて技術を覚えられる映像制作の会社がいいなと就職情報誌を探したんです。そこで見つけたのがＦＡプロでした。すると〈完全週休二日、土日休み〉と書いてある。しかも給料がムチャクチャよかったんです。ああ、これなら自主映画あきらめなくて済むかも？　そう思って面接に行ったんです」

「僕は駒沢の社屋は知らないんですよ。池尻大橋に引っ越した直後だったんだと思います。ビルのフロアを二階ぶん借りてた。驚いたのは東良さんも何度か来たから知ってると思うけど、ワンフロアがかなり広い空間です。そこが妙にガランとしてた。中年の女性が二人に、若い男性が一人しかいない。後からわかったんだけど女性の一人が専務、つまり社長の奥さんで、主に経理を担当してた。もう一人が奥さんの若い頃からの親友で、その人が普通の会社で言えば総務みたいな感じですかね。若い男がＨさんという、現場ではチーフ助監督みたいな立場の人でしたけど、だから僕は、そうか、今日は撮影か何かがあって、スタッフはみんな出払ってるんだなと思ってた。でも実は、社長を除けば正真正銘その三人だけでやってたんです」

実はそれ以前にいた二人ほどの撮影スタッフが退社したので募集がかけられたそうだが、それにしても圧倒的に少ない人数である。第一章で記したように僕が駒沢にあったビルを訪れたのが一九九四年の四月。そのとき既にヘンリー塚本は孤高の存在でありながらAV監督として確固たる名声を得ていたし、FA映像プロダクトは押しも押されもせぬ人気メーカーであった。ながえさんが面接に訪れたのはその翌年のことである。

「なぜそんな少人数で済むかというと、ヘンリー塚本が何から何までやるからなんです。監督・撮影はもちろん編集もすべて自分でやるし、当時は一部を除いて、パッケージのデザインまで自分でやってました。だから僕ら若い社員は平日何をやってるかというと、商品のシュリンク作業（熱を使ったフィルム包装）ですよ。言っちゃ悪いけど普通ならパートの主婦とかに募集をかけるような簡単な作業です。それまでのバイトに比べたら天国みたいに楽な仕事で、もちろん撮影は朝から晩までの肉体労働ですけど、それも週に一回ですからね」

そういう環境だったから、入社三カ月にして『女子大生由美子19才』のシナリオを書くことができたということはありますか？

「ええ、でも決してヒマだったからではないです。当時はまだ土日に自主映画に専念してましたし、会社では撮影を学ぶために、もっと制作に絡みたかったんです。AVとはいえせっかく映像の会社に入ったんだから、単純作業ばかりでは嫌だった。若かったしものづくりに飢えていた。もっとヘンリー塚本と同じことがやりたかった、という気持ちでしたね」

さてもうひとつ社員の数が極端に少なかったのは、序章でも書いたがある時期までFAプロには営業をする人間が誰もいなかったからだ。

「それも驚きでしたよね」とながえ氏は少し呆れたように言う。

「作品を作るヘンリー塚本がいて、奥さんが専務兼経理でいて奥さんの友だちが手伝ってる、それだけで何の営業活動もなく勝手に売れていくわけです。当時のAVといったらVHSテープで、価格は一万四〇〇〇円とかですよ。それが飛ぶように売れていく。総務の女性が「また追加注文来たわよ」「また来た、みんな頑張って！」とか言って、僕らはシュリンクして段ボール箱に詰めて、宅配便で問屋に発送するという作業を日々やるわけです。僕と一緒に入った同期が三人で、チーフのHさん含めて五人でしたけど、全員が二〇代半ばの男だから、一応AVは観たことはある。でも例えば単体のテレビとかにも出るような可愛い女の子のビデオならわかるけど、なんでこんな無名の女優しか出てない、怪しげな黒いパッケージのAVが売れるんだろうって、不思議に思いながら作業してましたね」

後に自身のメーカーを立ち上げ、当初は出資者がいたものの現在はオーナー兼監督として商品を売ることに長年苦労してきた、ながえ氏ならではのリアルな発言だと思う。ではそんな若き日の彼が体験した、ヘンリー塚本の撮影現場とはどんなものだったのだろう。

「撮影ですか、うん、僕が入った頃は毎週金曜日でしたけど、まずは早朝、渋谷のビックカメラ前に集合するんです。ええ、宮益坂下の、明治通り沿いです。出演者を乗せるロケバス、機材車、スタッフ車の三台で現場に向かいます。スタッフ車が先頭を切って走るんですが、ヘンリー塚本は常にその最前列に陣取るわけです。つまり助手席に乗るんですが、当時は携帯がほとんど普及してなかったから、トランシーバーでしたけど、それでもう、社長は最初から最後まで怒鳴りまくってるわけです」

怒鳴りまくってる？　と、思わず聞き返した。

「そう（笑）。ＦＡのオープン（野外撮影）って田舎が多いでしょう？　千葉とか埼玉とか、都内でも奥多摩のほうまで行ったりする。だから早朝から出発するんだけど、ナビなんてない時代だから、ロケバスや機材車を運転するスタッフが道を間違えたりする。そうするともう、「何やってンだーッ！」って雷が落ちる。とにかくヘンリー塚本という人は早く撮影がしたくしたくてたまらないわけです。しかも撮影時間が限られてるから一秒でも早く着きたい。そんなとき道に迷ったり、「すみません、渋滞にハマりました」なんて言った日にゃ、「左側の路側帯（緊急用の道で通行してはいけないところ）を走れ！」なんて怒鳴られたりする。もちろん本気で交通違反をしろと言ってるわけじゃないんだけど、それだけ鬼気迫ってるんです」

つまり一秒でも現場に早く着いて、一秒でも早く撮影に入りたいと？

「うん。あの創作意欲の溢れ方というのは、本当にすごかった。台本に書かれてるものだけじゃなく、その場で思いついたものまで、撮りたいものはどんどん撮っていく。もう打合せの段階からして強烈ですから、俺はこういうのが撮りたいんだ、こういうシーンが撮りたいんだって、すごいテンションで熱弁を振るう。そこで僕らスタッフはじゃあどういう段取りでいけばいいかと考えるわけだけれど、現場に入ってしまうとまた一段二段とギアが上がってしまうから大変。というのもＦＡの場合一般的なＡＶのように近場のスタジオじゃなく地方ロケだし、わずか一日でドラマを撮り切らなければならない。そもそもが無理なことをやろうとしてるわけです。僕らスタッフはついていけないどころか置いてきぼりですよ（笑）」

なるほど。人間ばなれした強烈なパワーで、不可能をむりやり可能にしちゃうわけだ。

「まあ僕が入社した頃はまだ若かったですからね。五二歳。実は今の僕と同い年なんです。でも自分と比べてしまうと、やはりあのパワーは驚異ですね。一秒でも早く現場に着いて撮影したいということに関しては、「限られた時間内にいかに沢山のカットを撮るか。これが俺にとっては重要なんだ」とよく言ってましたね。そして「すべて撮り終わって重たいカメラを置いたあとは燃え尽きてそのまま死んでしまいそうなぐらいにぶっ倒れる。でもそれが生きてるという実感を味わえるんだ」と。正確な言葉ではありませんが、そんなようなことも言ってた記憶がありますね」

撮影といえばその手法も実に独創的、唯一無二ですよね。

「それも衝撃的でしたね。初めて現場についたとき、まず台本の分厚さに驚いて、チーフのＨさんに「あのう、今日はどこまで撮るんですか?」って訊いたら、「えっ、全部撮るよ」って平然と答えて。普通なら三シーンくらいで一日終わっちゃうくらいの台詞量ですよ。それの五倍、六倍のシーンを撮って、さらに絡み（セックスシーン）も撮り切って、一日で作品一本分は最低でも撮ってしまう。オムニバスが多い? そうそう、四話、五話の短編でも女優を五人、六人と連れていって、次から次へとワーッと撮ってしまう。あれも人間業《わざ》じゃないと思いましたね」

ながえさんは現場では当初どういう役割だったの?

「僕はね、初めて行った現場からカメアシだった。そのHさんという人が全体を仕切る、言わばチーフ助監督兼制作進行ですよね。撮影の段取りから「メシは何時にするから弁当幾つ買っといて」みたいな指示までする。それで「ながえくんは映画学校行ってたし自主映画の経験もあるんだよね、だったらカメラ持ちやって」と言われて。だから今思うとすごくラッキーでしたね。ヘンリー塚本の演出をいちばん間近で見られた。そしてもう一人、同期で入ったヤツが台本読み担当になった」

ああ、あの台本を読むスタッフがいるというスタイルは既に完成していた？

「そう。あれはすごい発明ですね。というのもAVの場合、台本が渡されるのは当日です。だから役者には現場で台詞を覚えてもらうしかない。そもそもAV女優・AV男優は本職の役者じゃないから、数日前に台本を渡しても覚えてこないし、覚えてきてほしいと頼んでも、「別に演技をするために来てるわけじゃない」という反発も強かった。まあ、当時はAVにドラマなんか必要ないと思われていた時代でしたからね。だからヘンリー塚本組では当日台本読みの係が覚えられる範囲、だいたい一行前後のセリフをキャストに口伝えで教えて、監督は「こんな風にしゃべれ」と演出する。キャストは意味も分からずその通り演じる。単にその組み合わせなんです。ところがヘンリー塚本の場合、それを繋いでいくとまさに緊迫感ある男女の駆け引きのようになっているんです。ど素人でも名優に見せてしまう、魔法の演出法だと思いましたね。何しろAVという時間のない環境で、長いドラマを撮るにはベストな方法論には違いないです。実は僕もそれを引き継いで、今も台本読みスタッフを置いて撮影をしてます」

なるほど。ながえさんがFAプロに入った頃といえば、ヘンリー塚本はAVドラマを撮り始めて一〇年ほど。その間に様々な試行錯誤があって、カメラ持ちと台本読みがつきっきりで脇に付く、あのスタイルが出来上がったのではないか。

そんなふうに間近で見ていたながえさんが感じた、ヘンリー塚本演出のすごさってどういうところだろう？

「ヘンリー塚本作品ってね、よおく観るとカットとカットがちゃんと繋がってなかったりする。いわゆるジャンプカットですよね。だから不自然さはあるんだけれど、でもそれが、観る人を惹きつけるものになっている。画面に緊張感が出るし、独特な間とテンポを作ってる。それはなぜかというとスピード感が出て、観る人を決して飽きさせないから。強烈に引っ張っていくんです。アダルトのお客さんってよく「ＡＶに芝居なんて要らないんだよ」って言うでしょう？　なんでかっていうと、エロくもない素人以下の台本に、安っぽい三文芝居だからそう思われるんです。そもそもＡＶ屋さんにはドラマの演出家なんていなかったから作り手も素人。可愛い女の子になんちゃってお芝居させてただけの、内輪ウケものばかりだったからそう言われても仕方なかった。しかしヘンリー塚本はそこをよく知っていて、どうすればドラマも演技もチープじゃないものにできるのか？　相当研究したと思います。しかも独学で。そうして編み出したのがあのイヤらしく感じさせる台本、台詞、カットの詰め方、被写体のクローズアップ、目線のやりとり、それらをふんだんに使った独特の演出だった。僕は一見してすごいなと思った。ＡＶでドラマを作るのは本当に難しいんだけれど、ああ、こういうことなんだなと。衝撃を受けたし、僕が今でもＡＶドラマを作れてるのは、やはりあのヘンリー塚本が作り出した撮り方が元になってるからだと思う」

ジャンプカット（jump cut）とは映像編集手法のひとつで、同じ被写体や同じ構図、似通ったショットを時間の経過を飛ばして繋ぎ合わせることを指す。ジャン＝リュック・ゴダールが処女作『勝手にしやがれ』（一九六〇年）で初めて用いたと言われている。ともすれば編集を失敗したようにも見えてしまうのだが、上手く使えば画面に独特のスピード感が生まれる。

ゴダール自身は『勝手にしやがれ』をオールロケの即興演出で撮っていったから、出来上がってみたら上映時間の倍の長さになっていた。そこでプロデューサーから切るよう指示され、ランダムに切って繋げていった結果がジャンプカットと呼ばれるようになったと語っている。

その話が本当かどうかはわからないけれど——と、僕はながえさんに僕なりの仮説をぶつけてみることにした。

ゴダールは撮影所経験のない素人監督だった。だからそういう斬新な手法が自由に使えたのではないか？　他にも例えば、香港映画ではあらかじめ台本を役者に渡さず、撮影する日の台詞だけを当日教えるという話がありますよね。これも本当かどうかはわからないけど、シナリオを役者やスタッフに渡してしまうとプロットや台詞を盗まれてしまうからだなんて説がある。でもそのおかげでウォン・カーウァイの『恋する惑星』（一九九四年）みたいな欧米からは絶対に生まれようのない、斬新な即興演出の映画が誕生する。ヘンリー塚本作品のあの独創性も、必要は発明の母じゃないけれど、アダルトビデオという非常に制約のある世界だからこそ生まれたんじゃないか？　僕はそんなふうに思ってしまうんだけど。

「ああ、それはあると思う。僕が入った頃から確かに篠原五月や林由美香なんていう芸達者なAV女優もいたんだけど、でも当時はまだまだダメな娘もいてね。ミスしたら笑っちゃうとか、ひどい場合はカメラをチラチラ見ちゃうとか（笑）。でもヘンリー塚本はそんな娘でもかまわず撮っていった。台詞も言えないけどそれでも一行くらいはなんとかイケるんで、どんどんカットを割って、結果すごいスピード感が生まれる。台詞もね、ダメだと思うと「じゃあ、いい。台詞変える」ってその場で言いやすい台詞に直して口伝えで教えたり。他には、台詞は「囁くように言ってみてごらん」というのをよくやってた」

　囁くように？

「うん。囁くように言わせると、棒読みじゃなくなるんです。なおかつシリアスな緊張感も生まれる。あとはよく、動作をつけながら台詞を言わせてましたね。棒立ちで突っ立って台詞をしゃべるより、動作が入ることで人物の心理描写が描かれたり、さらに早送りさせず最後まで見せてしまう効果もあります。本当によく研究されてると思います」

　女優に上目遣いでしゃべらせる、カメラを睨むように見つめさせるというのもありましたね。僕らAVライターの間では「FAの女優は全員三白眼だ」というのがあって（笑）、でも例えば、篠山紀信が撮った山口百恵って三白眼のショットが多いんですよ。それと同じで特に女子高生役なんかは、あの上目遣いの表情が、実に少女の暗さを醸し出してる。

「そうですね。AV女優に芝居をさせる、AVでドラマを作ってユーザーに早送りさせずに見せ切る、しかも感動させるというのはまさに至難の業なんだけど、ヘンリー塚本はそれをやった。端で見ていて、ああ、こういうことなんだな、すごいなとつくづく思った。しかしあれもまた、長年の研究の賜《たま》物《もの》だと僕は思いますよ。ただひとつ言えるのは、さっきの話だけど、ゴダールにしてもフランソワ・トリュフォーにしても、確かに撮影所の経験はないんだけど、パリのシネマテーク（過去の名作映画のフィルムを保管した上映ホールのこと）でむちゃくちゃ映画を観まくったわけでしょう？　ヘンリー塚本も同じで、あの人は常に膨大な本数の映画を観てるわけです」

うん、一日に最低でも一本はＤＶＤで映画を観るって言ってた。

「そう、それでね、僕が社長からよく言われたのは、「お前はちゃんといい映画を観てるのか」ということだった。何を言われたのかよくわからなくて、「僕はアクションとかホラーとかが好きなんです」って答えたら、「俺はそういうことを言ってるんじゃないんだよ！」ってなぜか怒られた。つまりあの人の言う〈いい映画〉というのは不朽の名作、長い風雪に耐えるというか、長い年月をかけて多くの人に評価され愛され続けた映画ということなんじゃないか。そういう作品は演出も幼稚なものじゃなく安っぽさもなく、経験豊かな大人が見ても十分納得できる、感動させられるもの、それが名作と呼ばれる〈いい映画〉なんじゃないか。それは僕も今の年齢になってよくわかるんです。その意味では、当時の自分は「映画を観る」ということに対しても幼かったと思いますね」

なるほど。そういう映画には必ず実によくできたプロットがあり脚本があって、撮影も美術も、もちろん俳優も素晴らしい。「そういう映画を観ないとだめだぞ」という意味だったかもしれませんね。

僕はそれに加えて、やはりヘンリー塚本が生きた時代というものがある気がした。音楽家の細野晴臣が「細野ゼミ」という、安部勇磨（never young beach）とハマ・オカモト（OKAMOTO'S）の若いミュージシャンに音楽について講義するネットの連載がある（安部、オカモト両氏は三〇代前半）。その中で細野氏（一九四七年生まれ・七六歳）は、「僕たちの若い頃（一九六〇年代）は、ヒットチャートに上がる音楽はみんないい曲だった」と語っている。だから自然にいいメロディや編曲、演奏を覚えられたと。おそらく映画も同様で、ちょうど我々の世代（昭和三〇年代生まれ以降）が映画を観始めた頃から、ブルース・リーの『燃えよドラゴン』（一九七三年）がヒットしジャッキー・チェンが登場し、アメリカでもジョージ・A・ロメロの『ナイト・オブ・ザ・リビングデッド』（一九六八年）のような、非ハリウッド産の映画が生まれる。言わばカルト映画が注目されるようになり、B級C級のアクションやホラーが脚光を浴びるようになった。つまり細野晴臣と同じように、ヘンリー塚本の世代の映画ファンは、青春時代に名だたる名作を観ていた、その映画体験が内面に染み込んでいるのではないか。

「そうかもしれない。本人は「俺は映画を研究なんてしない、ただ好きで観てるんだ」って言うんだけど、それでもあの人の脳内には、「なぜこの映画が優れているのか？」という理論みたいなものがしっかりあるんじゃないかと思う。例えばヘンリー塚本作品は人物の感情、特に女と男の真意が見えないでしょう？　女は男を嫌悪して拒否してるのか、あるいは拒否してるように見せて誘っているのか。常にその危機感と緊張感があの人の撮る映像にはある。だから観ているほうはハラハラする。思わず見入っちゃうわけです」

僕もそこをいちばん感じる。画面には常に、息が詰まるスリルとサスペンスがある。

「うん、さらに言うとね、そのスリルとサスペンスは、台詞から生まれるものもあれば、人物の動きや動作、目線や表情から出るものもあるんですよ。だからユーザーは思わずドラマ部分に見入ってしまう。そして実は、明快なテクニックを使ったりもする。例えば狙っている男、狙われながらも実は誘っているというしたたかな女の気持ちは、先にナレーションで語ってしまう（intermission#2 YouTube作品『人性相談 家賃の代わりに汚れた愛を』参照）。そして男女の駆け引きを、視線のやりとり、行動、気持ちとは裏腹な台詞のかけ合いで、緊迫感を作り出していく。すると「君を襲いたい」「いつ襲ってくれるの？」という言葉が画面から聞こえてくるような、そんなハラハラドキドキするドラマになるんですね」

「僕も、シーン展開は上手く作れるほうだと思ってるんです。次のシーンに行ったときに、観る人の予想を裏切るような展開を作るとかね。ところがヘンリー塚本の場合はワンシーンの中でそういう駆け引きを作るじゃないですか、あれがすごいんですよ。台詞運びとカット割り、役者の眼の動きだけで緊張感を作ってしまう。僕が想像するに、あの方法論もやはりAV撮影の効率を考えたからじゃないか。シーンをいっぱい作ると単純に撮影に時間がかかりますからね。僕は今でもそれを無理やりやってる。だから毎回撮影時間が天辺（午前〇時）を超えちゃったりするんだけど、でもヘンリー塚本の場合は全部ワンシーンに凝縮して撮っているので、撮影もスピードが速い。だからまさにさっき東良さんが言った、必要は発明の母から生まれたんじゃないかな」

ヘンリー塚本の書くシナリオに関してはどうですか。ながえさんはFAの初期、監督にシナリオを読んでもらってたんでしょう?

「うん、台本にはとにかく厳しかったよね。入社してしばらくして撮影にも馴れてきた頃、僕にも撮らせてくださいって言ったら、じゃあ台本書いてこいと。それで『女子大生由美子19才』を提出したんです。そのときはビギナーズラックだったのか何なのか、誉めてもらったんです。「スピード感があるセリフ、展開、面白かったぞ!」と言われて、「よし、自分で撮ってみろ」ということになった。ところが当時の僕は業務用カメラの操作も慣れずまあ下手くそな映像で、ショックでそこからしばらくは作品を撮りたいとアピールしなかったんです。そこでたぶん、そんな僕にチャンスをくれようと「ながえ、また撮ってみろ」と言われた。そのときは「女子高生の逃避行ものをつくってみろ」という助言があって、前回めちゃめちゃ褒められたから自信をもって提出したら、今度は何度もダメ出しされた。「こんなのつまんないんだよ、だめだ、だめだ」って、何度書き直しさせられたかわからない。でもどこがだめなんですかって訊くと、俺にもわからないんだよって言う(笑)。あの人は、人にものを教えるということはしないんです」

うん、そこと繋がるかどうかはわからないけど、監督、僕には「私には才能なんてないです」ってよく言う。映像のことは何もわからないと。

「そう、映画学校出てるんだから、お前のほうがよほどわかってるだろう、とか。学校で学べることなんて何もないんですけどね(笑)。ただね、社長がよく言ってたのは、「お前の書く台詞には味がないんだよ」って。確かに、ヘンリー塚本の書く台詞にはどこか独特なものがあるんです。でも、なぜそんな台詞になるのかがわからなかった。味とはなんなのか？　ずっと悩み続けました。それは何かって僕なりに研究してみると、あの人の書く台本には、台詞のひとつひとつに欲望がありエロの匂いがプンプンするんです。とても人間味があるし、生々しい男女のやりとりがある。それが味というものなのかなと、今になって思います。「そうじゃない、女ってのはもっとしたたかなんだよ！」ってこともよく言われましたね。つまり女性の描き方が単純だということです。まあ、こっちは二五、六の若造だから当然なんだけど（笑）。女はか弱いばかりじゃない。強さもあるししたたかさもあるし、ズルさもあれば計算高さもある。女だってセックスはしたい。でもそれを自分からは「やりたい」と言わないのが女という存在で、男のせいにして男に襲わせる、そこで欲をこっそり満たすというしたたかさが、ヘンリー塚本が描いている世界じゃないですか」

そうですね。美人で可愛いだけの女、性格のいいだけの女性って、現実世界ならいいのかもしれないけど、ドラマの中では奥行きがない。その点、ヘンリー塚本作品には実にイイ女が出てくる。ズルくてしたたかな悪女だったりするんだけど、そこに男を狂わせる魅力がある。

「ええ。ＡＶでは女性の悪いところは見せず、つい綺麗なところだけを描こうとしちゃうけど、そうじゃない。悪徳や欺瞞や裏切りや、背徳的な欲望も持っている。そこを描く、つまり人間を描くのが、ヘンリー塚本なんですね。その人間臭さが魅力的だし、生々しいエロとなって響いてくる、僕はそこを学んだ気がしますね」

確かに。レイプ作品に関しても男と女、双方の思惑や策略が秘められたりしている。

「うん。単純に男が女を力ずくで犯して、女はただ嫌がるだけ、そういうことだけやってたら、表現者としてはだめなんだと。AVにはバカな男が「オラオラ」って女の子を犯すレイプ物とか多いじゃないですか？　だからアダルトビデオは軽く見られちゃう、「あんなもの表現じゃないよ」って言われてしまう。特に出演強要問題があってAV新法ができて、最近はAVが悪者にされてますよね。「AVなんてこの世から消えればいい」「あんなもの表現の自由でもなんでもないんだから」って。そういう風潮だからこそ、人間というものの性とか業とかを深いところまで描いてこそ、一般の人にも理解してもらえる。ヘンリー塚本は当時からそこを目指してたんじゃないかと思いますね」

ながえさん自身も、作品を強く批判されたことがあったという。そこにはヘンリー塚本のもうひとつの哲学があった。スタッフ兼習作時代を経て、自らのレーベル「シネマK」でコンスタントに監督作をリリースし始めた頃だ。

「すごい悲惨な内容のドラマを作ったことがあったんです。主人公の女性は未亡人で、亡き夫がつくった借金の取り立て屋たちに犯されるという内容でした。そのとき社長にむちゃくちゃ怒られたんですよ。「こんなものを観て誰が歓ぶんだッ」「こんなものは二度と撮るんじゃない！」って、もう、烈火の如く怒られた。僕としてはレイプシーンがアクションとして上手く撮れたと思ったんです。女性に降りかかった悲劇というか、そこにある哀しみみたいなものも自分なりに表現できたと思った。だからけっこう自信を持って見せたんですね。でも社長が言うにはテーマ性がない、ヒロインがただどん底に堕ちて終わりじゃないか、単に悲惨なだけのドラマなんてやめろ、そんなもののどこに人に見せる必要がある？　と」

つまり人間ドラマとして単純過ぎるということなのかな？

「それもあるけど、もっとシンプルに夢がないとだめなんだと思う」

夢がないとだめ？

「うん、それはもう普段から口癖みたいに言ってましたよ。「ＡＶであってもポルノであっても、夢がないとだめなんだ」って。それはひとつには我々はＡＶを作ってるんだから、それを観てもらってお金をもらってるんだから、「セックスには夢がある」「セックスは素晴らしいものだ」ということを、お客様に伝えなきゃだめじゃないかということですね。そして例えばスワッピングを描くにしても夫婦の愛情があるとか、戦争物であってもバンバン銃を撃ち合うとか殺し合うだけじゃなくて、そこには人間の誇りがあったり尊厳があったりするべきだと。だから単に悲惨なものを作って何になるんだ！　と。そう言われたとき、ドキッとしましたね。つまりヘンリー塚本は、常にそういう意味のあるエロスを描いてきた人なんですね。特に今、この歳になって——僕は今五二歳で、さっきも言ったように僕がＦＡに入ったときの、社長の年齢なんですけど——ＡＶ新法という重いテーマも出てきて、ああ、自分も意味のある作品を作っていなきゃだめなんだなあと改めて思いましたね。僕らもそういうメーカーを目指さなきゃだめなんだって、そうか、ヘンリー塚本は三〇年前からそのことを言ってたんだって今になってわかった。その意味で、あの人に出会えて本当によかったと思ってます」

最後にその、悲惨なだけじゃだめ、夢がないとだめというヘンリー塚本の哲学はどこからきたと思いますか？　と訊いてみた。

「社長は心からエロがやりたくて、ポルノが撮りたくてこの世界に来たと思うんですよ。僕みたいに映画監督になりたかったのが、紆余曲折と偶然が重なってAV監督になったわけじゃない。例の〈何でも撮ります〉時代に性の深淵を垣間見て、アダルトの世界に入った。ところが入ってみたらこの業界って、やっぱり世間的には底辺の世界じゃないですか。そんな中でも自分は光り輝く存在なんだというプライドがあったと思うんですね。実はこれも、やはり僕の社員時代に社長が口癖みたいに言ってた言葉なんですよ」

自分は光り輝く存在でいたいと？

「うん、それは社長本人だけじゃなく、僕ら社員、FAプロ全体に対してですけども、つまり「俺たちは小さくてもいいから光り輝く存在でいようぜ」と。光り輝く存在っていうのは、自分がいるのは世間的には底辺の、人から蔑《さげす》まれる世界かもしれないけれど、その中で小さくとも輝く光でいたいんだと。つまり表現者としてのプライドだけは持たなければならない、人間として誠実でいなければいけない、そういうことじゃないですかね。もうひとつ、やはりよく言われてた言葉に「いい気になるな、常に謙虚でいろ」というのがありました。今だから言えますけど、当時の僕は『ビデオ・ザ・ワールド』の年間ベストテンで何度も作品賞や監督賞を頂いて、「俺はヘンリー塚本よりすごいかもしれない」って、正直偉そうに思ってたこともあったんです。それを社長もわかってたんでしょうね、口癖のように聞かされました、「謙虚でいろ」って。若ければ当然勘違いするし、野心もすごくありました。でもね、そうなってしまうと、作品と正面から向き合えなくなるんですよね。その点社長は、ヘンリー塚本はそういった慢心やおごり高ぶる気持ちをコントロールしていた、常に作品に対して真摯に向き合っていた。だからこそ、何千本もの作品が作れた、溢れるように生み出せたんじゃないか。

そうか、ヘンリー塚本は三〇年前からそのことを言ってたんだって今になってわかった。その意味で、あの人に出会えて本当によかったと思ってます」

第十四章

恋しい女という名の永遠の謎・
人生は不公平・ゾーンに入る・
そして新しい世界へ。

ヘンリー塚本の独創的な演出についてさらに論を進める前に、ある作品を紹介してみたい。『貧乏人のいい女のおいしい肉体』、リリースは二〇一八年一月。おそらく前年の引退直前に撮影されたものと思われる。まさに円熟期を極めた一作であり、前章、ながえ監督との対話でも語られた「決して一筋縄ではいかない女性という存在」、その魅力と不可解さが色濃く描かれた作品である。三話オムニバスだが特に一話目「女アンマ師36才の白いやわ肌」は登場人物たちの心理が交錯する。動きの少ない密室劇ながら、ヘンリー塚本らしい映像のサスペンスが味わえる傑作である。物語はこうだ。

まずは冒頭、塚本組常連のベテラン男優・日比野達郎による以下のナレーションによって前口上がなされる。ちなみに味のある語りをみせる日比野だが、男優としては本作の三編、どれにも出演はしていない。

「眼の不自由な者同士が知り合い夫婦となり、手を携え慎ましく生活している例は少なくない。夫婦共々「あん摩マッサージ指圧師」の資格を取り、温泉旅館にやって来る客を相手に按摩業で生計を立てている夫婦の、昭和三〇年頃の話であります」

夫は相沢松吉（羽目白武）四二歳。女房の節子は二八歳、演じるのはやはり塚本組を代表する人気女優、川上ゆうである。タイトルと年齢が違うのは後々これが回想シーンであったとわかるからであり、また三六歳は彼女の撮影時の実年齢でもある。

舞台は穴だらけの障子が目立つ貧しい日本家屋。おそらく風呂もないのだろう、節子がたらいの水を使い、手ぬぐいで亭主の身体を拭いてやっている場面から始まる。そのやりとりからナレーション通り、二人とも全盲であるらしいとうかがえる。

夫婦となって六年。松吉が体調を壊し、医者に診せたところ肺の病とわかり仕事ができなくなった。女房の節子だけが按摩業で稼ぐには限界があり、亭主の世話やら薬代やらで瞬く間に生活が行き詰まってしまったと状況が説明され、そこに二人が出入りしている温泉旅館、三宿屋の主人が手を差し伸べる。季節は夏のようだ。白い開襟シャツに麦わらの中折れ帽姿の番頭、蔵本省造（吉村文孝）がその伝言を携え訪ねてくる。

三宿屋の申し出は松吉を静岡の療養所に入れるよう、金銭面も含めて面倒みてやろうというものだった。松吉は番頭に「正直身体のほうはあまりよくないんです」と言うものの、「こんなわしのために、滅相もありません。旅館で働かせてもらってるだけで、ありがたいこってす」とやんわり断る。「こんなわし」とは眼が不自由な者という意味だろう。昭和三〇年頃といえば、障害者はまだ「不具者」などと呼ばれあからさまな差別を受けていた時代である。

番頭はそれに対し松吉の世話にかかりきりになれば節子も按摩業を続けられないし、ただでも貧しいのに生活自体が成り立たなくなる。ここは旦那の申し出を受け入れるべきだ、「そのほうが節子さんのためにもなる」と説得する。

「そうはおっしゃいますが、そんなに甘えてええもんでしょうかねえ」と遠慮する松吉に、番頭は「こんなとこはひとつ、わしに任せてくれんかね。松吉さん」と押す。

松吉の部屋に入る際、番頭がマスクをつけることからも「肺の病」というのが結核だということがわかる。ペニシリンがまだとてつもなく高価だったこの時代、結核は死病である。つまり松吉は三宿屋の申し出に何か裏があることを感じ取っているのだ。

番頭は節子の待つ隣の間に戻り、「聞いてたかい? ありがたい話じゃないか」と言いながら開襟シャツの胸ポケットから薬を取り出し、「旦那が知り合いから手に入れた妙薬です。よおく効きます」と松吉に飲ませるよう促す。

節子が薬を手に枕元に行くと、松吉は「お前がいい女だから助けてくれるんだ」と呟く。やはり、彼らの魂胆に気づいている気配がある。このあたりの心理描写は緊張感に溢れている。

節子も「そんなひねくれた考え、よしとくれよ」と薬を飲むのを助けるが、彼女もまた、それをどこまで本心で言っているのかはわからない。というのも隣の間に戻り番頭からあの薬には精神安定剤が入っていて、松吉は眠気に襲われるのが効いている証拠だと言われると、「そうですか。何から何までありがとうございます」と丁寧に頭を下げるも、その時点で番頭は彼女の左脇に寄り添うほどに迫っている。しかし節子はなぜか正面に向かってお辞儀をするのだ。いくら眼が不自由だといっても、あまりに不自然な行動である。

松吉のアップがインサートされる、彼は眼を閉じる。

すると番頭は財布から札を二枚を取り出し、「節子さん」とその手に握らせる。そして「これ、私からの見舞金。少ないけど受け取って」と言われると「こんなことしてもらっていいんでしょうか」と呟くのだが、それは異常なほどに抑揚のない平坦な声だ。どこか不気味さを感じる演出である。

番頭はさらににじり寄り、節子の手を握り頬が触れるほど顔を近づけて、「いいんです。少しでも生活の足しにしてください。いずれにせよこの話、断る理由はどこにもありません」と迫る。

そこで再び松吉のアップがインサート、いびきをかいている。

番頭、松吉が眠ったのをチラリと見て節子の手を握り彼女の着物の裾をはだけ、ドキリとするほど白く魅惑的な太腿を撫でる。次の台詞がまた意味深だ。番頭は愛撫を続けながら、「あんたが可愛い女だから、みんな手を差し伸べたくなる。（耳元で）松吉さんも、それをよおくわかってる。何もかも、私に任せてください。お二人が按摩で食っていくためには、この話を受けるしかありません」と囁くのだ。

そしてズボンのチャックをあけてイチモツを出して握らせ、自分も節子の性器を触る。

「これも女の生きる道、人生生きてりゃ、色んなことがあります。松吉さん、眠ってます。声を殺してことを終わらせましょう」

するとそう言われた節子は、「ここで、こんなことしたくありません」と正面を向いたまま言うのだ。これもまた意味深な台詞である。別の場所ならいいのか、あるいは夫のいないところで存分に性欲を満たしたいとも取れる。ここに至ってさえ、観る者には彼女の真意が見えないのだ。

しかし川上ゆうの名女優ぶり、その本領が発揮されるのはここからである。

指先についた愛液を見て「節子さん、もうぐちょぐちょじゃないですか」と言われ、豊かな乳房を露わにされ揉みしだかれると、「（女性器を）ちょっと洗って参ります」と立ち上がろうとする。しかし「そのままがいい、あんたのは、そのままがいいんだ」と押しとどめられ、「節子さん、接吻させてくれ」と乞われると、淫らに舌を絡めて狂おしく応じるのだ。

興奮した番頭は荒い息のまま立ち上がり、隆々と勃起したペニスを眼前に見せつける。するとさっきは違う方向にお辞儀をしたはずの節子は、まるで眼が見えているかのように少しの躊躇もなく、番頭のモノをしゃぶるのだ。

加えて川上ゆうはＡＶ女優としての、類い希なる巧みなテクニックも披露する。男根は当然モザイクに隠され見えないが、節子は舌を回すようにして巧みに亀頭に絡める。そのモザイクのかからない何ともエロティックな舌の動きで、観る者を興奮させるフェラチオを見せるのだ。ゆえに次の「上手だねえ、節子さん」という吉村文孝の台詞が効く。

性戯だけではない。たまらなくなった番頭が押し倒し、股を大きく広げさせ女性器にむしゃぶりつき、続けて正常位で挿入する。そこで節子は歓喜の声を上げるものの、決して相手に抱きつこうとはしないのだ。

彼女の真意はどこにあるのだろう？　亭主を助けたい一心で嫌な男に我慢して抱かれているのか、それとも密かに女の歓びに溺れているのか、あるいは感じていながらも、楽しんでることに罪悪感があるのか？　わからない、しかしわからないからこそ川上ゆう演じる節子は魅力的なのだ。

男からすれば、恋しい女とは永遠の謎だ。抱きしめても、例えセックスできたとしても、決して自分のものにはなってくれない。手を伸ばして掴んだかと思うと手のひらからすり抜けてしまう、まるで砂漠の逃げ水のようだ。そんな狂おしいほど切ない対象こそが、女の愛しさなのだ。川上ゆうはそんな一筋縄ではいかない女性という存在を、見事に体現している。

さて、ことが終わると節子は太腿に射精された精液を着物の裾で拭き取り、慌てて着物を直す。番頭もひと言として言葉を発さないままそそくさと玄関を出て去る。節子は畳にへたり込みしばし呆然としていたものの、やがて隣の部屋へ行き、松吉の寝床へ近づく。

松吉はまだいびきをかいて寝ている。節子は見えない眼で亭主をジッと見つめるのだが、その表情は、やはり何を思うのかうかがい知れない。

するとと松吉が不意に目覚める。

「番頭さんは、帰ったのか」と訊き、節子が「ハイ、帰りました」と答えると、松吉は何とも不思議な台詞を吐くのだ。

「節子、お前、なんでここにいるんだ?」

この問いかけの意味はなんだろう、観る者がそう思いを巡らせていると、松吉は節子の手を握り、「どうやら、眠っちまったようだな。どのくらい寝てた?」と尋ねる。

「小一時間ほどいびきが聞こえてました」

「そうか、薬のせいで眠っちまったのかな」

「よく効く妙薬だと三宿屋の旦那が言って、番頭さんが持って来てくれました」

すると松吉は節子の手を離し、見えない眼で天井を見つめ、こう呟くのだ。

「――そうか、抱かれたか、番頭に」と。

先ほどの松吉の不可解な台詞の意味は、節子が番頭にどこかに連れていかれてしまったと思っていたのか? やはりよくわからない。

節子は亭主の言葉に「いいえ」と首を振るも、松吉は次にこう言うのだ。

「節子、病を治すために、この話、受けようと思う」

するとクラシカルなピアノ曲が静かに忍び混み、節子のナレーションとなる。

「そして三日後、うちの人、迎えの車に乗って、静岡の療養所へ向かいました。すると早速、三宿屋の旦那と番頭が、粗末なこの家にやってきたのです」

三宿屋の主人・石橋を演じるのは、やはり塚本組常連の小沢とおるである。

石橋は真新しい夏物の白いワイシャツにネクタイを締め、ズボンをサスペンダーで吊るという当時の洒落者のスタイルだが、それ以上に驚きを以て眼を惹くのが節子だ。前シーンの地味でみすぼらしいかすりの着物ではなく、慎ましいが明るい色の小綺麗なブラウスにスカートという洋装をまとっている。髪も後ろで軽く束ね、どきりとするほど美しい。

そして番頭が「節子さん、三宿屋の旦那様がね、この部屋ン中であんたを抱きたいっていうんだ。どうだい?」と訊くと、神妙な面持ちながらも、どこか清々しい表情で頷くのだ。つまり彼女は自分にとって精一杯のお洒落な洋服に身を包み、三宿屋の女になることを覚悟していたのだ。

石橋が目配せすると番頭は「それじゃ節子さん、私はこれで失礼するよ」と去り、節子は布団の上で一糸まとわぬ姿にされ、三宿屋に抱かれるのだ。

そしてこの四〇分の物語は、節子による以下の長い語りで終わる。

「療養所に入ったウチの人、一年後に亡くなりました。その後私は三宿屋の旦那の妾として、旅館の近くに住まいをもらい暮らしております。週末に旦那様のなぐさみとして抱かれる身でありますが、これも私の宿命だと考えます。私は不幸せな女かと問われれば、そうではないようにも思えます。幸せな女ではありませんが、貧乏な家に生まれ、眼も不自由。でも週に一度、石橋の旦那様に抱かれる日が続くと、情も湧いてくるもので、旦那に抱かれる日が待ち遠しくなって参ります。旦那様のそそり勃ついちもつを咥え込み、何度もこの世の天国を味わわせてくれます。つくづく思うのです、男と女は、魔羅とおまんこがあってこそ楽しいのだと。これがなかったら旦那様は、眼の見えない私を可愛がってはくれないと思うのです。私のおまんこが愛おしくて通ってくださる旦那様、よく言われます、節子のおまんこは私専用のまんこだと。誰にも使わせない私の宝物だと。眼の見えない私のおまんこが愛しいのだと、旦那様は繰り返し言います――」

結局のところ、節子の真意は最後までわからない。松吉のことをどれだけ愛していたのか？ 結局は貧しい夫より、金持ちの三宿屋を選んだというのか。「男と女は魔羅とおまんこがあってこそ楽しい」と言うものの、それは週に一度抱かれることによって湧く「情」だとも語る。そこに純粋な愛があるかといえば、三宿屋に対しても、松吉に対してもないように見える。節子を計算高くずるい女と言ってしまうのは簡単だ。けれどヘンリー塚本はこう言いたいのではないか。この世は不公平だ。金持ちは益々幸せになり、貧乏人の多くは貧困の中で虚しく死んでいく。しかし人生とはそういうものではないか、残酷で救いようがなく哀しみに満ちている。それこそが我々の生きているこの世界というものではないか、と。

ヘンリー塚本との対話に戻ることにしよう。その独創的な演出方法について、である。まずはこんな問いかけから始めてみた。

二〇一四年の夏に戸田市美女木の廃工場跡で行われた『性的拷問 美しき女体』の撮影を見学させてもらったとき、監督が主演の江波りゅうさんに対し、「犯されても哀しい顔はしてはいけない、もっと毅然とした表情で」と何度も繰り返し演出をつけていたのが印象的でしたが――、

「そうですね。実世界であれば女性はレイプされたりしたらショックで口もきけなくなるでしょう。でも、私の作品ではそれではいけない。物語というのは文字通りドラマティックであるべきです。ましてや江波は女闘士の役だった。どんなに非道いことをされようが毅然と立ち向かう、そんな姿勢が観る人を感動させると思うからです」

確かに、強い女性は魅力的ですね。ヘンリー塚本作品にはそんな強くて凛々しい女性が数多く描かれます。

「あのときの男優は染島（貢）に小沢（とおる）、それに幸野（賀一）でしたか。彼らは芝居とはいえすごい迫力を出しますからね。江波はプロ意識のある女優さんですが、それでも気を抜くと脅えた表情になってしまう。そこで何度も何度も指摘したわけです。ちょっとしつこかったかもしれませんが（笑）。でも私の中には台本を書いたときに湧き上がった、確固たるイメージがあります。それを表現してもらうためには現場で繰り返し説明する必要がある。名だたる映画監督、名演出家と言われる人なら、何か特別に秀でた演出方法があるのかもしれません。けれど私の場合そんなものはない。だから台詞なら私自身が言ってみせる。何度も何度も、魂を込めて。それしか方法はないんです」

それは『貧乏人のいい女のおいしい肉体』の川上ゆうさんなんかの場合でも同じでしょうか。彼女

はとても上手な女優さんですが、あの作品は特に心理描写が複雑だった気がします。

「同じです。YouTubeの『人性相談 家賃の代わりに汚れた愛を』でも、何度も何度も「違う、そうじゃない」とやり直してもらいました。川上ゆうくらい長い付き合いになると、彼女はもう私の性格は百も承知で、何度しつこくダメ出しをしても「ハイ」とひと言答えるだけでやり直してくれます。他の女優さんだと「この監督、何度やらせるのかしら」と嫌われるかもしれない、そんなことも考えます。それでも私の頭の中にあるものを表現してもらうためには、頑張ってもらわなければならない。ならば熱い想いを込めて伝えるしかない、何度も何度も。そうすれば必ず私のイメージに近づいてくれるし、それにね、東良さん、伝わるものなんですよ」

熱い想いは必ず相手に伝わる、ということですか?

「その通りです。私みたいないい歳した男が、重いカメラを担いで汗水たらしながら必死にやっている。現場ではなりふり構わず、ただひたすら無我夢中です。這いつくばったり転んだり、みっともない姿も晒します。すると大抵の女優さんが意気に感じてくれます。新人であまりよくわからないまま、事務所に言われるままFAの現場に来て、「AVにお芝居なんて必要なのかしら」と感じる人もいるでしょう。でも魂を込めて伝えれば、「監督さんがこんなに一生懸命なんだから」「私も頑張らなくちゃ」、そんなふうに思ってくれるんじゃないでしょうか。もちろん芝居が下手な人もいますよ。でも、「女は誰もが女優だ」なんて言いますが、大抵の人が頑張れば上手くなります。大切なのはこちらがあきらめてしまわないことです。AV女優は女優じゃないからとか、男優も女優も素人なんだからと安直に「オーケー」を出してしまうから、観る人に「AVのドラマなんて観てられない」と言われてしまうんじゃないでしょうか。だから情熱をもって演出すれば、ＡＶでも必ずいい作品になる、私はそう信じていたんですね」

なるほど。その内なる情熱から、あの独自の演出法、カット割り、カメラワーク、編集ワークが生まれたのだ。そこで、もうひとつうかがいたいのですが――と尋ねてみた。

ヘンリー塚本作品の特徴として、登場人物の気持ちが読みにくいということがあります。『貧乏人のいい女のおいしい肉体』一話目の「女アンマ師36才の白いやわ肌」にしても、川上ゆう演じるヒロイン節子の想いが非常に掴みにくい。そこがスリルとサスペンスを生む。これはシナリオの段階からもそうでしょうが、現場でも巧みに演出されている。僕はそんなふうに考えているのですが。

「それは重要ですね。女性にその気があるのか、ないのか、そこにドラマが生まれますね。観る人が迷う、観ていて悩ましい気持ちになってしまう、これがＡＶのドラマにとって何より大切だと考えるからです。私がいちばん大切にしているのは女性の気持ちです。おそらくあの物語において、節子にもその気があるんでしょう、密かに番頭に抱かれたいと思っているはず。亭主が長患いで、夫婦生活はないはずです。女性にだってもちろん性欲はある。でも旦那の気持ちを考えるとあからさまにはなれない。吉村（文孝）の番頭のことを考えても、積極的になるよりも、思わせぶりな態度を取るほうが相手を興奮させるでしょう。だから敢えて曖昧な態度を取る。なので私の作品では、女優さんには「あまり露骨に喘がないでほしい」と伝えます。リアリティがなくなるし、観る人が想像をかきたてられる範囲が狭くなりますね。もうひとつつけ加えると、あの作品では亭主の気持ちも描きたかったんです」

肺の病で寝ている松吉（羽目白武）ですね。

「亭主も、ひょっとしたらわかっていたかもしれない。女房が番頭に抱かれている、それに気づいてわざと寝たふりをしていたかもしれないわけです」

そうか、松吉もやはり知っていたのだ。だからあの幾つか奇妙な台詞があるのだ。近年のAVには「ネトラレ」というジャンルがある。妻や恋人を他の男に「寝取られ」る、そんなシチュエーションに興奮を覚えるユーザーがいるのだ。「何でも撮ります」時代にスワッピング愛好家たちを撮り続けたヘンリー塚本は、本人は意識していないだろうが、そのジャンルのパイオニアだとも言える。

「松吉にすれば自慢の女房でしょう。たとえ眼が見えなくとも、節子が美人だということは他人から言われて充分知っているはずです。そんな愛する妻が他の男の、自分よりぶっとい魔羅を入れられているかもしれない。そう考えると興奮する。女房も、決して声を上げない。しかしその息づかいの中に、脳に突き刺さるような色恋の味がわかる。それは男にとって興奮以外の何ものでもない。俺のあの、愛しいおまんこの中にぶっといサオが入っている。しかも女房はよがっている、絶対に感じている、と」

だから大げさにヨガらせない、露骨に喘がない演出をするわけですね。

「そうです。そこで私は何度も松吉の寝顔のアップを撮りました。本当に薬が効いているのか、眠っているのか、寝たふりをしているのか、わからない。わからないけれどどこか悲しい。悲しい顔をしながらも興奮している、そんな男の切なさがあると思った。女は女で、旦那の手前声は上げない。しかし入れられれば気持ちいい。ただ気持ちいいだけではなく、旦那のすぐ側で抱かれている自分、そんな背徳感にも欲情している。番頭は自分とヤリたくてたまらない欲望を持っている。しかも旦那よりいいサオの持ち主です。そんな三つ巴の感情をいかに描くか、ということですね。そしてやはり川上ゆうという女優の演技力です。これがやはり素晴らしかった。何度もやり直しはさせましたが、私の言葉を的確に理解して、自然に身体が動いていく、反応してくれる、こういう女優さんがいてくれてこそ、人の心に残る作品が撮れますね」

今、自然に身体が動くと言われましたが、二〇一四年の夏に戸田市美女木の廃工場跡で『性的拷問美しき女体』の現場を見せてもらったとき、カメラを回しながら演出する監督ご自身も、まさに身体が自然に動いているように僕には見えました。リハーサルを一切せず、常に本番でカメラを回すのにも驚かされましたが、演出にも一切の迷いがなく、撮影がすごいスピードで進んでいくのも実に印象的でした。あの理由は何なのでしょう?

「まずは経験ですね。そして情熱だと思います。私は四〇年この仕事をやりました。脚本もすべて自分で書きますから、一旦現場に入れば、何をなすべきかは自ずとわかるんです。迷うことは一切ありません。あとは情熱に突き動かされるままカメラを回すだけです」

また「情熱」という言葉が出た。シナリオ執筆のときと同じである。

つまり現場に入る前にカット割りを考えるとか、役者にどんな芝居をつけようとかは一切考えないでのぞむということですか?

「考えません。考えてはだめなんです。なぜならいくらカット割りを事前に考えようと、役者にこういう芝居をしてもらおうとプランを立てたとしても、絶対にその通りには進まないからです。テレビや一般映画のように時間も予算もふんだんにある状況なら、思惑通りにいかなければカットをかけて納得いくまでやり直せばいいでしょう。でも我々が撮るのはアダルトです。そんな余裕はどこにもない。ならば自分が考えることなく現場でポンポンポンと自然に動いていく、動いていける、そんな人間になる必要があるんです」

そんな人間になる——とても興味深い表現ですね。よく、スポーツ選手が「ゾーンに入る」と言いますよね。野球のピッチャーならどこに投げても三振が取れる気がする、バッターはボールが止まって見える、サッカー選手なら相手ディフェンスが次にどう動くか見えてしまうとか。あの美女木の廃工場跡で監督がものすごいスピードでカメラを回しているのを見たとき、まさに「ゾーンに入ってる」と感じたのですが。

「ああ、それはわかります。一流のアスリートと同列に並べるのはおこがましいですが、私の気持ちとしては同じです。妙な例えかもしれませんが、ある少年が大好きな女の子と初めてのデートの約束にこぎ着けたとします。事前にあそこで映画を観て次にお茶を飲んで公園を散歩してとか綿密な計画を立てたとして、果たして上手くいくでしょうか？ 女性経験の多いモテる大人の男ならまだしも、若い男の子が成功するわけがない。ならば当たって砕けろじゃないけれどだめで元々だと何も考えず、それよりも「僕は君のことが好きなんだ！」という気持ちを大切にしたほうがいい。そう思いませんか？」

なるほど。それで「情熱」なんですね。

「一流と呼ばれる映画監督の中には絵コンテを描く人がいますね。黒澤明なんて人は絵コンテそれ自体が芸術だとさえ言われる。そういう人なら絵コンテを描いて、演出プランを練りに練って撮影にのぞむでしょう。でも私なんかがその真似をしてもだめです。初めてデートする少年のように失敗するのがオチです。アダルトの現場では晴れを想定していても当日土砂降りになることだってあるし、キャスティングしていた女優が突如「来られません！」なんてことだって起きる。だからそういうことは考えても仕方ないんです。考えなくとも動ける監督に、自分がなっていくしかないんですね。そのために必要なことがあるとすれば、内なる情熱に耳を傾けることです。やはりシナリオのときと同じ言い方になってしまうかもしれませんけど、自分の奥底から聞こえる魂の叫びに突き動かされるように、撮っていくしか方法はないんです。ですからスタッフは苦労したと思いますよ。撮影だけじゃなく準備段階から、私は綿密な計画なしに情熱のまま突っ走っていきましたから。我が社の、ＦＡの社員たちはよく付いてきてくれたと、今は感謝しかないですね」

数年前にとある心理カウンセラーの先生について、一年間心理学の講義を受けそれを対談として文章化するという連載をやったことがあった。その際、とても印象的なレクチャーがあった。それは心理学の世界には「人は決して他人を変えることはできない」というテーゼがあるということだ。

例えば僕がある女性に猛烈に恋をしたとしても、その人はこちらを好きになってくれるとは限らない。浮気ばかりしている放蕩者を旦那を持つ奥さんが、「あなた浮気はもうやめて真面目に働いてください」といくら叱咤しても懇願しても、亭主は決して変わらないだろう。残念ながらこれが真実だ。

しかしひとつ救いがあるとすれば、「人は自分だけは変えられる」と、その心理カウンセラーは言った。ならば他人を変えようとせず、自分が変わればいい。そうすれば必ず世界は変わる。浮気者の亭主を持つ妻はそんな男にいつまでも関わってはいずに、離婚してさっさと新しいパートナーを探すなり、新しい道を歩めばいい。そうすれば彼女の人生は必ずいい方向へと変わっていく。

確かに、アダルトビデオには様々な制約があった。現在も尚あるだろう。ヘンリー塚本はその現実を前にしたとき、まずは自分が変わろうとしたのだと思う。その結果彼の撮ったAVは、我々に今まで誰も観たことのない新しい世界を見せてくれたのだ。

第十五章

情熱はファンの元に・
最後もファミリービデオとして・
ＡＶという文化を作る。

ヘンリー塚本作品の制作過程を知るうえでもう一人、第三者の証言を紹介したい。株式会社シネマ・コーポレーション代表取締役、K氏である。

シネマ・コーポレーションは元々FA映像出版プロダクトの別会社として、長江隆美監督（現：ながえ監督）の「シネマK」レーベル作品の販売などを行っていたが、ヘンリー塚本引退を機に「FAプロ」名義で新作AVを制作リリースすると同時に、ヘンリー塚本作品の膨大なアーカイヴを管理・販売している会社である。

K氏は一九七六年生まれ。二〇〇三年、二八歳のときFA映像出版プロダクトに入社。ヘンリー塚本の引退まで、言わば円熟期のスタッフを務めた人物である。元は映画俳優を志して上京。NHKのドラマなどで小さな役をもらうものの役者として生活していくのは厳しく、別の仕事に就くにしてもせめて映像制作に関わりたいと、就職情報誌で見つけたFA映像出版プロダクトの門を叩いた。以下、Kさんとの対話である。

「AVの会社とは知りませんでした。ただ、私の学生時代はレンタルビデオ全盛期だったこともあって、アダルト作品はよく借りてました。レンタル店に行くと黒いパッケージの何とも怪しげなビデオが並んでるんですよね。ああ、これは観てはいけないものだろうと、遠巻きに見てました（笑）。入社した頃には既にながえさんがシネマKで撮っておられて、そちらを別班、ヘンリー塚本組を本隊と呼んで、スタッフは完全に別でした。私は最初から最後まで本隊の塚本組です。最初はAVだからきっと楽な撮影だろうと高をくくってたら毎週大変なロケで、地方へも行きますし、すごく戸惑ってはいたんですが、やっていくうちに監督と先輩スタッフたちですね、映像に対する情熱というものがすごく感じられるチームでして、どんどん魅了されていって、長くここに至るわけです」

俳優さんをやられていたということで、テレビや映画の現場も経験されたと思うのですが、ヘンリー監督の独特の撮影スタイルはどう思われました？

「それがまずショックでしたね。まあ、私の場合、役者といってもエキストラよりちょっと出番がある程度でしたが、それでも大きな現場も経験しました。FAは確かに規模は小さいんですが、社長のあの、どんどんカットを割っていくスタイルですよね。だから僕らAD（アシスタント・ディレクター、助監督）はロケセットを二シーン、三シーン先まで作り込んでおかなければならない。これはもう映画以上に映画なんだと、身をもって思い知らされた感じです。スタッフは当時トップにチーフADがいて、その下にADが六人くらいですか。照明さんはプロの外部の方でしたが、あとは全員社員です。後々音声さんもプロの方にお願いするようになりましたが、私が入った頃は社員がやってましたね」

Kさんが入社して二年から三年ほどすると、本隊・ヘンリー塚本組の撮影はどんどん大がかりになっていったという。

「VHSのパッケージが売れなくなってきた頃なんです。とは言え他社さんではもうとうの昔にDVDが主流でした。でもFAプロは中高年のユーザーさんがメインだったから、「VHSも無くさないでほしい」という声が多かったんですね。だけどいよいよメディアが移り変わって、VHSの売上げが落ちてきたんです」

わずか二〇年前のことだが、まさに今昔の感に堪えない。メディアはDVDに取って代わり、テレビ番組の録画もハードディスクドライヴが主流になりつつあったが、高齢者にとってはリモコンのボタンが複雑でわからないという声がよく聞かれた。その点ビデオデッキならビデオテープを入れてスタートボタンを押すだけで観られる。そのためまだまだVHSを求める声が高かったのだ。

「私が入った直後は月四回、毎週金曜日が撮影でした。それでリリースは新作三本、総集編を一本で月四本というペースですね。でもDVDになると収録時間も長くできますし、社長の創作意欲というものも最高潮だったので、これからは最低でも月四本新作をリリースしようということが社内会議で決まった。そうなると撮影の規模も大きくなっていたので週一ではとても足りない。だからこれからは毎週木曜日・金曜日を撮影日にして、月八日間ロケをやる、そういう状況へと向かっていったわけです」

ひと月八日で新作四本の撮影ですか。監督は二〇〇三年がちょうど六〇歳ですから、還暦を過ぎて二、三年といったところでしょう？　すごい体力ですね。

「まさに超人的でした。当時私は製造進行という役目をやっていまして、撮影明けの土曜日、どうしてもダビングが間に合わないので出社したことがありました。その頃はまだ社内規定が緩かったんです（その後ヘンリー塚本の方針で、FAプロでは社員の残業が一切禁じられる）。正午過ぎぐらいです。すると前日天辺越え（撮影終了が午前〇時を過ぎること）だったのにも関わらず、社長が会社で台本を書いていたのに出くわしたことがありました。普段は自宅で書かれるんですが、そのときは編集も同時進行でやってたんですね。そんなスケジュールの中で、月に四本新作の台本を毎回書き下ろす、それがまず信じられなかったですね」

台本は土日に自宅で書かれるという話は監督ご自身からも聞きました。ではスタッフの皆さんは月曜日に手渡されるわけですか?

「そうです。月曜日、出社するとまずは朝礼があって、そこで「これ、ワープロで打っておいて」と手書きの台本が渡されます。またそれが毎回すごい量でして、しかも我々はそこで初めて具体的な内容を知るので、「うわっ、これは小道具その他、準備が大変だぞ」と戦々恐々となる。それが毎週のルーティーンでしたね(笑)」

ワープロで清書するスタッフは決まってるんですか?

「ええ、東良さんは一度FAの現場を取材に来られたということでご存じかと思いますが、撮影では監督の脇に張り付いて台本を読む係がいます。「進行」と呼ばれてましたが、そのスタッフが清書します。その「進行」が台本を打ちながら段取りを考えて、香盤《こうばん》表を作って、現場ではその人はどういう段取りで撮影していくかを社長に進言しながら、文字通り制作の進行をしていくわけです。私が入社した頃にはそれが伝統になってました」

香盤表とは映画・ドラマなどを撮影する際のスケジュール表のことで、シーンが撮影順に並べられ、そこに出演者、必要な衣装や小道具が書き入れられたものだ。確かに時間のない中で準備をするためには、台本を清書するスタッフが香盤を組み、現場でも進行を仕切るというのが最もリーズナブルだろう。ながえ氏が入社したのが一九九五年、そのときから台本読み担当のスタッフはいたと聞いた(第十三章・参照)。それが八年経って、さらにシステマティックに進化していたわけだ。

スタッフさんは月曜日に初めて台本の具体的な内容を知るということですが、それ以前に企画会議のようなものはないのでしょうか？

「あります。順を追って説明しますと、まずは月の初めに企画会議があって、監督が「今月はこの四本で行こうと思う」とホワイトボードにタイトルを書き出すんです。それによってキャスティングが動き始めます。例えば、ですけどタイトルが『人妻の濡れた性欲』とか『制服売春 わたしを買って下さい』だったりすると、「人妻役の候補はこの三人です」とか、制服物なら女子高生をやれる女優さんを数名ピックアップして監督に提案するわけです」

スタッフさんから女優さんをプレゼンするわけですね？

「もちろん監督から「今回は誰々という女優を主役でいきたい」という場合も多々あります。面接は絶えず日常的にやってますから、その中で監督が「この娘はいいな」とピンときた女優さんですね。また篠原五月さんや川上ゆうさんのような、常連の方をイメージした作品もあります。そういう場合は我々のほうで「じゃあ、脇を固める女優さんはこの人でどうでしょう」とプレゼンしたりという感じですね」

その月初めの企画会議の際に、監督はどういうことを仰るのでしょう、大まかなストーリーを口頭で説明されるとか？

「いいえ、そのあたりがFAプロのユニークなところだと思うんですが、監督は常にインプレッションのみでお話されるというか、具体性はほとんどないんです。あるとすれば例えば「先日実際にこういう事件があったのを週刊誌で読んだんだけど」くらいのことですね。ただヒット作、人気シリーズは何本もあるので、そこに沿って、逆に我々のほうで「こんな感じですかね」と過去作を例に出したりして、イメージを近づけていく。つまり我々側の作業なんです。それが、大変ではあるんですが、私たちにとってはやりがいある仕事でもありました」

なるほど。監督が「これをやれ、あれをやれ」と指示するわけではなく、スタッフと一緒に作っていくわけですね。

「ええ。監督からロケ場所やロケセット、女優さんと衣装のイメージさえもらえれば、スタッフは動けますから。というか、我々が無理矢理シンクロさせていくという、面白い会社でしたね（笑）。でもその作業がとても楽しかったんです。当時のスタッフは先輩も後輩も皆、会えば誰もが口を揃えて言いますけど、「あの頃はよかったなあ」って。もちろん無理難題を注文されて困ることは多々あるんですけど、でも色んな経験を積めた。あんなやり方は現在のAVでは絶対に無理だし、監督がヘンリー塚本だったからこそなんですが、素晴らしい体験だったなあと、今になって改めて思いますけどね」

監督以下、スタッフ全員で撮影に向かってテンション高く盛り上がっていく、そんな光景が眼に浮かびますね。

「夢中でしたね。それで金曜日の撮影が終わってスタッフだけで飲みに行くんですが、それがまた楽しくて（笑）。監督は打上げには付き合わず毎回サッと帰られるんですが、我々は「いやあ、あのシーンは上手くいったねえ」とか言い合ってお酒を飲んで、そこで「今度はああしよう」「こうしてみよう」なんてアイデアも出て、次に繋がったりします。ともかく僕らは監督の要求に応えて、監督が納得できるロケをできるようにと頑張ってた気がします。もちろんそれは社長に口では言わないですが、恥ずかしいんで（笑）。でもそんな感じで毎週やってましたね。準備の段階でこちらが何か提案したとき、監督は笑うんですよ、ニコって。わかります？」

ええ、わかります。難しい顔をされてるときもあるんだけど、インタビューで的を射た質問をしたりすると、ニコッとして「その質問を待ってました」なんて仰る。チャーミングで、監督の人間的な魅力を垣間見る瞬間ですね。

「そうなんです。それは手応えのあったときの笑顔だと思うんですけど、それを見るのが私なんかはすごく幸せと言ったら大げさですけど、「このシーン、この小道具でどうでしょう」とか「男優さんの衣装はこれで」とか提案して、ニコッと笑って「うん、それでいこう」となると、「よし、手応えがあるんだな」と頑張るわけです。それは撮影だけじゃなく、編集のスタッフも同じでしたね。ノンリニア（コンピュータを使ったデジタル編集）になってからは編集部というセクションができたんですが、基本的なOK出しやカット繋ぎは監督自身がやりますが、エフェクトとかに関しては常に新しいものを求めておられましたから、編集のスタッフはどんどん斬新なものを提案していたと思います」

なるほど。ヘンリー塚本が語った「社員たちはよく付いてきてくれたと今は感謝しかない」という言葉の本当の意味が、ここにあるのだとわかった。

フランソワ・トリュフォー監督の『映画に愛をこめて　アメリカの夜』（一九七三年）はタイトルにあるように一本の映画を制作するその舞台裏を描いた作品だが、その冒頭にはトリュフォー自身が演じる監督フェランによる「映画監督とは質問される職業である」という独白がある。また映画『マルサの女』（一九八七年）の撮影日記『「マルサの女」日記』（文藝春秋）では、監督であり著者である伊丹十三がカメラマン・照明マン、助監督・美術・スタイリストなど、「スタッフから膨大な質問を受ける」と書いている。

かつてAV監督をしていたとき、ピンク映画で名助監督と呼ばれた人物にしばらくチーフとして付いてもらったことがあった。僕より年下だったが一〇代の頃から映画界にいたので、既に七、八年の経験があった。実に仕事のできる男だった。あるとき彼が僕にくれた助言を、今でも印象深く覚えている。

「あのね、監督。監督はスタッフにイエスかノーしか言っちゃダメですよ」と彼は言ったのだ。そしてこうもつけ加えた。「だからセカンド（助監督）でもサードでも、カメラマンであっても照明技師であっても、「監督、どうします？」と訊くヤツのことは無視してください」と。

つまり監督に対してスタッフは必ず「小道具、これでいこうと思うんですけどどうですか」とか、「私は衣装はこれがいいと思うのですが」と尋ねなくてはいけない。それに対して監督はいいか悪いか、そのアイデアで行くか別の案を考えてこいとだけを伝えろというのだ。

Kさんの話にもあったが、セカンドやサードの助監督はロケセットの作り込みという作業をする。家具を配置したり小道具を置いたり。時間はかかるがそれによって例えば壁に貼られたポスター、本棚に並べられた本などで、そこに住んでいる人物の趣味から人間性までわかってしまう大切な仕事だ。そんなときでも「違う」と思ったらひと言「ダメ、やり直し」といえばいいということだ。

助監督経験のない素人監督だった僕はとてもそんなことは言えず、ついつい細かいダメ出しや変更点の説明をしてしまったものだが、今になってやっと彼の言ったことが理解できた気がする。監督が細部まで説明してしまうと、作品は個人の発想を決して超えられない。作品世界を広げていくためには、スタッフが様々なアイデアを出して一緒に作り上げていく作業が必要なのだ。

ヘンリー塚本は自身で何度も語るように映像制作というものをどこかで学んだ経験はなかった。FAプロの社員たちも同様だったはずだ。ながえ氏にしても本人が第十二章で「映画学校で学べるものなんて何もなかった」と語っているように、仲間と一緒に手探りで自主映画を作っていた人だ。しかしそんな社員たちがヘンリー塚本という特異な才能に惚れ込み、何年もかけて切磋琢磨して作り上げていったからこそ、あの独創的な作品が生まれたのだ。

月頭の企画会議のときに具体的なことはあまり言わないというのは、監督自身もそういうスタッフさんとのやりとりの中で、イメージを固めていったということはありませんか？　と訊いてみた。

「それはあるかもしれませんね。月曜日の朝礼で台本を渡されると言いましたが、その翌日の火曜日には、大抵の場合、衣装打合せというものをやるんです。当時のFAプロ、池尻大橋の社屋には広い衣装部屋がありまして、そこにはそれまで使用してきた、それこそ膨大な数の衣装がありました。その中から監督がこのシーンはこれ、この人物にはこれと選んで、僕らスタッフがメモしていきます。そんな中で我々は「なるほどこういう感じだな」とイメージを掴んでいきますし、監督ご自身も色んなことが明確に見えていったんだと思いますね」

ＦＡプロの場合、他のＡＶと違ってキャストが多いので、衣装の作業もかなり大変ですよね。

「ええ、戦争物なんかになると銃やブーツ、軍帽なんかも数限りなくありますから、大変ですし気も遣います。ただそこでもさらにイメージが固まっていくんですね。軍服であっても旧日本軍を彷彿とさせるものもあれば、ベトナム戦争のベトコン（南ベトナム解放民族戦線）風ではまったく違います。ご存じのようにヘンリー塚本の戦争物は架空の国の架空のお話ではあるんですが、設定があまりにもちぐはぐだとリアリティがなくなってしまいます。衣装打合せで監督が「これ」「これ」と衣装を選んでいくと、ああ、今回の作品は旧日本軍で舞台は満州が想定されてるんだなとか、今回はポル・ポト派なんだな、クメール・ルージュなんだなと監督のイメージする作品世界がわかってきます。そうすると銃の種類とか軍用車とは、その設定にあり得るものでなければいけない。そうでないと単なる絵空事になってしまいますから。その辺の理解をして準備を進めるのが僕らスタッフの仕事でした」

大作はやはり戦場物が多かったですか？

「戦場物も多かったですが、他にも大がかりな撮影はありました。思い出深いのは『近親相姦 とんでもない家族の性交の記録 美しい姉・エロい母・好色の父』（二〇一六年）という作品です。「ＦＡプロ30周年記念作品」のうちの一本だったんですが、このときには番小屋のような建物を作ったんです。森の中に小さな湖があって、ロケハンの際に監督がその湖畔に「ここに何か建物があるといいな」と言い出して。スタッフは一瞬絶句して「いやあ、それは……」となるんですけど、「なんとかならない？」と言われると、監督がそう言うなら何とかしようと。それがＦＡのスタッフのいいところだと思うんですけど、資材を持っていって、作るのは一日ではできないので、三日前とかに行って番小屋を建てました。AVでそこまでする必要があるのか？　と言われる人もいると思います。でも、現在こうしてシネマ・コーポレーションでヘンリー塚本の過去作品を販売しているとつくづく思い知らされるんですが、そうやって力を入れたタイトルほど、いまだに売れるんです。引退から既に五年（取材時）が経ちますが、特にこの『近親相姦～』はじわじわとコンスタントに出荷されていきます。つまりユーザーの皆さんの心に届いた、苦労して番小屋を建てるという作業は、やはりAVとして必要だったんだと思います」

今回本書を執筆するにあたりシネマ・コーポレーションさんにご協力頂き、膨大なヘンリー塚本作品の中から数十本、DVDを貸して頂いた。僕のほうから過去に観て印象深かった作品、名作と呼び声高いものをピックアップしてお願いしたのだが、その際、Kさんのほうからも「僭越ですが私の推薦したい作品も」ということで数本勧めて頂いた。その中にあったのが前章で紹介した『貧乏人のいい女のおいしい肉体』であり、その『近親相姦 とんでもない家族の性交の記録 美しい姉・エロい母・好色の父』であった。

物語はヒロイン安子（木島すみれ）の母が三九歳の若さで亡くなる場面から始まる。語り手の勝（学万次郎）は父親（吉村文孝）の連れ子であり、姉の安子は亡き母の連れ子。従って血の繋がっていない親子三人が残される。すると吉村演じる父は悲しみにくれる安子に「お前を慰めてやる方法がある」と彼女を抱くのだ。問題の番小屋が登場するのは作品の中盤。父には後妻の敦子（桐島美奈子）がきて、二人は姉弟の前でもあけすけにセックスを見せつけるのだが、ある日、父親は朝からどこかに出かけていく。敦子は米を炊き握り飯を作り、「安子、父ちゃんに弁当を持って行ってやって」と言う。そして性に奔放な義母は安子に「父ちゃんが泊まっていけと言ったら、泊まってきてもいいんだからね」と告げ、暗に「セックスしておいで」と義理の娘を送り出すのだ。

懐かしい田舎の夏。白地に薄いグレーの水玉のワンピースを着て、お下げ髪に麦わら帽子を被り、籐で編んだバスケットに弁当を入れ、森を抜け草原を歩く安子がとても可憐だ。昭和世代がいつか見た、美少女の原風景だろう。父親は湖畔で双眼鏡を覗いている。詳しく説明はされないのだが安子との会話から類推するに、父はウナギの養殖をしているが不届き者のウナギ泥棒が出没するため、番小屋を建てて監視しているようだ。

そして人気のない深い森の湖畔に建てられた粗末な番小屋で、父と娘は誰にはばかることなく文字通り存分にヤリまくるのである。一度まぐわい、娘は父の汚れ物を洗濯して干す。昼寝をしていた父親は起き出し立ち小便をしたかと思うと、娘に「ベロでションベン拭いてくれ」とフェラチオさせる。かと思うと「安子、おめえもションベンしろ」と促し、終わった後は「ベロで洗ってやる」と娘の性器を舐め回す。そうやって再び高まった二人はまたもやセックスに興じる。

安子は父に「ウチらって本当にとんでもねえ家族やね」と微笑んで言うのだが、窓もない東屋のような外からは丸見えのその番小屋は、そんな家族の象徴として存在するのだ。もしも労力を惜しんで単に森の中にむしろでも敷いて性交するか、別の場所にある屋内に移動したとしたら、物語の意味は大きく損なわれただろう。

これまで書いてきたように、ヘンリー塚本という人は直感で動いていく作家だ。いや、むしろ敢えて論理的に考えるのはやめ、彼の言う「情熱」に従ってシナリオを書き、現場では内なる「魂の叫び」に突き動かされるが如くカメラを回す。だから「ここに番小屋が欲しい」というのも直感だったように思える。そしてスタッフもまた、「いや、それは」と一瞬絶句しながらもそれぞれ自らの直感に従い動いたのではないか。その結果、出来上がった映像はFAファン、ヘンリー塚本ファンの魂に響いた。情熱は作り手から受け手へと確かに伝えられたのだ。

K氏にはインタビューを終えるにあたり、言わば三〇年にわたるヘンリー塚本AV監督人生の終焉、つまり引退までを見届けたスタッフ、FA映像出版プロダクト社員としての感想を聞いてみた。

「そこまで共に長らく頑張って来られて、やはり監督の引退は寂しかったのではないですか」

そう尋ねると、Kさんは少し考えてから、「寂しい、という感情とは少し違っていたかもしれません」と語ってくれた。

「これはプライベートなことになりますけれど、二〇一五年に専務の病気が再発して、それからというもの、まさに病気に対しても二人で助け合っておられました。ただ、社長はそんなときでも会社では変わらず馬車馬のように働くんですね。でも実際、専務がもう本当に危ない状況になったとき、これは我々がカバーしていかないと、という気持ちのほうが強かったです。しかもそのとき社長は既に七〇代後半でしたから、寂しいというよりも、仕事のほうは少しセーブして、ご家族との時間、専務との時間を大切にしてほしいなあと思ってました。もちろん社長には言いませんけれど、最後まで言えませんでしたけど。ながえさんが独立されて以降は、すべての責任がヘンリー塚本の肩にのし掛かっていましたし（とは言え東良がながえ氏から聞いた話では、彼に強く独立を勧めたのはヘンリー塚本本人であったのだが）、社長自身の体調も心配でした。私が知ってる限り持病もありましたし、それ以外の病気もあったと思うんですよ、我々には一切言いませんけどね。年齢も年齢だし、あのまま行っていたら社長も倒れてしまうんじゃないか。だから社長の口から「引退」の二文字が出たときは、寂しいというよりも、少しホッとしたというのが正直なところでした」

またKさんはこんなふうにも話す。

「すごくスタッフ思い、社員思いの監督であり社長でした。もちろん現場では乱暴な口調で怒鳴ったりすることもあるんですが、それでも普段は我々社員がちょっと下を向いているようなときがあれば「どうした？」と声をかけてくれましたし、また後期、私が少し上の立場になった頃には、「最近、誰々が元気ないようだから、お前から声をかけてやれ」というようなことも言ってもらいました。FAプロは社長と専務の始めた〈ファミリービデオ・プロダクション〉から始まったわけですけど、やはり最後までファミリーだったと思うんですよ。社長がいて奥さんの専務がいて、まるで家族のようで。私なんかは特に田舎から出てきたので、東京のお父さん・お母さんだと思っていて、それは他の社員も、ながえさんたち先輩方もそうだったんじゃないかな。そのくらい親身になってくださったので、専務が亡くなられて、FAプロにもひとつの終わりが訪れた、私はそんなふうに思えたりもするんですね」

そう言われて思い出したことがあった。あれは二〇〇三年の秋、ながえ監督に初めてインタビューを試みたときのことだ。前々年、まさに彗星の如くデビューした彼が『禁じられた愛欲～かけおち』で『ビデオ・ザ・ワールド』（コアマガジン刊）上半期AVベストテン第一位を獲得し、これは是非ともお話を聞かなければと池尻大橋にあるFAプロを訪ねた。

ヘンリー塚本は不在だった。社屋が閑散としていたので、本隊のヘンリー組は撮影だったのかもしれない。ともあれまずは外で写真をもらおうと『ビデオ・ザ・ワールド』誌の吉田編集長と三人でフロアから出ようとした。そのとき柔らかく少し笑いを含んだ声で、「ながえくん、頑張ってね」と声をかける女性がいた。それが専務だった。社内でもその才能は高く評価されていただろうが、まだ若く初めて雑誌の取材を受けるながえさんを気遣って、母のように姉のように優しく声をかけたのだ。

かつて二人三脚で洋裁工房を営んできた塚越夫妻が夫の生命保険を解約、まさに背水の陣で始めたのが〈何でも撮ります〉という新しい商売だった。その際、「結婚式を撮ってくれ」「子どもの運動会を撮ってほしい」、そんな依頼が来ると思ったから、二人は「ファミリービデオ・プロダクション」と名乗ったのだ。そしてFAプロは最後もやはり、別の意味でファミリービデオとしてその時代を終えたのだ。

時代といえば、最後にKさんはこんな話をしてくれた。

「ヘンリー塚本が現役だった時代というのは、やはりAVのピークであったとも思うんです。今やAVはその存在自体が大きく変化しています。出演強要問題があってAV新法が出来て、表現はもちろん撮影に於いても、コンプライアンスでガチガチに規制されるようになった。女優さんに手厚い権利が保証されるのはもちろんいいことですが、そのぶんあの頃のように、現場で監督と女優さんが真剣勝負で渡り合うのは難しくなったと思います。ＦＡは戦場物もあったしレイプ作品もあるので、泥だらけになってもらったり、時にはドブ川みたいなところで泳いでくれとか、それでいてロケ先は山の中だったりしますからその場でシャワーを浴びてもらうこともできない。ああいう撮影は、もう無理だと思います。でもそのぶん、監督と女優、人間と人間のぶつかり合いがあった。「ＦＡに出たいです」と自分から面接に来てくれる女優さんも多かった。そういうシステマティックでない人間同士の熱い関係性があったから、あの作品たちが生まれたんだと思いますね」

それは男優に対しても同様だった。

「現場では女優さんに対してはもちろんですけど、男優さんに対しても気遣いがありました。当時、私の知る限りＦＡは男優さんにどのメーカーより高いギャラを払ってました。それは監督の男優さんに対する敬意もあったと思いますけど、生活がちゃんとできるようにという気遣いがあったんです。「男優は裸一貫で現場に来てくれるんだから」と、それは私自身が社長と二人きりのとき言われたことがあります」

その話は聞いたことがあった。九〇年代ＦＡプロの顔といっていいだろう、男優・甲斐太郎を、ヘンリー塚本は出番がなくとも毎回現場には呼んで出演料を払ったという。そうすればＦＡは毎週撮影があるので、定期的な収入になって生活が安定する。そして甲斐氏も出番のない日は荷物運びなど、自らスタッフ仕事を買って出たそうだ。

「そうですね。監督は男優さんがいてこそ、ＡＶはあるんだということを常に言っていた。だから私がスタッフだった頃も、常連の男優さんにはどんな小さな役であっても、絡みがなく短い台詞だけであっても、いつもと同じギャラを支払いました。でも男優さんはお金じゃなくて、それ以上に多く出たいんです。ヘンリー塚本作品でいい役がやりたいんですね。だから僕らＡＤに「お前、こんなチョイ役で呼ぶなよ」なんて冗談で言うんですよ（笑）。だから今思うとヘンリー塚本という人は、ひとつの文化を作ってたんだなあと思いますね。女優さん、男優さん、そして我々スタッフを含め一緒に、ＡＶという文化を作り続けていたんです」

intermission#3

二〇二二年七月、沈黙の向こう側。

二〇二二年の七月、出版社・産学社の代表取締役であり編集長の薗部良徳さんから、Ｆａｃｅｂｏｏｋのメッセンジャー経由で連絡をもらった。薗部さんとは九年前の二〇一三年、共通の知人を通して一度だけお会いした。当時僕はとある出版社の立ち上げに関わっていた。出版社といっても別の事業を個人でやっている友人がその会社で出版部門を始めることになり、手伝うことになったのだ。言わば社長ひとり、編集者ひとりの超零細企業である。

元々は編集者として雑誌を作りその後は長年にわたり文章を書くことに携わってきたが、出版そのものについてはわからないことだらけだ。そこで知人が出版社を経営する薗部さんに相談してみたらと持ちかけてくれたのだ。

ご自身に何のメリットもないにも関わらず、薗部さんは時間を作り丁寧なアドバイスをくださった。ところが僕の出版業のほうは幾つかの理由で、わずか半年で頓挫してしまうのだ。お礼もその報告もしないまま、いつの間にか九年の歳月が過ぎていた。そんな不義理にも関わらず、薗部さんはメッセンジャーにこう書かれていた。

「ヘンリー塚本さんをテーマにした書籍を執筆いただけないかと考えた次第です。独特の作品の数々はもちろん、塚本さんの人生にも焦点をあてた作品ができないかと思い立ち、東良さんが頭に浮かんできました。諸々の交渉ごとはこれからですが、ご検討いただけましたら幸いです」

薗部さんは僕と同世代、ヘンリー塚本のＡＶ作品を熱心に観ていたという。しかしこのところ名前を耳にしないなと思っていたら、二〇一七年に引退していたと知る。しかしある日偶然ＹｏｕＴｕｂｅでの復活し、往年の作風そのままにエネルギッシュな活動を見せていることを知り、書籍編集者として是非ともこの人の本を作らねばと決意したという。というのも僕はまったく存じ上げなかったのだが数年前に大腸癌や神経系の病気をされ、一時はもう会社を畳んで引退してしまおうかと考えたという。しかし「周りの仲間たちの後押しもあり、現在はV字回復を目指して動き始めております」と文面は続いていた。

僕のほうも二〇一三年に長らく執筆していた『ビデオ・ザ・ワールド』誌が休刊となって以来、AVとの関わりをほとんどなくしていた。しかし薗部さんが言われるようにヘンリー塚本監督の作品とその生涯を一冊の本にまとめることができれば、AVという文化をひとつの形にして残すことができるだろう。これはやるべき価値のある仕事だし、何より書いてみたかった。

二〇一一年にAV界の巨匠でありアダルトビデオの生みの親、代々木忠監督について『代々木忠 虚実皮膜 AVドキュメンタリーの映像世界』（キネマ旬報社）という本を書いた。長い時間をかけてお話を聞き、充実した仕事をさせてもらった。しかしその代々木監督も二〇二一年に引退した。そのとき齢八三。体力的な問題もあったのだろうが、現在も執筆の分野で精力的な活動をされているので、それは十五章でシネマ・コーポレーション代表・K氏が語ったように、やはりAVというメディアが大きく変わったからではないか？ アダルトビデオはひとつの時代を終えたのかもしれない。ならばヘンリー塚本の作品と人生は、なにがあっても書き残さねばならない。

薗部さんがわざわざ我が家の近くまで来てくださるというので、数日後に街道沿いの「ガスト」で打合せをした。まずはヘンリー塚本監督ご自身に書籍の執筆と刊行の予定を許可してもらうのが第一歩であり、取材のお願いもしなければならない。

僕はまず監督に手紙を書きたいと言った。ヘンリー塚本氏の作品と人生を書籍として書き残す意義と、それに対する僕と薗部さんの想いを伝えたかった。また、僕の初めての著書『アダルトビデオジェネレーション』（メディアワークス）にインタビュー原稿の再録をお願いする際、やはり僕は監督に長文の手紙をお送りした。当時のFA映像出版プロダクトは雑誌や書籍という媒体に載ることをよしとしていなかった。それはヘンリー塚本の「自分はアダルトという陽の当たらない世界に身を置く者だから」という意識からだった。ゆえに「私としてはこういう本に載るのはあまり気が進まないいのですが」としながらも、「でも、あなたの文章がとてもよかったから」と承諾してくれたのだ。

薗部氏はその場でノートパソコンを開き、引退後もヘンリー塚本作品がシネマ・コーポレーションからリリースされていることを確認して、「私のほうでこちらに連絡して、監督のご住所がわかれば調べてみます」と言った。

しかし翌日、「電話して代表の方とお話はできたのですが――」と薗部さんは伝えてきた。「代表の方」とはKさんのことなのだが、このときはまだわからない。そして「おっしゃるには最近、ヘンリー塚本監督とは疎遠になっている、ということなんです」と続けた。

疎遠になっている、どういうことだ？

そこで僕のほうで、ながえ監督に聞いてみることにした。

「そうですか、現在シネマ・コーポレーションを引き継いでいるKという男がいるんですけど、彼に聞けばわかるはずなんですけどね」とながえさんも少し不思議そうだった。

「まあ、僕からKに電話してみますよ。久しぶりに会いたいと思ってたし。それから社長（ヘンリー塚本）のYouTubeを手伝ってるスタッフも、元FAの社員で僕の元同僚や後輩ですから、そちらにも問い合わせてみます」ということだった。

しかし、数日後に電話をくれたながえさんの返事はこうだった。

「やっぱりKが言うにはシネマ・コーポレーションとは疎遠になってるらしいんですよ」

意味がよくわからなかった。

「疎遠になってるって、どういうことなの？」

「それがね、毎年お中元やお歳暮を贈ってたらしいんだけど、数年前に「もうそういうのはいいから」って社長に言われて、以来連絡を取ってないらしい。専務も亡くなったし、社長は世田谷の家を売って以来一人マンション暮らしらしくて、だから今はどこに住んでるのかもわからないような状態だと。またYouTubeのほうもね、最近はFAの元社員たちは関わっていないらしいんですよ」

確かにそうかもしれない。川上ゆう・六平直政出演の『人性相談 家賃の代わりに汚れた愛を』がYouTubeにアップされたのは、その時点で既に二年前の出来事なのだ。

「そうやって付き合いを絶ってるってことに関してはね」とながえさんは言った。

「これはまあ僕の想像だけど、社長の性格からして、僕ら元社員に対して、お前たちもそろそろ自分で自分の道を歩けと、そう言いたいんじゃないかなあ。わかりませんけどね、これは僕の勝手な思い込みだから」

しかしその後彼は「――ただね」と呟くように言い、こうつけ加えたのだ。

「実は体調が悪いって噂もあるんですよ」

にわかには信じられなかった。二〇一四年猛暑の夏。摂氏四〇度を軽く越えているであろう蒸し風呂のような廃工場跡で、男優、女優から若いスタッフまでが暑さで倒れそうな中、重いカメラを担ぎ一人エネルギッシュに撮影を進めていた。そのとき齢七一。それでもカメラを止めると全員に向かって「みんな、水分補給だけはしっかりやってくれよ。さあ、頑張ろう！」と声を張り上げ鼓舞していた。あのヘンリー塚本が体調を壊しているだって？

けれど考えてみればあれから既に八年の歳月が過ぎ、彼は八〇歳を迎えようとしているのだ。

「でもまあ、他も当たってみますよ」とながえさんは明るい調子で言った。

「僕も久しぶりに社長と話したいし。なんて言うかね、昔は若かったから反発したこともあったんだけど、この歳になると改めてヘンリー塚本の偉大さを感じるというか。だからもう少し待っててください」

ながえさんがそう言って電話を切ってから、自分の迂闊さに気づいた。調べてみるとＹｏｕＴｕｂｅチャンネル「ヘンリー塚本 純愛激情」は、もう半年以上新作がアップされていないのだ。

それから一週間ほど経っただろうか、半分あきらめかけていたところに突然、ながえ氏からメールが届いた。文面はごく短いものだった。

「連絡が付きました。以下の電話番号にかけてみてください。一応、東良さんの希望も伝えました。感触は悪くなかったです。僕の尊敬する恩人であり師匠です。いい本にしてください！」

〇九から始まる番号が書かれていた。

しかしこれが果たしてヘンリー塚本監督のものなのか、あるいは現在ＹｏｕＴｕｂｅを運営しているスタッフさんか、どなたかのものかはわからない。でもとにかくかけてみた。

三回のコールで相手は出た。

「ヘンリー塚本監督の携帯でよろしいでしょうか。ご無沙汰しております。ライターの東良です」

そう言うとやや間があって、懐かしいあの特徴ある、丁寧で穏やかな声が聞こえた。

「やあ、東良さん。久しぶりだね。お元気ですか？」

第十六章

引退・そしてYouTubeへ・
映画に救われ映像に生かされて──。

AV批評情報誌『ビデオ・ザ・ワールド』（コアマガジン）には「ビデオニュース（Video News）」というコラムがあった。アダルトビデオに関するニュースが約三〇〇文字で毎月三つほど。普段はAV女優のヌード撮影会の告知などだったが、毎年四月発売の六月号には時節柄、編集部調べの「アダルトビデオ関係会社、法人申告所得ランキング」が掲載された。いわゆるAVメーカー別「長者番付」である。

バックナンバーを調べてみると一九九七年度、「FA映像出版プロダクト」は十二位で初めて顔を見せる。納税額は九千一〇〇万円。アダルトビデオ関係会社といっても上位三位までをアイシンビデオ、東海ビデオ、AVジャパンといった問屋が占めているので、純粋なAVメーカーとしてはアテナ映像や芳友メディアプロデュースなどに続き八位である。

しかし翌九八年度には一億一八〇〇万円で一気に五位まで駆け上がり、九九年度には一億一九〇〇万円で四位。二〇〇〇年には二億三〇〇〇万円でやはり四位にランクインしている。この時期はセルビデオが台頭した頃で、一位から三位までをソフトオンデマンド、アタッカーズ、北都（現・WILL）といったセルAVメーカーが占めていたので、FAプロはレンタル系メーカーとしては一位であり、また上位三社は流通企業（問屋）でもあるので、純粋なAV制作販売メーカーとしては、実質この時点でFA映像出版プロダクトは業界トップに躍り出たと言っていいだろう。

妻とたった二人で始めた会社は、二〇人近い社員を抱えるようになっていた。給料と有給休暇は大手企業並にして賞与も年二回、会社の利益はできるだけ社員に還元しようと考えた。それはかつて自分たちが洋裁の下請けで長年苦労を続けた、塚本夫妻の想いだった。勤務時間は一〇時出勤で七時まで。ヘンリー塚本は、七時になったら必ず社員は帰させた。第十四章でK氏が残業に関して「その頃はまだ社内規定が緩かったんです」と語っているのはこの意味だ。タイムカードを見て、遅い者には注意を与えた。彼は、そういう会社を目指した。

社員の給料は年々上がり、ながえ氏（当時の監督名は長江隆美）は自主映画時代の制作費で抱えてしまった借金四〇〇万円を、わずか一年で完済したという。社員旅行は年一回。行き先はエジプト、ヨーロッパ、アメリカ、ラスベガス、カナダ、韓国、等々。「豪華な旅で、本当に楽しかったですよ」と語った。他の社員も二〇代、三〇代の若さで次々と分譲マンションを購入し、多くの者が結婚した。

ヘンリー塚本自身も世田谷に家を構えた。同じ並びの二軒先には俳優の柴田恭兵が住む高級住宅街である。地上三階、地下一階。中央にパティオ（中庭）を有する、エレベーター付きの豪邸だった。この頃テレビ番組で紹介されていたのを、僕は偶然観た。当時久米宏司会の『ニュースステーション』で人気だった、朝岡聡アナウンサーがレポーターを務めていた。地階にはプールまであり、その隣にはおそらくヘンリー塚本が熱望したのだろう、巨大モニターを設えたシアタールームが造られていた。その番組をやはり偶然眼にしたという友人の脚本家は、「日本の映画監督であんな家に住めるのは黒澤明くらいだよ」とため息交じりに言った。

ただし、すべてが順風満帆ではなかった。

一九九八年六月、ヘンリー塚本は警視庁少年二課と中央署に児童福祉法違反で再び逮捕される。当時の新聞記事によると「その前年八月二九日にAV作品を撮った際、十六歳の無職の少女に男優相手にわいせつな行為をさせた疑い」とある。当該少女は姉の写真入り身分証明書を使って数十社のAVメーカーに面接に赴いていて、FAプロ以外にも十社ほどが起用。メーカーの代表者及び監督が十数名が逮捕された。

第七章で書いたように一九八九年にやはり十六歳の少女を出演させたかどで複数のメーカーが摘発されたことで、AV業界は年齢確認を徹底することになる。それでも同様の事件はなくならなかった。制作者側とすれば、少女側が故意に偽の身分証明書（顔が似ていることから実姉の写真入り運転免許証などを使うことが多かった）を使って応募してくれば、メーカーも女優のプロダクションも確認のしようがないというのが本音であった。

しかし塚本が二度目の逮捕をされる二年前の、一九九六年ストックホルムで開催された「第一回児童の商業的性的搾取に反対する世界会議」にて、日本人によるアジアでの児童買春や、ヨーロッパ諸国で流通している児童ポルノの八割が日本製と指摘され厳しい批判にあったことから、当局はAVに於ける未成年出演を強く問題視するようになった。

ヘンリー塚本自身も取り調べを受けた築地署の刑事から、偽の身分証明書で「年齢確認した」などというのは言い訳に過ぎないと強く指摘されたという。確認するのなら戸籍・親の承諾・高校の卒業証明書・卒業アルバム、そういったもの複数で厳格に年齢確認しなければ意味がないのだと。つまりこの頃から世界の常識が変わった。例え本人が故意に年齢を偽っていたとしても、未成年の人権を守るのは大人の責任であるという認識が定着したわけだ。その流れを受けて我が国では一九九九年、通称「児童ポルノ禁止法」が成立する。元々が外圧によってというのが、いかにも日本らしくて皮肉なのだが。

ただ、逮捕拘留された際担当した五〇代の刑事は、ヘンリー塚本に「実はここだけの話だが、あんたの作品はたくさん観てる」と語ったという。「だから敬意を込めてここでは「監督」と呼ばせてもらう」と。十六年前の高岡署では「塚越」と呼び捨てで、拘置所では番号だったが、その刑事は終始彼を「監督」と呼んだ。塚本は「決して自慢にはならないけれど、自分の作った作品はある一定の人々の心に届いたのだと思った」と、後に語っている。

そういった幾つかの困難はあったものの、それでもFAプロの繁栄と栄光は、このまま永遠に続くかと思われた。それを暗示するように二〇一七年にはAV界のアカデミー賞とも言える『AV OPEN～あなたが決める！セルアダルトビデオ日本一決定戦～』（主催：知的財産振興協会）にて、作品『絶対抜ける！ド迫力映像あ～いくぅ　その時女はエロスの極み』が、ドラマ部門第一位を獲得する。現在でもネット上ではそのときの写真を見ることができる。

会場は江東区有明にあったキャパシティ一二〇〇人のイベントホール「ディファ有明」。ドレスアップした他メーカーのAV女優たちと共に登壇するヘンリー塚本は、光沢あるダークブラウンのスーツにブラックのワイシャツ、シックなシルバーのタイというスタイリッシュな出で立ちで受賞のメダルを受け取っている。しかし彼はこの直後に、突如AVから引退するのだ。

「それはね、時代が来たんですよ」とヘンリー塚本は自身の引退の理由を静かに語り始めた。

「アダルトビデオも他のメディアと同じように、映像配信へと移り変わっていった。ＤＶＤに比べれば圧倒的に低価格ですから、業界全体が低予算で作らざるを得なくなった。そうなると私のようにある程度予算をかけて作品を作るというのは、会社にとっては負担なんですね。私だけの会社ならいいけれど、社員も数多く抱えていました。ならば今後、社員が食べていくためには会社は残さなければならない。そんな中で俺のわがままで、俺の欲望だけで、お金をかけながら今まで通りの作品を作っていっていいのか？　そう思い悩んだ」

音楽の世界では二〇〇〇年を境にアップル社のiPod・iTunes・iTunes Storeが登場。楽曲の販売スタイルはデジタルデータ化した楽曲をダウンロードする「データ販売」へと移行。これをきっかけにＣＤ売り上げは激減。当然制作費も極端に抑えることが求められ、音楽制作は個人でパーソナルコンピュータを使うミニマムなスタイルが主流となる。従来の高価なスタジオを使用する音源制作は不可能になった。それと同じ流れが、約一〇年遅れてＡＶにも押し寄せたのだ。

「お金をかけない方法で作ることも考えました。自分ならそれもできると思いました。だって私はそこからスタートしたんですからね。けれど観た人は思うでしょう、「なんだ、ヘンリー塚本、昔と全然違うじゃないか」「手抜きだな、安くなっちゃったな」と。そんな作品を世に残したくなかったんです。これこそ時代が来たなと思った。ヘンリー塚本の時代は終わった。会社の規模と、社員のこと、世の中の流れ、そんな中で流れに逆らうようにお金をかけて作っていくことはもうできない。そういうことで、私の時代は終わったと思ったんです」

そこに、妻の病気が追い打ちをかけた。

「ちょうどその頃、女房が旅立ったんですね。それも私の決断に大きく関わりました。女房のいない世界で、自分が仕事をする意味ってなんだろう？　ずっと二人三脚で、私が仕事でやりたいということにはいつも「うん、そうね」「そうすればいいわ」と賛成してくれた、支えてくれた。そんな女房がもういないということは、私にとってとてつもなく大きな喪失でした。愛し合う夫婦ならどこも同じでしょうけれど、私もどうしようもない喪失感を味わいました。だからもう辞めようと決めたんです。会社も、これまで作ってきた映像の著作権もすべて社員に譲ろう、自分の時代はもう終わったのだと」

「体力の衰え、それはありましたよ」とも言う。しかし――、

「当初は撮影が終わると、会社に停めた自分の車を運転して帰ってたんですが、やがて難しくなった。疲労困憊のあまり、万が一事故など起こしてはいけない。やがて社員に送ってもらうようになった。その後かつて貧困を極めた貧乏人のせがれが、世田谷の一等地に家を建てることができた。これは嬉しかったです。けれど地下に駐車場を作って、階段を昇らないと家に入れない。社員に私の車を運転してもらって車庫に入れ、彼を帰す。すると私は階段が昇れないんです、あまりの疲労で。這うようにして昇って、倒れ込むように寝た。まさに精魂尽き果てる感じでしたよ、毎回毎回ね。でもそれが当たり前だと思っていた。朝鮮職場で働いていたときにはそんなもんじゃなかった。それこそ夜明けから、夜中の一時二時まで働いた。だから大変でしたが、嫌だとは一度も思わなかったですよ。充実

していたし、それが自分の監督としての、当然の役割だと思っていた」

社員たちにこう伝えたことがあった。

「忘年会の席だったかな、俺は七五歳で引退すると、そう宣言したことがあった。きっぱり辞める。だから君たちはそのつもりでいてくれ、会社は残すから、監督になりたい者は、今のうちに勉強してくれと。けれど内心は俺はまだいける、八〇になってもやれると思っていた。でも女房が死んで――、ええ、癌でした。私にしてみればあっという間の出来事です。発覚したのはまだ若かったんですが、そのときは手術して寛解した。その後も夫婦して健康には気を遣ってました。でも再発した。男は女々しいですよ。女性は愛する夫が死んだらしばらくは泣き暮らすかもしれないけれど、やがて立ち直るでしょう。でも、男はだめです。その寂しさたるや、喪失感たるや、想像を絶するものがあった。すごく、味わいました。狂ったような自分がいた。だから辞めるという決断も、妻がいなくなったことが大きかった。彼女がいないのに、頑張っても、もう意味がないやって、そう思ったね」


「実はもうひとつ、どうしても言っておかなければならないことがあります」と彼は言った。

「これは私がAV監督だから話せることかもしれない。私はAV監督で、ヘンリー塚本で、会社の社長で社員が何人もいて、「監督」「社長」と崇めるように呼ばれ、「ヘンリー塚本の作品に出たい」とわざわざ面接に来てくれる女優さんもいました。常に「いい気になるなよ」と、自分に謙虚であることを言い聞かせ、胸に秘めながら生きてきたけれど、家庭があって、妻という、伴侶でありながら親友であり戦友のような存在がいながらも、実は別の女性が何人かいたのです。これは単なる言い訳に過ぎません。でもそういう立場にいると、女優さんとは自然にそういう関係になってしまう。けれど、そんな中でも女房のことだけは大切にしたんです。浮気しながら女房を大切にしたなんて可笑しいかもしれないけれど、妻以外の女性と関係を持つときは、射精しないようにした。男としてのオルガスムは、女房だけにしようと。つまらない、男の身勝手な言い訳だということはわかっています。ただ他の相手だと、いかないでいようと思えばいかないで済んだ。けれど女房は私を常に導いてくれました。それだけ、女性として素晴らしい人だったんです。だからお互い歳をとっても変わらず愛は交わした。それは死ぬ間際まで……ただ彼女が癌になってしまってからは、できないこともありましたが、大切なことはそれなんだと思っていた。他の女性と関係を持ち、けれど射精はしない、それが私のするべき行動だと信じていた。一般の人には理解できないでしょう。けれどAVという世界に身を置く者としては、女優さんとの関係に於いても、いつまでも「男」でいる、それは作品を作るうえでも大切だと思っていた。身勝手な言い分です、独りよがりな言い訳です。けれど私自身がセックスというものに対して決して傍観者ではなく、常に全身で向き合う、それは私の作品の根底にも繋がる、そう考えていたんですね」

そしてヘンリー塚本は妻に関して、不意にこんな想い出話を語り始めたのだ。それは〈なんでも撮ります〉時代の後期に起きた出来事だった。

「『毎日新聞』に三行広告を打ち、男優を募集したという話をしましたよね。そのときやってきたのが泉沢くんという青山学院の大学生。そしてもう一人、星さんという四〇代半ばの人がいたと。覚えてますか?」

　ええ、確かプロボクシングのレフェリーをやっていた方ですよね。

「そうです。世界タイトルマッチのレフェリーまで務める人で、とても素敵な人なんですよ。私より少し年上でしたが、「社長、社長」と呼んで慕ってくれましてね。男優さんとして色んなものに出てもらいました。色んなものというのは、〈なんでも撮ります〉時代の後期は、客の要望が様々だったからです。自分の愛人と男優がセックスしているところを撮ってくれ、自分も撮りたいという人もいれば、シンプルに男と女がヤッてるところを自分で撮りたいという客もいました。そんな場合、お客は素人ですから、私もカメラを回してカバーするという形ですね。そんな依頼を受けたときのことです。ブッキングしていた女優がドタキャンしたんです。ブッキングと言ったって当時は単なる口約束ですから、時間になっても撮影場所として押さえていた、都内のホテルに来なかった。携帯なんてない時代です、彼女の家に何度電話しても出ない。留守番電話になってる。仕方ないから今日は撮影を流したいと言ったら相手が怒りましてね。激怒です。どこだったか地方の人ですよ、こっちは新幹線で泊まりがけで来てるんだ。弁償しろ、違約金を払えと脅してきた。今のようにモデルプロダクションなんてない、だから当日になって女優を探すなんて無理、そもそも裸になってカメラの前でセックスしてくれる女性なんてめったにいない時代です。すると女房が「私がやります」と言ったんです」

　奥さんが、ですか?　驚いてそう訊いた。

「ええ。女房とはずっと一緒に仕事をしてきましたからね。彼女も自分なりに責任を取ろうと腹をくくったのでしょう。女優とセックスする相手は星さんでした。だから女房が星さんに抱かれた。その様子を客が撮る。私もカメラを回しました。彼女がそこまで決意したのなら、私が迷っていてどうすると覚悟を決めた。女房はまだ若く、夫の私が見ても魅力的でしたよ。いいものができたと思います。ただ、それをきっかけに星さんが彼女に恋してしまった。星さんも、人間的にも男としても素敵な人です。女房のほうも好きになってしまった。数日後、彼女が私にこう言った。星さんにデートに誘われた、行きたい、行っていいですか？　と。というのも、星さんには彼女が私の妻だとは伝えてなかった。「松本」という偽名にして、応募してきた女性だと言っていた。後楽園球場に巨人戦を観に行こうと言われたらしい。四〇過ぎの大人の男と女です。ただ野球を観て終わるはずはない。でも私は「行っておいで」と言った。ただその代わり、何があったかはすべて私に教えてくれと頼んだ。そして、行って、帰ってきた。どうだった？　と聞きながら、私と彼女は愛し合った。ホテルでどこをどう触られ、どんなふうに抱かれたのか。私は興奮して、女房も燃えた。愛する妻が他の男に抱かれるということが、どれほどの欲情を生みだすのか、性の歓びとなるのか、それまでスワッピングを何人も撮ってきたけれど、身をもって味わった体験だった気がするのです」

ここにヘンリー塚本という人、その生き方の本質、AV監督としての神髄があるような気がした。つまり先の発言にあるように、何に関しても、性というものに対しても決して傍観者ではなく、常に全身全霊で向き合うという姿勢である。

しかしその分、いかなるときも共に生きた、人生のパートナーを失った孤独と寂寥は果てしなく大きかった。彼はそれからの日々を、まるで魂が抜けたように暮らしたという。

さらに寂しさを大きくしていたのは、妻との間にもうけた一人娘の存在だった。彼女は最後まで、父がヘンリー塚本だということを認めてはくれなかった。

致し方ないと思う。両親が慎ましくも堅実な洋裁を辞めて新しい商売を始め、FAプロで成功を収める過程は、ちょうど彼女の思春期にあたる。学校で友人から「お父さんの職業は何?」と問われても答えられなかった。どうしようもないときは、「カメラマン」と言って誤魔化したという。何よりアダルトビデオというのは、一度としてちゃんと観たこともない人々が、低俗だ、くだらない、猥褻で社会の規範を乱すと断言するものなのだ。繰り返すが、一度としてまともに観たこともないにも関わらず、である。誰かに父の職業を理解してもらおうとするのは、絶望的だったに違いない。

あの世田谷の豪邸は手放していた。娘も嫁ぎ、夫婦二人で住むには広すぎた。地上二階地下一階、定期的に業者に清掃や庭の手入れは依頼していたが、それでも日々の掃除だけで重労働だった。妻亡き後、ヘンリー塚本はひとり、港区の高層タワーマンションで暮らした。窓からは東京スカイツリーが見えた。朝起きてみても何もやることがない。スカイツリーでも行ってみるかと出かけてみても、たどり着くだけでひどい倦怠感に襲われた。気力も失われ、展望台に昇る元気すらなく帰ってきてしまった。品川の水族館にも行ってみた。しかし少しも気が晴れることがない。一日一日が虚しい日々だった。それが二年間続いた。

「それが二年目になって——、フッと抜け出すことができたんだね。その理由はなんだったんだろう」と、自分でもそのきっかけはよくわからないようだった。

「ただ、このままじゃいけないというのがあって、ＹｏｕＴｕｂｅをやってみようというのが、抜け出せるきっかけになったんじゃないかな」

ヘンリー塚本が独り言のようにそう呟いたとき、

「監督、その前に〈赤とんぼの会〉があったんじゃないですか？」と言ったのは、現在ＹｏｕＴｕｂｅチャンネル「ヘンリー塚本 純愛激情」のメインのスタッフになっている、さかえひかり氏だ。さかえ氏は塚越久友の兄、次男・康陽さんの息子でもある。つまりヘンリー塚本は叔父にあたる。

「そうだ、それがあった。すっかり忘れていたな――」と記憶が曖昧なようだ。当時はやはり精神的に相当疲弊していたのではないか。彼はそれだけ長い迷宮を彷徨っていたのだ。

〈赤とんぼの会〉というのは何ですか？　と訊いた。

「うん、少し自分が立ち直れたと感じたとき、他にも同じ境遇の人がいるだろう、だったら妻や夫に先立たれた友の会を作ろうと思いついたのです。そのためにこの事務所（今回インタビューを行った「ヘンリー塚本事務所」）を借りて、伴侶を亡くした人がここに集まって慰め合う、傷を舐め合うではないけれど、今、落ち込んでいる同じ立場の人が集まって、勇気を出して生きようという、そんな会を自分で立ち上げてみようと。マンションの大家さんにこれこれこういう意図なんだと説明したらＯＫを出してくれて、表札の〈赤とんぼの会〉で出して、固定電話も引いたんですね。ただしあまり反響はなかったんだけれど」

「それで〈赤とんぼの会〉のＹｏｕＴｕｂｅ動画を作ったんじゃないですか、反響が思わしくなかったから」とさかえ氏。「鞍馬天狗の動画とか、ありましたよね」

「ああ、そうだった。あれは初期からスチールカメラをやってくれている浅宮さんがたまたま遊びに来たんだね。それで話しているうちに「子どもの頃、鞍馬天狗ごっこをやったね」という話になって――あのね、日本手ぬぐいが二枚あれば鞍馬天狗の頭巾が作れるんですよ。当時の子どもたちは皆やってた。だったらここで集まっておしゃべりしてるだけじゃなく、外に出て、童心に帰ってチャンバラごっこをしてみよう、カメラを持って今も残る、自分たちが生きた昭和時代の風景を撮ってみようというのをやったんですね」

そうやって二年ぶりにカメラを手にしてみると、やはり心が踊った。久しぶりに生きているという実感があった。その鞍馬天狗の動画は元FAの社員だった人が手伝ってくれて、出来上がったものを彼がYouTubeにアップしてくれた。

ヘンリー塚本はそこで初めて、YouTubeというプラットフォームがあることを知る。かつてはAVもそうだったが、映像はDVDなどのメディアにして、問屋やショップなど第三者を介して売るしか方法はなかった。しかし今は違う。個人でインターネットを使った配信で、視聴者に送り届けることができるのだ。

ならばかつてのヘンリー塚本テイストの動画を、YouTubeで届けることだって可能ではないか？　そこで旧知のAV女優、男優をキャストにして撮ったのが「ヘンリー塚本 純愛激情」第一弾、『百姓娘の幸福（よろこび）　あっち向いてホイ！』（出演：横山なつき、染島貢、吉村文孝）だった。ヘンリー塚本が二年ぶりに復活するということで、スタッフには元FAの社員たちが参加を申し出てくれた。彼らの中には「社長にまた元気になってほしい」という想いがあった。

ただし当然のことながら、ＹｏｕＴｕｂｅにはＡＶとはまったく違う規制がある。特に直接的なセックス描写はもちろん、性を匂わせる描写に厳しい。それは映像自体のみならず、台詞やシチュエーション、タイトルやテロップに使う文言にまで及ぶ。しかしヘンリー塚本は敢えてそれに挑戦することにやりがいを覚えた。創作者としての魂が燃えたのだ。

「長年ＡＶをやっていたから、感覚がどうしても麻痺している。自分なりの、ヘンリー塚本の個性を出そうとすると（ＹｏｕＴｕｂｅの規制を）通らない。ボツになってしまう。でも、どうしてもコレはというシーンがあるんですね。そこをカットしてしまうと作品にならないという。するともう根本的に考え直さなければならない。けれどそこが面白かった。今までやってきた十八禁、成人向けではなく、誰もが観てくれる映像、それに挑戦したのがＹｏｕＴｕｂｅでした。絡み（セックスシーン）が撮れれば簡単なんです。でも、そうじゃない方法で私なりのエロスを表現するにはどうしたらいいか、それに苦心しながらまず出来上がったのが横山なつきの作品（『百姓娘の幸福（よろこび）　あっち向いてホイ！』）」

しかし作品的にはまだしも、再生回数という点では満足できなかった。

「ＹｏｕＴｕｂｅをやる以上、何度も観たいと思ってもらえる作品にしたかった。一〇〇〇人、二〇〇〇人くらいが観てくれる作品なら簡単でしょう。でも発表する以上は、一〇〇万回再生を超えたいと思った。ＡＶの時代から考えるととてつもない数字です。けれどＹｏｕＴｕｂｅでは決して不可能ではない。しかし横山なつきの作品は三〇万から四〇万再生で止まってしまった。そこで何が足りなかったんだろうということを考えて、次の川上ゆうの作品を構想しました。後期高齢者の大家と、若い女の店子。これがお互いを探り合う、心理戦のような密室劇が作れないものか。これも当初の「家賃が払えません、私のカラダで払えないでしょうか」というタイトルでは通らず、最終的には「家賃の代わりに汚れた愛を」になったという紆余曲折もあったんですが、それ以前にまずセックス描写なしにエロティックな雰囲気を醸し出すためにはどうしたらいいか、観る人を引き込むにはと考えたとき、それはやはり台本でした。ＹｏｕＴｕｂｅをやるなら、やはりまず台本で唸らせなければと」

そこで以下は別の場で僕が聞いた話。年下の友人に今田哲史というドキュメンタリー映像作家がいる。二〇二〇年にミャンマー伝統格闘技、ラウェイの選手や大会関係者を二年間かけて追ったドキュメンタリー映画『迷子になった拳』を公開した。彼は元々タートル今田という名前で、カンパニー松尾率いるメーカー「ＨＭＪＭ（ハマジム）」でＡＶ監督をやっていた。熟女物のヒット作を多数飛ばす人気監督だった。

しかし二〇一八年にＡＶの仕事をすべて辞め、『迷子になった拳』の制作に入る。それでも生活費は稼がなければならないので、日本映画学校出身の彼は、同窓生や先輩から誘われれば、一般映画やテレビドラマなどの撮影の手伝いに出かけていた。そんなある日のドラマ現場、出演者のひとりだった六平直政氏に声をかけられる。「今田くん、君、ＡＶの仕事やってたんだって？」「ハイ、そうです」と答えると、「じゃあヘンリー塚本監督知ってるかい、俺、ファンなんだよ」と訊かれた。

ヘンリー塚本と面識はなかったが、塚本組の看板男優・小沢とおるとには何度も自身の作品に出てもらい、親しかった。そう告げると「そうか、小沢とおるも大ファンなんだよ、紹介してよ」と言われた。以降、小沢とおると六平氏は、他数名のAV関係者を交え飲み会を共にする仲になる。そこには「ヘンリー塚本 純愛激情」のスタッフを務めるFAの元社員氏もいた。六平氏に出演を打診してみると快諾をもらい、AV女優の中では群を抜く演技派・川上ゆうと、名優・六平直政による密室心理劇が実現することになる。

ところがこの『人性相談 家賃の代わりに汚れた愛を』が配信されたのが二〇二〇年四月。東京、神奈川、埼玉、千葉、大阪、兵庫、福岡の七都府県に、新型コロナウイルス感染症の緊急事態宣言が出されたのが同年四月七日。対象が全国に拡大されたのが四月十七日だ。その直前三月二九日にはタレントの志村けんが新型コロナに感染し死去、続けて女優の岡江久美子が四月二三日に亡くなり日本中に衝撃が走る。

そんな中、ヘンリー塚本も感染する。その時点で七七歳と高齢であり、腸炎という持病も抱えていたこともあり事態は深刻だった。幸い大事には至らなかったが、体力は大幅に削り取られてしまった。「ヘンリー塚本 純愛激情」の配信が一時期停止されてしまったのはこのためだ。

やがて体力が回復する頃、スタッフとして関わるようになったのが前述のさかえひかり氏だ。叔父がアダルト業界で仕事をしているということは、中学生の頃から何となくは知っていた。それ以前にもテレビのアニメ番組を録画するため、よくVHS生テープをもらっていた。ただしなぜ叔父さんは二五分テープという半端な容量のものばかりこんなに持っているのだろうと不思議には思っていたそうだが（八〇年代のAVは三〇分以下が主流だった）。

羽振りもいいし世田谷のすごい家にも住んでいるので、AVメーカーの経営者だろうと想像していて、監督だとは夢にも思わなかった。それが二〇一〇年頃親戚の集まりの後に、「俺の会社に寄ってみるか」と池尻大橋のFAプロ社屋に連れていかれたという、そのとき初めて「えっ、叔父さんってヘンリー塚本だったの！」と気づいたそうだ。

さかえ氏は一九七五年生まれ。本職は植木職人である。最初はYouTube撮影の現場で車の運転や荷物運びをやってくれないかと叔父に頼まれたという。撮影スタッフも職人仕事も、「現場」ということでは同じだ。そこで「まあ、監督（今では「叔父さん」ではなくこう呼ぶ）も、コイツ、けっこう働けるじゃないか」と思ってくれたんじゃないですかね」と笑う。撮影の度に呼ばれるようになった。また職人仲間にも声をかけて手伝ってもらうようになった。そこには引退時、「君たちは君たちの道を歩んでくれ」とこちらから宣言しながら、いつまでも元FAの社員たちに頼っていてはいけないという、ヘンリー塚本自身の気持ちもあったようだ。

以降は現場スタッフのみならず、テレビディレクター三谷三四郎が手がける登録者一〇〇万人超えの人気YouTube番組『街録ch〜あなたの人生、教えて下さい〜』に出演するようヘンリー塚本に進言。『ホンクレch〜本指になってくれますか？〜』の風俗嬢ユーチューバー三人組ホンクレ（まりてん、とーこ、つむちゃん）とのコラボレーション（『19歳百姓嫁　この世で最高の性生活（よろこび）悲しみの後からやって来た幸福（しあわせ）』『未亡人の妄想（いやらしさ）とは　――蛇は男（エロス）の香り――』他）を企画提案したのもさかえ氏である。また本書の取材に関しても、塚本家の歴史についてなど、貴重なお話を多数お聞かせ頂いた。

二〇二三年二月、ヘンリー塚本は八〇歳を迎えた。同時に体調も万全となり、故郷の千葉県いすみ市の長者町へロケハンに赴く。五月には同地を舞台に、原美織、みおり舞を主演にFA時代の人気シリーズ「ネコとタチ」をサブタイトルにした『初夏 女が二人 エロスがいっぱい』、軍歌をモチーフにしたコメディ『女子学生と自転車泥棒―貴様それでもニッポンジンか！』等を配信。そして翌六月には「ヘンリー塚本 純愛激情」の総視聴回数が一〇〇〇万回に到達して現在に至っている。


これでヘンリー塚本の作品と人生を巡る、長いインタビューは終わる。最後にふと思い付いて、こんなことを尋ねてみた。

「監督は以前、一日一本は必ず映画を観るとおっしゃってましたが、今でもご覧になるんですか？」と。

すると「いいえ、今は二本ですよ」という答えが返ってきた。

「最近はネットフリックス（Netflix）もアマゾンプライム（Amazon Prime Video）もありますからね。昔のようにDVDを買いにいく必要もなくなりました。夜、私は自分で食事を作って、ひとりで食べます。そこからまず一本観るんです。観終わるのが九時半頃かな。また明日の楽しみにとっておこうと思ってベッドに入るんだけれど、ネットフリックスのラインナップなんかを眺めているうちにどうしても観たくなって、ベッドの中でもう一本観るんだな。その時間が来るのが毎日楽しみでね。コロナにかかったり体調が悪くて寝込みがちなときもあったけれど、映画を観ていると気力が沸くんだね。このシーンいいなあ、この台詞いいねえ、私もこんな作品が撮りたい、歳はとったけれど、まだまだ撮れるはずだと」

　そして彼は「ねえ、東良さん、映画って本当にいいねえ」と続ける。

「色んなことを教えてくれる。辛いこと、苦しいこと、悲劇、人の生き様、つまり人生だね。私は感動するのが好きなんだ。だから部屋でひとり映画を観て、「ああ、いいなあ」と呟いたり、涙を流して大声で泣いたり、バカみたいに大笑いもする。だからひとりでいても、ちっとも寂しいとは思いません——そうだね、女房が死んで寂しくて、俺も死んだほうがいいんじゃないかなんて考えたこともあったけど、映画はそういうことを乗り越えさせてくれたね。人生を、生きてるってことを楽しませてくれる。あのとき死んでいたら、今、この映画を観ることはできなかったなあと思ったりする。だからできる限り健康でいたいと思うし、明日もいい映画を観たい、ＹｏｕＴｕｂｅで新しい作品を撮りたい、そう思わせてくれる。うん、そうだね、私は映画に救われた。そして映像を撮ることで生かされているね、本当に」

　ヘンリー塚本はそう言ってにっこりと笑った。その笑顔は初めて会った一九九四年のあの雨の日、僕が彼の少年時代「映画がお好きになったのもその頃からですか?」と尋ねた。それに「その質問を待っていました」と見せた、あの嬉しそうな表情と同じだった。

終章

二〇二三年夏、姉の死、再び。

ヘンリー塚本こと塚越久友を巡る長い物語は、これで終わるはずだった。しかし――、この書籍の第一稿を書き上げたのが二〇二三年の夏。プリントアウトしたものをヘンリー塚本に送った。記述に間違いはないかをチェックしてもらうためだ。一週間ほどして返事が来て、会うことになった。場所はそれまで取材で訪れていた溜池山王のビルの一室にある「ヘンリー塚本事務所」ではなく、港区の自宅が指定された。四五階建ての高層タワーマンションである。最上階に住人とその関係者しか入れないレストランがあるので、終わってからそこで食事でもしませんかとのことだった。

僕は、タワーマンションというものに初めて足を踏み入れた。気の遠くなるほど天井の高いロビーがあり、大理石の敷き詰められた広い床には、ホテルのロビーにあるような歓談用のゆったりとしたソファーが四台ずつ数組あった。フロントではキャビンアテンダントのように髪をアップにした、制服姿の美しい女性たちが来客を笑顔で迎えていた。

ヘンリー塚本は三七階の一室に暮らしていた。対面キッチンが備えつけられた広いリビングダイニングには観葉植物が置かれ、今年八〇歳を迎えた男性の一人暮らしとはとても思えぬほど、整頓され清潔だった。

南側全面を閉める床から天井までの巨大な窓からは、東京タワーが手を伸ばせば触れるほどの位置にそびえ立ち、西側のベランダからは東京スカイツリーが見えた。そうか、妻を亡くした彼は、この景色を呆然と見つめていたのだと思った。

眼を惹くのはやはりリビングに置かれた七〇V型の大型テレビモニターであり、その他に寝室にも五〇V型以上と思われるテレビがあった。なるほど、前章の最後で彼が語った、食事をしてから一本映画を観て、寝ようと思ってベッドに入るけれど結局そこでまたもう一本観てしまうという意味がわかった。そして寝室から見えた隣の小さな部屋は、亡き妻の祭壇のためのスペースになっていた。

その日は月末で産学社の薗部良徳さんは多忙のため来られなかったが、YouTubeチャンネル「ヘンリー塚本　純愛激情」のメインスタッフであり、塚越久友の兄、次男・康陽さんの息子、さかえひかり氏は同席した。今回さかえ氏はヘンリー塚本のマネージャー役として、すべての取材スケジュールを調整してくれた。

僕にソファーに腰掛けるよう言い、ヘンリー塚本は、

「東良さんに聞いてもらいたいことがあります」と言った。

「ひかり、君も聞いてくれ。君にも関係のある話だ」と伝えてから、プリントアウトした分厚い紙の束から、付箋を貼ったページを開いた。

それは第四章、次兄の康陽が晩年、一年に一度くらい泥酔し、妹の名前を呼び、「初恵、悪かった、すまなかった」と絶叫したという部分だった。

「これはひかり、君が東良さんにお話したことだよね」

「ええ、そうです」ひかりさんは答えた。

僕はながえ監督、シネマ・コーポレーション代表・K氏の他に、ひかりさんにも時間を取ってもらいお話を聞いていた。彼には父・康陽のこと、叔父の長兄・克郎のこと、そして彼らの母でありひかりさんが小学生の頃になくなった祖母・ふじについて、貴重なエピソードをうかがっていた。

「私もこうちゃんが晩年まで、そんなふうに初恵を想い泣いていたなんて知らなかった」

兄弟は幼い頃からそれぞれを「かっちゃん（克郎）」「こうちゃん（康陽）」「ひさ（久友）」「はつえ（初恵）」と呼び合っていた。

そして彼は、「こうちゃんが死ぬまで泣き続けたのには理由があります。これから本当のことをお話しします」と、語り始めたのだ。

一九六二年四月二九日未明の出来事である。

「小松川のバラックに住んでいた頃です。かっちゃん（克郎）はもう家を出て住み込みで働いていて、お袋と私、こうちゃん（康陽）と初恵と四人で暮らしていた。初恵は以前言ったように中学を卒業して「大塚製靴」という靴メーカーの工場に勤めていたんだけど、ある日いなくなったんだね」

いなくなった？　僕は訊いた。

「そう。お袋にも私たち兄弟にも何も言わず大塚製靴を辞めて、家を出てしまった。後からお袋にはどこかで住み込みで働いていると連絡は来たそうだけど、私もこうちゃんも、不覚にも知らなかった。少なくとも私は昼間は園池製作所で働き夜は高校に行っていたので、「最近、初恵の顔を見ないなあ」くらいで、単にすれ違いなんだろうと思っていた。こうちゃんもおそらく同じだったと思う。それが一年ほど経ったある日突然、ひょっこり帰ってきたんだね。そこから一週間くらい経った頃だったか、翌四月二九日が天皇（昭和天皇）誕生日で、明日は休みだと思っていたからよく覚えている。後から知ったんだが、初恵がその一週間に何をしていたかというと、大塚製靴時代の仲のいい女友だち、確か六人だったと思うけれど、その一人ひとりの家や下宿を訪ね歩いていたらしい。特に何の話をしたわけでもない、「元気？」「久しぶり」というような、「ちょっと時間ができたから遊びに来たのよ」と。

「じゃあまた連絡するね」と別れた。そして彼女は四月二八日の夜、プロバリンをひと瓶飲んだ。睡眠薬です」

商品名「ブロバリン」（薬名：ブロムワレリル尿素）は催眠鎮静剤として市販されていたが、日本では一九五〇年代から六〇年代の終わりにかけて「第二次自殺ブーム」と呼ばれた社会現象があった。多くの若者がこの薬で自殺をはかった。毎年約四〇〇〇人が死亡したといわれる。

「かっちゃんが出ていってからは、家族四人で六畳一間で寝ていた。その夜もそうだった」

小松川の家は土間の台所があり、六畳の間、そして二畳ほどの小さな部屋があったという。そこには康陽が給料を貯めて買ってきたテレビと、久友自慢のステレオが置いてあった。

「恥ずかしい話だけれど、私はその頃、まるで中毒のようにマスターベーションをしていた」ヘンリー塚本は言った。

決して異常なことではないと思う。十九歳の健康な男子なら、ごく普通のことだろう。だが、

「初恵がそれに気づいたんだね」彼は言った。

六畳の部屋では片方の隅に兄・康陽が寝て、その隣に母・ふじ。もう片方の隅に久友。久友と母の間に初恵が寝ていた。

「マスターベーションをすると、精液を何かで拭き取らないといけないよね。当時はティッシュなんて洒落たものはないから、私は日本手ぬぐいで拭いていた。それを恥ずかしいものだから自分の布団に隠して布団ごと押入に入れておくのだけれど、お袋は時々布団を干すとき気づくんだろうね、年頃

の息子を気遣って、いつもそっと洗濯しておいてくれた。ただ、その日は前夜使ったものがそのまま押入にあったんだろう。初恵は自分の布団を敷こうと出したときにその存在に気づいた」

その夜はまず母が床に就き、続いて康陽が横になり、久友が寝て、最後に初恵が布団に入ってきた。そして弟にひと言、

「久ってイヤらしい――」と嫌悪感を込めて小さく呟き、布団を被ったという。

おそらく彼女はそのとき既に、ブロバリンを大量に飲んでいたのだ。

そして夜中、最初に気づいたのは康陽だった。

「おい、初恵、どうした」という尋常ならざる声がした。母が眼を覚まし、久友も何ごとかと身を起こした。すると隣に寝ていた初恵が泡を吹き、全身を激しく痙攣させていた。

康陽が「久、交番へ行って救急車を呼んでこい!」と怒鳴り、久友は家を飛び出し寝間着のまま走った。靴を履くのももどかしく、しかし下駄や草履では走れない、足元は裸足だった。

交番までは遠かった。五キロはあったはずだ。その道のりを裸足のまま死に物狂いで走って、おまわりさんに「姉さんが死にそうです。助けてください」と叫んだ。巡査は住所を聞き「救急車を呼んであげる。だから君は冷静になって家へ帰りなさい」と告げた。

しかし、その時点ではいったい何が起こったのかはわからない。ただその間に康陽が部屋に残されたブロバリンの瓶を見つける。睡眠薬自殺をはかったと判明した初恵は近くにある小松川病院へとかつぎ込まれ、胃洗浄などの処置を受けるもそのまま死んだ。

病室に戻された娘の遺体に母はすがりついて号泣し、久友も泣いた。しかし誰より絶叫するように

泣き崩れたのは康陽だった。幼い頃から涙など見せたことのない兄だった。久友は、康陽が泣くのをそのとき初めて見た。

「実はこうちゃんは九段高校時代、彼女がいた。だけどふられた。そこでブロバリンを飲んだ。でも、それは半分狂言自殺だった」

そこでヘンリー塚本は目頭を押さえ、僕とひかりさんの前で嗚咽した。

「わざと量を加減して、しかもこうちゃんは山手線の中で飲んだ。数時間後に倒れたけれど、乗客のひとたちが駅員に知らせ、病院に担ぎ込まれて助かった。私も初恵も見舞いにいった。だから初恵はそこでわかったんだ。これだけ飲めば死ねるだろうと」

だから康陽は声を上げて泣いたのだ。「あいつは本当に死んじゃった」と。「俺は彼女にふられて死ぬ死ぬと言いながら、ブロバリンを少しだけ、加減して飲んだ。それを知って初恵は、絶対に死ぬんだと多く飲んだ」

康陽は病室で妹の亡骸の前で、「申し訳ない、申し訳ない」と泣き続けた。


「それは知らなかったな――」ひかりさんは呟いた。「親父が若い頃、一度自殺をはかったことがあるという話は聞いたことがあった。初恵さんがどうやら自ら命を絶ったらしいということも、何となく親戚の雰囲気でそうなんだろうなとは思っていたけど」

「私もこの原稿を読むまで知らなかった」ヘンリー塚本も言った。「こうちゃんが死ぬまで、それほどまでに初恵のことを気に病んでいたということは」

初恵さんはなぜ自ら命を絶ったのでしょう？　僕は訊いた。

「厭世という言葉がありますね」塚本は答えた。「この世がもう嫌になったのでしょう。初恵はお祖母ちゃん子でした。長者町でお袋や兄貴たちが東京に出て、私と二人で暮らしていたとき、ずっと面倒を見てくれたお袋の母親です。祖母が死んだのは私たちが東京に出て、中学に入ってすぐだった。初恵はことあるごとにお祖母ちゃんに会いたい、お祖母ちゃんは天国にいる、だから私もお祖母ちゃんのところへ行きたいと言っていた」

年頃の女性ですから、男性や恋愛のことで悩んでいたということはないんでしょうか。

「それはないと思う。そういうタイプではなかった。気が強くて自立していて、恋に恋するような、男にふられたからといって死を選ぶような女ではなかった。ただ――」

と言葉が途切れた。

「兄貴たちも私も、家族がもう少し、初恵に寄り添ってやるべきだったと思う。我々は貧乏な中で食っていくこと、勉強していい職につくこと、それだけで精一杯で、彼女にかまってやる余裕がなかった。孤独だったんだと思う。お袋もそうだった。初恵が思春期になって、生理がきて、当時はタンポンなんて便利なものはないから、脱脂綿を使う。彼女はそれを時々便所に置き忘れるんです。中学を卒業してすぐに働き出して、とても大変だった、忙しかった。まだ子どもですよ。でも身体だけは女性になっていく。きっと余裕がなかったんだろうと思う。でもそれをお袋が怒るんです。烈火の如く起こる。「女のくせにみっともない」「はしたない」と。お袋はそれが教育のつもりだったんだろうが、そういうことは我々男にはわからない。初恵が死ぬまで理解しなかった、しようとしなかった」

「それに関しては親父も言ってましたね」ひかりさんが言う。

その話は彼から聞いていた。初恵さんは時々、兄の下着を無断で穿いた。それが続くので「どうして俺のパンツを穿くんだ」とある日、康陽は彼女の頬を叩いてしまったという。妹は生理用品を買うことすらできなかった。父は酔うと「俺はそんなことも理解してやれなかった」と泣いた。

ヘンリー塚本は言った「金がないというのは、貧乏をするということは、そういうことなんです」

そのひかり氏の父・康陽もまた、四年前に亡くなった。


監督から見て初恵さんとはどういう女性だったんでしょうと訊いた。

「さっきも言ったように気が強かった。長者町で子ども二人で残されて、今思えば寂しかったんだと思う。ささいなことで言い争いになった。初恵は弁が立って、一方私は子どもの頃はひどく口下手で、簡単に言い負かされてしまう。しかも初恵は腕力も強かった。喧嘩になると必ず最初に手を出す。それで私が一回叩くと、四、五回たたき返される。それで私が泣く。そうすると姉さんもなぜか泣いてしまって、しょっちゅう二人して泣いていた、近所中に聞こえるような声で。すると近所の人がやってきて、「どうしたの、初恵ちゃん、久ちゃん」って、そんなことの繰り返しだった。だから憎らしいという感覚ではなく、悲しかった。どうして俺たち姉弟は喧嘩ばかりしてるんだろう、どうして仲良くなれないんだろうと」

初恵も同じだったのではないか。悲しくて寂しくて孤独で。ゆえに唯一優しい理解者だったお祖母ちゃんが死んでからは、天国へ行きたいと思うようになったのだ。そしてだからこそ久友は、姉と二人で観に行った『アンネの日記』を最も想い出深い映画として心に残し、真冬の寒風吹きすさぶ芝浦の港で、就職試験を受けている姉をひとり待ち続けたのだ。

「二卵性双生児で生まれて、初恵が先に小学校に入って、私が一年後に入った。だから双子でありながら私の意識としては「姉さん」だった。ただ、初恵はあまり成績がよくなかった。一方、私は優等生だったし、兄貴二人はもっと優秀だった。けれどそれは決して初恵が馬鹿だったとか勉強を怠けていたということじゃない。むしろ私のほうが一年遅れたことによって、単純に発育がよかっただけなんです」

それはよく言われることだ。小学校、特に低学年では成長の度合いによって脳の発達にまだ差がある。四月生まれの子は発育がよく、遅く生まれた子は、月を追うごとに幼くなっていく。久友と姉は二月二〇日生まれ。初恵さんは最初から、大きなハンディを負っていたのだ。

「その証拠に彼女は手先が器用で、実は今も生前書いていたノートが残されているけれど、この字が惚れ惚れするほど上手い。一方の私は一年遅れて就学したから、勉強はできて当然だった。だからあのときもしも私が先に小学校に上がっていたら、死んでいたのは私だったかもしれない」

手先が器用だったから、貧しい中でも大塚製靴の給料を貯めてミシンを買い、夜は洋裁学校にも通っていたんですね？

「そうだと思います。私も家族も、彼女のそんな希望すら、わかろうとしてやらなかった」

主婦が家庭でミシンを踏むのは子どもや夫の服を縫うため、未婚の女性が洋裁を習うのは花嫁修業と言われていた時代だ。しかしだからこそ、姉が死んでミシンが残されたというのが象徴的だ。小松川の家の狭い二畳間には、康陽が買ったテレビと久友自慢のステレオと並び、初恵のミシンが残されていた。踏む主のないままに。それを言うとヘンリー塚本は「そうだね」と呟いた。

「私はまだ十九だったし初恵が突然死んで混乱していたから、あの頃は上手く意識できなかったけれど、きっと私には姉さんへの想いがあったんだ。ああ、ここで初恵が座ってミシンを踏んでた、そう思ったとき、フッと、ミシンを踏む仕事に就こう、そう即座に決めてしまった。自分の人生を決めたんだね。だからすぐに住み込みで働けるところを探して、募集しているところへ行った。私は自分の人生がミシン工から始まったと思っている。その前の研磨工はあくまで単なる仕事だった。ミシン工から始まって洋裁を覚え、妻と出会い、やがて新しい仕事を始めた」

初恵さんの葬儀はバラック建ての小松川の小さな家で行われた。大塚製靴時代の仲のよかった友人たちが焼香に来てくれた。全員が中卒で就職した一〇代の少女たちであった。泣いて泣いて、初恵の最後の一週間のことを教えてくれた。やはりあれは、最後のお別れに来てくれたのだろうと。家出してどこかで住み込みで働いていたのが突然帰ってきたことについては、ヘンリー塚本は「それは死ぬためでしょう」と言った。「最後は、自分の家で死にたかったんだよ」と。

僕は、初恵さんが世を儚《はかな》んだとは思えない。彼女は、時代というものに押しつぶされたのではないか。双子が獣腹と呼ばれ差別されるという理由で先に就学し、生理の血の付いた脱脂綿を「女のくせに」「みっともない」とたしなめられた。一方で母は、男の久友がマスターベーションで汚した日本手ぬぐいをそっと洗ってやる気遣いを見せる。決して母のふじが悪いという意味ではない。すべてがそういう時代であった。「浮気は男の甲斐性」とまことしやかに言われる一方で、女性は痴漢に遭っても例えレイプされても尚、「お前に隙があったからだ」と批難された、それがあの頃の常識であった。その意味では初恵さんもまた、序章で記した「重要性のない人々」のひとりだったのだ。そして残された弟は、彼ら彼女らに寄り添う作品を作った。

僕は最後にヘンリー塚本に、こう尋ねてみた。

「久ってイヤらしい――」それは初恵さんの最後の言葉だったんですか、と。

「そうです」と彼は答えた。「姉がこの世に残した、最後の言葉です」

やっとわかった気がした。だからこそヘンリー塚本は、ＡＶ監督という生き方を選んだのではないか。その生涯を通して「生」と「性」、つまり生きることとセックスというものを、肯定し続けるために。

epilogue

最後の日々、希望の光。

妻が乳癌を告知されたのは、彼女が四〇代の終わりを迎えようとしていた頃だった。彼の会社の業績は上がり、新しい大きなビルに社屋を移したその直後のことである。手術で片方の乳房を切除したが、幸い寛解した。彼は片方の乳房のない妻を抱いた。セックスは、夫婦にとって大切な行為だった。どんなに歳を重ねても、しないということは考えられなかった。彼は、術後の妻の身体に感動した。あれはなんだったのだろう？　膨らみがない、乳首だけがある女を見ていると、愛おしさと慈しみが溢れ、その美しさには興奮すらした。妻も彼に裸を見せることを何も厭わなかった。それが、一九九五年頃のことである。

再発したのは二〇一五年だった。二〇年後である。ありえない話だった。一般的に一〇年経てば癌再発の可能性はほぼ消えると言われている。しかも妻は定期的に病院へ通い検査を受けていた。一〇年後の定期検診でも問題は見られなかった。担当医はにっこり笑い「もう大丈夫ですよ。卒業ですね」と告げた。彼女は病院から戻り、「これで私は、一生をまっとうできる」と嬉しそうに彼に告げた。

彼は妻が少し自慢気に、友人たちに電話をする姿を見ていた。「治って、一〇年が経過したのよ」と。「まあ、よかったわね」と言われるのが嬉しかったようだ。しかし、再発した。

原因は彼女が五年間、アンチエイジングのホルモン注射をしていたことだった。これがきっかけになった。一応医者の所見でも、ホルモン注射による再発の危険性がないわけではなかった。ただし妻のかかったクリニックでは、今のところ再発の症例はゼロです、可能性はあるけれど、安心してくださいと言われていた。

ところが再発の三年程前から、妙な症状が出始めた。妻はどうにも体調がすぐれない、風邪を引いたみたいだと頻繁に訴えるようになった。それでも医者に行くと大丈夫、問題ないと言われる。症状が出るたび病院に行くも、そのたびに「大丈夫、少し疲れたんでしょう」と帰された。

しかし最終的には亡くなる数カ月前になって、やはりホルモン注射が原因だということがわかった。同時に世間でも、アンチエイジングのホルモン注射は癌への可能性、特に乳癌の再発には最悪だという情報が、世界のニュースにも流れるようになった。そのときにはもう手遅れだった。妻はもう、五年間以上ホルモン注射をしていたのだ。

彼女は美しかった。アンチエイジングのおかげで生き生きとしていた。一般的に乳癌の手術をした女性はホルモンバランスが崩れるせいか、どうしても衰えてゆく。けれど彼女はいつまでも若々しく、同世代の女性より綺麗になっていった。しかし、そこに落とし穴があったのだ。

彼らは常に健康に気を遣う夫婦だった。人間ドックにも毎年一緒に通った。裕福だった夫婦は脳MRI／脳MRAやPET（陽電子放出断層撮影）など、高価な検査を含むフルコースを毎年受診していた。ところがその年、いつものように二人で結果を聞きにいったときだった。そこで「転移しています」と言われた。まさかと思った。そんなことがあるはずがないと思いつつ、レントゲンにははっきり写っていた。素人目にもわかった。腰のあたりに、三カ所、四カ所、白い影があった。

再度精密検査をすると、骨癌だということがわかった。乳癌が、骨に転移していた。それが亡くなる二年前。それでも、彼女は苦しいとか体調が悪くてどうしようもないということはなかった。通院で放射線治療を受けたが、病院には自分で車を運転して行っていたし、会社にも行って仕事をしていた。

変化が訪れたのは一カ月後だった。アダルトビデオのアカデミー賞と言われる大会で、彼はある賞を受賞する。ときに世間から疎まれるポルノグラフィーの世界でも、自分は特に日陰の存在であると思っていた彼にとって、それは突然訪れた華やかな場であった。一二〇〇人ものキャパシティを有する大会場。AV女優たちはまるで芸能人のようにというよりも、まさに芸能人並の美しさを誇り、きらびやかなドレスに身を包んでいた。業界関係者、そしてAVファンというものがこれほど多くいるのかということにも驚かされた。

当初抱いていた戸惑いは消え、自分の作品が評価されたこと、長年の努力が報われたことに彼は素直に歓び感謝していた。社員たちが「祝勝会をやりましょう」と言ってくれて、ホテルの宴会場を借りて執り行うことになった。その当日のことだ。彼はいつも通り会社で定時まで仕事を進め、早めに帰宅していた妻を迎えにいくことになっていた。当時秘書役を務めてくれていた社員が運転する車で自宅マンションへと赴き、彼女をピックアップして共に会場へと向かう段取りであった。

しかし、部屋に入ると様子がおかしかった。既に陽が暮れているのに室内に灯りはなく真っ暗だ。彼が妻の名を呼びながら寝室のドアを開けると、彼女はベッドにいた。寝ていたのではない。ベッドカバーの上に不自然な体勢で倒れていたのだ。

声をかけても、揺り動かしても起きない。尋常ではなかった。それでも何度か揺すると、突然ハッと眼を覚まして、「えっ、あれ？　どうしたの。私、どうしたんだろう」と呟いた。雰囲気もいつもの妻ではない。脳に何か異常をきたしているのではないか。ともあれもう、祝勝会に連れていける状態ではない。救急車と思ったが、その到着を待つよりも、社員に運転してもらい病院へ向かうほうが早いだろう。すぐに通院していた聖路加病院へ連れていった。

そこから五カ月。彼女は苦しんで苦しんで死んだ。彼は毎朝欠かさず、会社へ出社する前に通った。問題は骨癌の他に、別の癌がありそうだということだった。それが残された乳房のほうに乳癌が再発したのか、血液の癌、悪性リンパ腫なのかを医者も見抜けなかった。乳癌か悪性リンパ腫か、どちらの薬を使ったらいいのか？　もしも違って使ってしまったら、命に関わると言われた。結局、医者にもはっきりとは決められずに、乳癌の治療を進めていた。

けれど結局、最終的に亡くなった原因は悪性リンパ腫だった。医者は悩みに悩んで乳癌の治療を進めたけれど、もしも悪性リンパ腫の治療をしていたら治っていたかもしれない、彼はその思いを拭いきれなかった。もちろんお世話になった先生にそんなことは言わないし、冷静に考えれば、どちらの治療をしたとしてもやはりわからない。人の運命とは、そういうものだ。

入院して四カ月が過ぎた頃、医者は彼に緩和ケアを勧めた。もうおそらくだめだからと。でも彼は、妻を死ぬ人のための病棟に入れるのは嫌だった。それだけはやめてくれと言った。命ある限り治療に専念してくれと。医者には「緩和ケアへいくことは少しも悪いことではないですよ」と諭されたが、彼は拒否した。先生、お金はいくらかかってもいいから、治療をお願いしますと。しかし今は、その決断に後悔の念で押しつぶされそうになるという。俺は馬鹿だった。緩和ケア病棟にいけば、穏やかに最後の日々を過ごせたのにと。

金はあった。四〇年間、必死に働いた。一生かかっても使い切れないほどの金が、彼にはあったのだ。妻にも伝えた。これは治るための治療だから頑張ってくれと。すると彼女は子どものように歓んだ。「治る」という夫の言葉を聞いて、無邪気に笑った。医者はもう見限っていたけれど、それが彼の、妻に対する愛だと信じていた。愚かなことだと思う。今考えると、あのとき「児童福祉法違反」という法律を知らなかったのと同じだ。今回も、無知ゆえに、彼女に苦しい思いをさせた。

治療は辛かった。それは端で見ていても、眼を背けたくなるほどだった。合計すれば二〇〇万、三〇〇万という金を使い、骨髄に高価な注射をする。妻はそのたびに泣き叫ぶほどに痛がった。

病院に行くとき、彼はいつも服装に気を遣った。別に高級なスーツなどを身につけるわけではない。清潔でこざっぱりしたジーンズにお気に入りのサスペンダーをつけ、ラフなジャケットを羽織りネクタイを締めた。すると妻は次に会うとき必ず嬉しそうに、この間あなたが帰った後、看護師さんたちが「素敵な旦那さんね」「お洒落ね」と言ってたわよと告げた。あなたのこと、若い綺麗な看護師さんがとても格好いいって言ってたわよと。それが彼女の歓びなのだろうと思った。だから自分は常に粋で、洒落たスタイルでいようと決めていた。

ファッションに関して、夫婦は若い頃からそうだった。洋服を買いにデパートなどに出かけ、彼が妙なものを選ぼうとすると、妻は必ず「ダメよそんなの」と即座に断じた。そして「これがいいわ」と別のものを勧めた。そして彼女が決めたものを着てみると、いつも驚くほど自分に似合った。だから妻が病床にいても、彼は彼女に誉められる姿でいたいと思った。そんなふうに、妻は常に彼の指針であった。暗い海を漂うときには進むべき方向を示してくれる羅針盤であり、光で導いてくれる灯台であった。

けれど、残された時間は日に日に奪われていった。あれは悪性リンパ腫であることがはっきりした頃だった。それでもその日彼が病室を訪れてみると、体力の低下を少しでも抑えるためだろう、医師の指導の下、妻は「今日は頑張るんだ」と健気に身体を動かしていた。しかしその後はやはり疲れたようだ。ベッドに横たわり眼を閉じた。

研修医らしい若者や看護師、介護士もいて、主治医が彼に「奥さん、今日はご主人が来るから、頑張って身体を動かすんだと言ってましたよ」と告げた。

たまらなく愛しくなって彼は妻の手を握り顔を近づけ、その寝顔を見つめた。すると彼女は不意に眼を開け、小さな声でこう言ったのだ。

「やめて、みんなが見てるじゃない」と。

妻はそういう女性だった。

聖路加病院の周りには緑豊かな公園があり、隅田川が見渡せる美しい遊歩道もあった。病室にばかりいると息が詰まるだろうと妻を車椅子に乗せて歩くと、同じ病棟にいる同世代の夫婦とよく顔を合わせた。夫のほうが、彼の妻と同じ病気のようだった。するとお婆さんのほうが彼にそっとこう告げた。「あなたたち、もっとくっつきなさいよ」と。確かにそのお爺さんは連れ合いに、いつもまるで子どものように手を伸ばし、抱きつき、その身体に頰を擦りつけていた。

「もう長くないんだから、もっとひっついて、身体をくっつけて、もっと仲睦まじくしなさいよ」とその女性は言った。「ウチのこの人を見てごらんなさいよ。私にひっついて離れないわよ」と。

そんな高齢の夫婦もいるかと思えば、彼の妻はどんなに歳をとっても「女」でいたいと思ったのだろう、人前で彼と肌を寄せ合うことはなかった。


妻が逝って五年の月日が経った。

彼は思う、昔からそうだった。若い頃から妙に落ち着いていたというか、常に柔らかく微笑んでいたけれど、常に冷静で、感情を表に出す女性ではなかった。

そもそも二人が初めて出会ったのは兄夫婦の経営する小さな洋裁工房だったが、彼女は兄嫁がかつて勤めていた中堅衣料メーカーの元同僚だった。しかし独立を考えていて、その前に資金を作るためにもアルバイト的に働かないかと言われたのがきっかけだった。当時二二歳、経験はまだ四年。そんな若い娘が個人で小さな洋裁工房を始めるなど、普通は考えられないことだった。メーカーのお針子（ミシン工）というのは、一〇年勤めあげると報奨として会社で使っていたミシンが与えられ、それを持って独立するというのが一般的だった。

しかし彼女には若くして自前でやっていける洋裁の技術があり、何より故郷から妹を呼び寄せてやっていくという、ゆるぎなく確かなヴィジョンがあった。そのとき既に一〇年近い経験のあった彼はなんと肝の据わった女の子なのだろうと驚き感心し、そんな意思の強さも惹かれたところだった。しかも二人が恋愛関係になると彼女は即座に計画を白紙にしてしまい、共に働く道を選んだ。そして一〇年後、彼が突然ビデオカメラを使うなどという海のものとも山のものともつかぬ商売を始めると言い出したときにも、ひと言の反対も意見もせず、「そうね、そうすればいいわ」と彼をサポートした。

そう言えばこんなこともあった。あれは結婚して間もない頃、二人で映画を観にいった。ピーター・オトゥール主演のイギリス映画『チップス先生さようなら』だ。ロードショー公開されたのはそれより少し前だったが、彼はその頃外国にいたこともあり観逃していたため、リバイバル上映された際に彼女を誘った。

物語はピーター・オトゥール演じるパブリックスクールの教師、通称・チップス先生が主人公。教育熱心ではあったが融通の利かない堅物で、生徒たちにはあまり受けがよくなかった。そんなある日チップスは夏休みを利用してイタリアへの旅に出かけ、ミュージカル女優のキャサリン（ペトゥラ・クラーク）と知り合い恋に落ちる。新学期が始まり学校に戻ると、明るく華やかな恋人キャサリンの存在によって、生徒たちもチップスが堅物なりに生徒思いのいい教師であることに気づいていく。幸せな生活が続くもやがて第二次世界大戦が始まり、キャサリンは女優として空軍の慰問に向かう。そしてチップスの校長就任が決まったのも知らぬまま、ナチスドイツの爆弾によって死んでしまうのだ。

エンドマークが出て観客たちは感動に包まれ、場内のそこかしこには泣いている女性もいるようだった。彼も「ああ、いい映画だった」と深くため息をつくも、場内が明るくなってみると妻は隣の席にもたれ、すやすやと眠っていたのだ。

その姿を思い出して苦笑していた。

妻はずっとそうだった。彼は感激屋で腹立たしいことがあると怒りをあらわにし、嬉しいことがあるとすぐに泣いてしまうのに比べ、彼女は常に穏やかで感情を表に出さなかった。病気になって苦しんで、そして、死ぬまで変わらなかったなと——。

いや、違う。そうじゃない。不意に忘れていた記憶が甦った。付き合い初めてひと月ほどが経った頃だ。

彼は彼女が住んでいた大塚のアパートへ通うようになっていた。最初の夜こそ手を握ることすら忘れひと晩語り合うだけだったが、二度目からは愛し合うようになった。すぐに妹が上京して同居したので毎日のようにとはいかなかったが、二人きりになれる夜には共に過ごした。

その日は兄夫婦の経営する洋裁工房は休みで、朝になって自分のアパートに戻る彼を、彼女は駅まで送ってくれた。彼の気持ちはもう決まっていた。この人しかいないと思っていた。だから手を繋いで歩きながら、前を向いたまま「結婚しよう」と言った。

最初に聞こえてきたのは「音」だった。後方からだ。なんだろうと思った。何か水が溢れるような、そんな音。

振り向くと手を繋ぎつつも一歩遅れて歩いている彼女が泣いていた。しゃくりあげ、鼻水を啜りながら嗚咽していたのだ。

驚いて「どうしたの?」と訊くと、「だって、嬉しいから」と、今度は声を上げて泣き始めた。若くして落ち着いていて、行動力もある女の子が、まさかそんなふうに泣くとは思わなかった。だから彼もつられて泣いた。朝の街で、駅へと向かう人もいる中で、二人は人目もはばからず、手を繋ぎ泣きながら歩いた。

そのまま駅へとたどり着いたけれど、結局彼は電車には乗らず、一緒に駅前にあった喫茶店に入った。そして明日からの話をした。将来の話をした。彼は言った。君が独立するのなら、僕も兄貴のところを出るよ。一緒にやろう、一緒に住んで、洋裁をやろう。二人にふさわしいささやかな部屋を借りて、二人でミシンを踏もう。そうすればきっと利益が出るよ、子どもも作ろう、家庭を作っていこうと。

そこには希望があった。希望とはなんだろう？　それは彼の内なる情熱と、感動する心を照らしてくれる明るい光のようなものだ。この人といれば、必ず幸せになれる。そう思った。

彼女はいつも彼と彼の将来を、そんな明るい光で照らしてくれた。妻が逝き光は失われたのだろうか？　そんなことはない。今もその光は彼が生きてきたこれまでの道と、この先の人生を明るく照らし続けている。なぜならそこには今も変わらず、「情熱」と「感動」があるからだ。永遠に――。

【著者プロフィール】

東良美季（とうら・みき）
1958年生まれ、川崎市出身。編集者、アダルトビデオ監督、音楽PVディレクターを経て執筆業。著書に『猫の神様』（講談社文庫）、『東京ノアール〜消えた男優 太賀麻郎の告白』（イースト・プレス）、『代々木忠 虚実皮膜〜 AVドキュメンタリーの映像世界』（キネマ旬報社）、『デリヘルドライバー』（駒草出版）、『裸のアンダーグラウンド』（三交社）他。
日刊更新ブログ『毎日 jogjob 日誌』http://jogjob.exblog.jp/

ヘンリー塚本 感動と情熱のエロス

初版1刷発行 ●2024年３月25日

著　者
東良 美季

発行者
薗部 良徳

発行所
㈱産学社
〒101-0051 東京都千代田区神田神保町3-10　宝栄ビル
Tel.03（6272）9313　Fax.03（3515）3660
http://sangakusha.jp/

印刷所
㈱ティーケー出版印刷

ISBN978-4-7825-3577-6 C0023